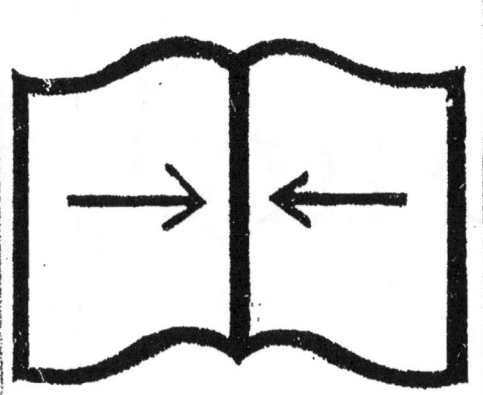

RELIURE SERREE
Absence de marges
intérieures

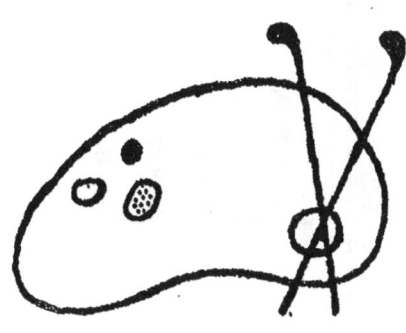

Début d'une série de documents
en couleur

'ALABLE POUR TOUT OU PARTIE DU
OCUMENT REPRODUIT

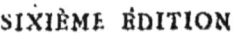

SIXIÈME ÉDITION

A. ROBIDA

LA PART
Du hasard

PARIS
A LA LIBRAIRIE ILLUSTRÉE
7, RUE DU CROISSANT, 7

Tous droits réservés

A LA LIBRAIRIE ILLUSTRÉE
ET CHEZ TOUS LES LIBRAIRES

OUVRAGES DU MÊME AUTEUR

VOYAGES EXTRAORDINAIRES
de Saturnin Farandoul
Illustrations de l'auteur
Deux volumes in-18 jésus. — **Prix : 7 fr.**

LE VRAI
Sexe faible
Illustrations de l'auteur
Un volume in-18 jésus. — **Prix : 3 fr. 50**

LA
Vie en rose
Illustrations de l'auteur
Un volume in-18 jésus. — **Prix : 3 fr. 50**

Les Peines de cœur
D'ADRIEN FONTENILLE
Illustrations de l'auteur
Un volume in-18 jésus. — **Prix : 3 fr. 50**

LE
Vingtième Siècle
Illustrations de l'auteur
Un volume in-18 jésus. — **Prix : 3 fr. 50**

ASNIÈRES. — IMPRIMERIE LOUIS BOYER ET Cie

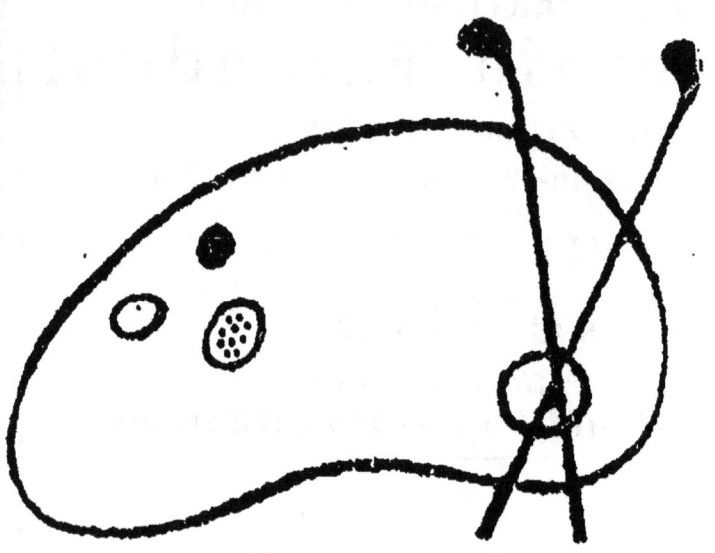

Fin d'une série de documents
en couleur

LA

PART DU HASARD

La Part
DU HASARD

PAR

A. ROBIDA

PARIS
A LA LIBRAIRIE ILLUSTRÉE
7, RUE DU CROISSANT, 7

1888

LA PART DU HASARD

PREMIÈRE PARTIE

I

D'une voiture arrêtée sous un bec de gaz de la rue Bonaparte, Eugène Gardel venait de descendre. Ses hautes guêtres bouclées jusqu'aux genoux, son chapeau de feutre à larges ailes, le havresac tenu par un bras passé dans les courroies et l'immense parapluie à pique, décoloré et fané par beaucoup de soleils et beaucoup de pluies, de bourrasques et de temps gris, indiquaient suffisamment un peintre et un paysagiste.

Il aidait déjà le cocher à faire glisser de l'impériale du fiacre une grande caisse de peintre, en simple sapin, assez vaste pour contenir les effets de son propriétaire et ses œuvres. La caisse était lourde ; ou bien Gardel possédait une considérable garde-robe, ou il avait beaucoup travaillé ; le cocher qui l'aidait à la hisser jusqu'à son quatrième étage, le dernier de la maison, grenier à part, murmura dès le premier palier, grommela au second; grogna au troisième et jura au quatrième, en arrivant écarlate et essoufflé à la porte de son voyageur.

Eugène Gardel l'ayant consolé par un pourboire proportionné à ses peines, ouvrit sa porte, traîna sa caisse à tâtons dans une grande obscurité, et se laissa tomber enfin sur une chaise en allongeant les jambes avec un soupir de soulagement.

Après quelques minutes données au repos, le jeune homme se leva, et tirant une boîte de sa poche, il frotta une allumette aux clous de ses souliers. Son allumette à la main, il fit le tour de la pièce où il se trouvait, un atelier de peintre orné simplement de pochades et d'études, et finit par découvrir sur un petit bahut vermoulu un reste de bougie dans un vieux chandelier de fer en spirale.

Sans perdre un instant, après un rapide regard circulaire jeté à son atelier, Gardel ouvrit sa grande malle, lança des paquets de hardes avec assez peu de soin sur un divan couvert de poussière, réservant toutes ses précautions pour les toiles et les panneaux qui garnissaient tout un côté de la caisse. Rien n'était abîmé, pas de trous dans les ciels, pas de frottements donnant un peu trop de flou aux premiers plans ; les secousses du voyage avaient épargné ses œuvres, c'était tout ce que voulait savoir Gardel.

Il déboucla ses guêtres et retira son paletot. Son logement n'était pas très grand ; un atelier, une chambre à coucher et une cuisine. La cuisine servait d'annexe à l'atelier, elle n'avait pas une casserole, Gardel étant célibataire, mais elle était comme l'atelier tapissée d'études, ainsi que la chambre à coucher d'ailleurs. Sur la pierre d'évier, l'eau de la ville venait par un robinet ; Gardel se débarbouilla avec des soupirs de volupté de la poussière d'un long voyage, puis il chercha dans une armoire un paletot, le secoua, le battit, le brossa consciencieusement et, retirant d'une coiffe protectrice un petit chapeau de feutre, il se trouva en quelques minutes prêt à sortir.

Il était déjà sur le palier et avançait le pied sur la première marche, lorsqu'une idée le retint.

— Bah, fit-il, j'ai encore le temps de dire bonsoir à cette bonne demoiselle Gaudemar, ma vieille amie ! Six mois sans nous voir ! Elle a pourtant dû m'entendre avec mon cocher et ma caisse et elle n'a pas bougé... je vais lui faire des reproches sanglants pour ce peu d'amabilité !

Gardel tourna dans un couloir un peu obscur qui débouchait sur le palier et tira la sonnette d'une porte cachée sous une très vieille tenture décolorée.

Le jeune homme, après avoir sonné, frappa en ami de la maison et tourna machinalement le bouton de la porte qui s'ouvrit toute seule. Comme il entrait dans l'antichambre, une porte en face s'ouvrait et une dame paraissait une lampe à la main.

— Eh bien, mademoiselle, s'écria gaiement Gardel, c'est donc comme ça que l'on accueille ses vieux amis ? Fi, mademoiselle, si peu d'empressement à me souhaiter la bienvenue...

— Monsieur !... fit la dame à la lampe d'un air étonné.

— Ah pardon ! dit Gardel stupéfait à son tour, je vous demande pardon, madame, je croyais me trouver chez mademoiselle Gaudemar... mais cependant c'est bien ici, elle est donc déménagée... Excusez-moi.. mais cependant j'aperçois sa grande copie du Marcus Sextus de Guérin... et voilà son chat lui-même, mon camarade Saugrenu, qui me reconnaît !... Viens, Saugrenu, mon vieux...

Un gros chat jaune s'était glissé devant la dame et se frottait aux jambes du peintre avec des ronrons qui ressemblaient à des ronflements.

— Oui, monsieur, c'est bien Saugrenu et vous êtes presque chez Mlle Gaudemar, dit enfin la dame en souriant, et, tenez, la voilà elle-même.

Une seconde porte venait de s'ouvrir dans l'antichanbre et une seconde dame paraissait sur le seuil une lampe à la main elle aussi. La première dame était jeune et jolie, Gardel avait eu le temps de voir dans la zone de lumière de la lampe, sous d'épais bandeaux de cheveux très noirs, une figure délicate et fine, des traits calmes, mais comme enveloppés très visiblement d'un voile de tristesse. La seconde apparition ne possédait pas d'aussi harmonieuses lignes. C'était une femme grande, large et maigre; à une taille, modeste pour un carabinier, mais un peu exagérée pour une simple femme, cette dame ajoutait de larges épaules, un corsage aux vastes proportions quant à la largeur, mais d'une platitude si complète que de profil c'était comme s'il n'existait pas, et pour couronner l'édifice, une figure aux plans largement taillés et très accusés, une grande bouche aux fortes lèvres, des yeux vifs, luisant d'une expression très malicieuse au travers des boucles embroussaillées d'une forêt de cheveux crépus aux reflets roussâtres. Seul de tous les traits, le nez avait une certaine délicatesse de modelé, comme si, de tout cet ensemble qui eût suffi à édifier convenablement, sinon un carabinier, du moins un bon et robuste grenadier et qui accusait une forte distraction de la part du Créateur, ce nez seul eût été bien féminin par destination.

Si toute trace de beauté était absente chez Mlle Gaudemar, l'esprit et la bonté se lisaient clairement sur sa bonne figure hommasse, éclairée par une sorte de bonhomie joviale, qualité assez rare chez une femme. L'âge était incertain, comme chez les femmes que les tourments de mariage et de la maternité n'ont pas atteintes; on pouvait chercher entre trente-cinq et cinquante-cinq ans en appuyant surtout en fin de compte du côté de la cinquantaine.

Gardel, un peu embarrassé, après avoir salué la jeune dame qui rentra discrètement chez elle, suivait Mlle Gaudemar sur les pas du chat Saugrenu, toujours ronronnant et la queue en panache.

— Vous voilà donc revenu ? fit Mlle Gaudemar en posant la lampe sur sa table.

— Mais oui, et je vous ai cru partie, ma chère mademoiselle, répondit le peintre, je sonne à votre porte et je suis reçu par une jeune dame que je ne connais pas...

— Et vous n'avez pas été trop fâché, n'est-ce pas, à la vue de cette jeune dame ?

Mlle Gaudemar appuya sur le mot *jeune*.

— C'est qu'il y a eu des changements ici, reprit-elle ; l'art ne va pas, mon pauvre ami, les copies se placent difficilement, les chefs-d'œuvre ne se vendent plus ; je crois, Raphaël me pardonne, qu'incessamment on offrira aux clients les chefs-d'œuvre au rouleau ou à la pièce dans les magasins de nouveautés... et encore ce sera un pauvre rayon qui ne fera pas beaucoup d'affaires... Voilà ! alors je suis entrée dans la voie douloureuse des économies... Qu'avais-je besoin de quatre pièces, je vous le demande ? N'était-ce pas trop, est-ce que je ne dilapidais pas mes revenus par ce faste absurde ? car enfin je ne puis habiter à la fois ma chambre à coucher et mon salon-atelier, ma cuisine et ma salle à manger ! Alors mon propriétaire a consenti à me débarrasser de deux de ces superfétations locatives et cela d'autant plus facilement que je lui fournissais la seconde locataire, — on a bouché une porte et le sacrifice a été consommé ! J'habite mon salon et ma cuisine, ce qui est encore du luxe puisque je ne suis qu'une habitante pour deux pièces.

— Je comprends, dit Gardel.

— Et Saugrenu est en commun, avec mon amie et voisine, car nous ne pouvions le couper en deux et ce sybarite ne consent pas à se contenter d'un appartement de deux pièces...

— Et votre Marcus Sextus ?

— Ma copie de Guérin ? mon amie consent à lui donner l'hospitalité ainsi qu'à plusieurs autres non moins remarquables œuvres de mon pinceau, je ne puis plus les loger toutes dans mes appartements un peu exigus... Avec cela qu'il me faut pas mal de place pour moi !

— Alors cette dame ?... fit Gardel.

— Je viens de vous le dire, cette dame est ma co-locataire, Mme Castellan... Son mari est mort et elle n'est pas bien riche... Maintenant, parlons de vous ! Et votre voyage en Bretagne ? êtes-vous content ?

— Enchanté ! répondit Gardel ; je suis resté cinq mois à Pont-Aven. un pays charmant, des bois, une rivière qui court et qui fait chanter des moulins à eau éparpillés dans la verdure, la mer à une lieue, des collines, de jolis coins agrestes quelques costumes encore, dans les coffres sinon sur le dos des habitants, et pour la vie une auberge de peintres où l'on vit à la bonne franquette bonnement et largement!... les coudes sur la table, du cidre dans des pots, des douzaines d'œufs, des mottes de beurre, des poules, des canards, du poisson, les soins paternels de l'hôte, l'amitié bourrue des servantes, toutes choses bonnes, franches et saines qui vous reposent les yeux et les dents de Paris, pays dur à cuire, dur à vivre, dur à entamer... voilà mes impressions de voyage en bloc, si vous voulez les connaître en détail, j'aurai le plaisir de vous montrer demain mes études... aujourd'hui j'ai voulu simplement vous souhaiter le bonsoir et m'informer de votre santé ; vous allez bien, je suis content et je me sauve.

Gardel serra la main de la vieille demoiselle et partit. Il descendit rapidement son escalier et pour regagner le temps passé chez Mlle Gaudemar, marcha par larges enjambées dans la direction de la rue Monsieur-le-Prince, où se trouvait son restaurant habituel. Les longues heures passées en wagon lui avaient donné un violent appétit; de plus, outre la faim du corps, il sentait aussi très vivement la faim de l'âme, le désir de se retrouver avec des amis, des camarades de lutte délaissés pendant ses six mois de campagne.

Dans ce restaurant tout petit et très simple se réunissaient des artistes, de jeunes écrivains et des étudiants d'allure paisible et littéraire. Restaurant et habitués montraient à première vue comme un dédain du clinquant de la mode; ce coin paisible ressemblait aussi peu aux cafés brillants et tapageurs du boulevard Saint-Michel que ses habitués aux étudiants gandins de là-bas. Divisés en trois ou quatre groupes tranquilles, les habitués du restaurant fusionnaient à table et se séparaient presque immédiatement après le repas, sauf le jour où un événement politique ou littéraire, une question d'art ou de théâtre, une polémique retentissante, faisaient naître une discussion générale. Alors les groupes se rapprochaient et s'échauffaient, le dîner durait jusqu'à des heures indues, on se chamaillait, on criait, on s'interpellait et enfin et surtout, on riait plus fort, plus haut et plus longtemps.

Gardel fut surpris en entrant. Il arrivait en retard, il est vrai, mais il n'était guère plus de sept heures et demie, c'est-à-dire l'heure où le dîner battait son plein et les tables du café Henry n'étaient pas toutes garnies. Il manquait quelques groupes des dîneurs habituels. Son groupe à lui, le groupe abandonné depuis six mois, était absent tout entier. Avait-il donc abandonné le café Henry? Cependant la dernière lettre d'un camarade reçue quinze jours auparavant n'avait pas soufflé mot d'un événement aussi grave. Gardel fut bientôt fixé.

— Ah! un revenant, s'écrièrent les habitués des autres groupes, bonjour, Gardel. Trop tard, mon vieux, les amis ont filé!

— Comment! s'écria Gardel après avoir distribué des poignées de main à la ronde et répondu aux questions qui s'entre-croisaient, comment, ils sont déjà partis?

— Oui, ils ont dîné en mettant les bouchées triples et ils se sont sauvés!...

— Pour quel motif cette précipitation peu ordinaire?

— C'est un secret. Demandez à Chevreuse, Chevreuse seul le sait.

Chevreuse était un grand garçon aussi peu que possible étudiant en droit, légèrement journaliste, mais très bohème de nature, au grand scandale de son père, notable rentier quelque part. Il achevait de dîner dans un coin et fit une place à Gardel à côté de lui.

— Mon cher, dit-il, dépêche-toi de dîner; je t'emmène aussi rejoindre les autres; j'ai bien fait de rester puisque te voilà revenu... d'ailleurs, tu nous es indispensable...

— Où m'emmènes-tu?

— En soirée! répondit gravement Chevreuse.

— Diable! c'est que j'arrive de Bretagne et que je suis fatigué.

— Qu'est-ce que ça fait?

Gardel dîna en un quart d'heure et fut bientôt dehors avec Chevreuse.

— Mon cher, dit celui-ci en lui prenant le bras, nous avons pour cinq cents francs de cadavres à fabriquer, une affaire superbe, c'est moi qui l'ai apportée d'un journal où je brosse des faits divers...

— Qu'est-ce que tu me chantes ?

— Tu connais l'affaire Normann ?

— Comme tout le monde, les assassinats de Romainville, on ne parlait que de ça en chemin de fer.

— Eh bien, notre ami Rambart, le dessinateur, a une commande pressée de cadavres, il y en a pour cinq cents francs, je te l'ai dit; les portraits des victimes, des témoins, des gendarmes, des pelles et des pioches qui ont servi à déterrer les victimes, etc., etc., il faut que tout soit fait pour demain, nous nous mettons à plusieurs et tu vas nous aider !...

L'arrivée de Gardel chez Rambart fut saluée par des exclamations de surprise ; on l'entoura, on lui serra les mains, on le questionna tant et si longtemps que Chevreuse impatienté rappela qu'on s'était réuni pour travailler et non pour se livrer à des effusions d'amitié intempestives.

— Ecoutez, dit-il, si le retour de l'ami Gardel ne vous paraît pas suffisamment célébré comme ça, tout à l'heure nous procéderons à des libations en son honneur mais auparavant, il faut travailler.

— Gardel est paysagiste, fit le dessinateur Rambart en roulant une cigarette, nous allons lui donner à faire le croquis du champ où les cadavres des victimes ont été retrouvés et la vue du pays des victimes.

Rambart préparait sur une grande table noire des cartons et des feuilles de papier autographique.

— Ravenel, reprit Rambard, va se mettre ici, il va nous bâcler les portraits des gendarmes, le portrait du propriétaire du champ, la vue de la caserne des gendarmes... Cochepin nous fera les témoins, les paysans, les outils qui ont servi à déterrer les cadavres...

— Et toi, que vas-tu faire ? dit Ravenel, le plus vieux de toute la bande, un gros homme à grande barbe, la figure rougie et plissée au front et sous les yeux, les cheveux longs, la barbe rouge parsemée de poils gris, portant de pied en cap tous les signes caractéristiques du vieux bohème ayant grisonné sur les tables de café.

— Moi, dit Rambart, j'aiderai Rose à vous confectionner des rafraîchissements, du simple thé pour vous tenir éveillés, et je soutiendrai les défaillants. Blaes nous lira Edgard Poë et Chevreuse cherchera des histoires lugubres à nous raconter.

— J'en sais de jolies, s'écria Chevreuse, tout Paris a le trac de cette affaire Normann et les journaux battent le rappel de tous les vieux crimes ! Brrr ! attendez un peu, il faut que je vous fasse frissonner, votre besogne en sera meilleure.

— Bravo ! s'écria Blaes, il faut que nous fassions mourir Rose de peur.

Rose était l'amie du dessinateur Rambart, une jolie figure éveillée, sous des boucles blondes qui lui tombaient presque jusque sur le bout de son petit nez.

— Voulez-vous l'histoire de la famille assassinée rue Montmartre en 1845 avec cynisme et férocité, déclama Chevreuse d'une voix de crieur de journaux, par une bande d'assassins inconnus dont on n'a retrouvé que les pipes placées, par dérision pour la justice des hommes, dans la bouche des victimes? Demandez horribles détails ! circonstances atroces !

— Voulez-vous bien vous taire, vous n'aurez pas de rhum dans votre thé, s'écria Rose.

— Non, je ne me tairai que lorsque je verrai vos cheveux se défriser d'eux-mêmes pour se dresser sur votre tête ! Attendez, encore quelque chose de plus joli et de tout aussi historique, — l'histoire de la bande de forçats du bagne de Brest qui la nuit, vers 1850, surprit un poste de soldats endormis, tua tout, hormis un factionnaire placé à cinquante mètres et quitta le bagne en patrouille avec les uniformes des soldats assassinés... Voyons, frémissez un peu, celle-là est tout à fait authentique, je vous ferai même voir le factionnaire si vous voulez... vous le connaissez d'ailleurs, le factionnaire épargné c'est mon concierge !... Ah ! ah ! il me semble que Rose pâlit !... Oui, oui, cette histoire est suffisamment corsée, une nuit noire et orageuse, des rafales de vent sur les rochers de Brest, la mer mugissante, mon factionnaire dans sa guérite sous un réverbère, joli tableau de drame, hein ?... Le réverbère secoué par le vent ballotte et cliquote tout le temps, la mer fait hou! hou! et ce bruit empêche le factionnaire d'apercevoir la bande de forçats qui s'avance en rampant vers le poste... Brrr! brrr! Trémolo à l'orchestre! Ô mes enfants, que se passe-t-il dans le poste? Le factionnaire n'entend rien que les grincements de son réverbère et les hurlements de la mer. Il passe deux heures en faction; personne ne vient le relever, il s'étonne, mais il reste... il appelle, personne ne répond... il s'étonne de plus en plus, enfin, vers le matin, gelé et inquiet, il va voir au poste... Brrr! c'est ici le moment de frissonner, mademoiselle Rose! Que trouve-t-il ?...

— Taisez-vous, je vais m'évanouir.

— Bing! évanouissez-vous! il trouve les cadavres entièrement nus de tous ses camarades, depuis le clairon jusqu'au sergent chef de poste et dans un coin les défroques des forçats en tas! Cette petite anecdote est absolument historique, messieurs, mon concierge me paraît digne de foi et je n'ai pas encore remarqué chez lui la moindre disposition pour le roman feuilleton!

— Brrr! s'écria Ravenel, offrez-moi du rhum, vite, avec très peu de thé ou sans thé du tout, je sens que je m'évanouis aussi!

— Un bon crime comme celui de Normann de temps en temps est chose excellente au fond, dit Blaes, une bonne peur, c'est comme une douche morale, qui tonifie les tissus, — aussi j'approuve les journaux d'appuyer sur l'impression produite par l'affaire Normann, ça resserre les familles et ça rapproche les ménages brouillés ; je suis sûr que cet automne de 1869 comptera moins de séparations de corps que l'époque correspondante des années précédentes, vous verrez que les avoués s'en plaindront !

— Parbleu ! dit Chevreuse, j'en sais quelque chose, Angèle, que je n'avais pas vue depuis quinze jours, m'est revenue avant-hier.

Gardel dessinait déjà sur des croquis de Rambart, les autres s'installaient à peine ; quant à Rambart lui-même, allongé sur son divan, il roulait toujours des cigarettes.

— Un bel emploi pour ma première soirée de retour, dit Gardel, j'arrive de Bretagne encore tout plein de la poésie de la vraie nature et je confectionne des découvertes de cadavres...

— As-tu rapporté un biniou, dit le peintre Cochepin, je te jouerais des airs en accompagnement pendant que tu raconterais ton voyage ?...

— Passez-lui du rhum pour éteindre sa mauvaise humeur, dit Rambard.

— Merci, répondit Gardel, je tiens à terminer vite pour me coucher de bonne heure, je suis fatigué !...

— Intrigant, fit Chevreuse, tu veux expérimenter les théories de Blaes sur les effets de la peur... Je ne t'en veux pas, à ta place c'est ce que je ferais, je m'en irais raconter les histoires les plus noires à ma jolie voisine, car tu as une jolie voisine !...

— Comment le sais-tu ? demanda Gardel.

— Tu la cachais donc ? Excuse mon indiscrétion... Tu nous avais annoncé ton retour depuis plus de huit jours, tu n'arrivais pas, je suis allé aux renseignements ; ton concierge étant sorti, je suis monté chez toi, j'ai frappé et j'ai fait tant de bruit que Mlle Gaudemar, ta voisine respectable, est venue voir ce que je demandais... Nous avons causé, tu sais que je suis très bien avec Mlle Gaudemar, — elle m'appelle toqué ! — Et j'ai entrevu l'autre voisine, la nouvelle, celle qui est jeune, celle qui est jolie, celle qui est veuve, — car elle est veuve — j'ai trouvé le concierge en descendant et je l'ai fait causer, elle est veuve et elle s'appelle madame... madame...

— Madame Castellan, dit Gardel.

— Revenu depuis si peu de temps, tu sais déjà son nom ! fichtre ! ah ! si j'avais l'honneur d'être le voisin d'une si jolie veuve, je profiterais de l'affaire Normann, je lui en raconterais de fameuses histoires... je pose en principe qu'il y a peu de femmes en ce monde qui puissent résister à l'histoire de la famille assassinée rue Montmartre, quand elle est bien narrée !...

Lorsque Gardel partit, ses dessins terminés, le thé de Rambart était devenu du punch. Blaes et Chevreuse, qui ne dessinaient pas, luttaient à qui inventerait les plus terrifiants récits d'assassinats, coupés de plaisanteries à froid, de blagues féroces, assez fortes pour hérisser les cheveux sur le crâne d'un gardien de la Morgue.

II

La maison paternelle de Gardel était un bateau. Sur la *Marie-Louise*, grande péniche à la membrure luisante, toujours bien frottée et bien lavée, à la cabine blanche éclairée de petites fenêtres vertes avec des pots de géraniums sur son toit, avec un petit chien toujours courant, bondissant et aboyant de l'avant à l'arrière, un beau jour, en pleine rivière, entre Amiens et Péronne, un petit Gardel était né, trop pressé pour attendre l'arrivée de la péniche paternelle à la première ville.

Ses parents, braves mariniers de père en fils, et de mères en filles, femmes de mariniers, croyaient avoir en lui un petit marinier, un futur patron pour la *Marie-Louise* quand le père serait forcé par l'âge d'abandonner le gouvernail. Eugène Gardel avait donc été élevé en fils de la rivière, sur la rivière. Et il l'avait aimée cette rivière; qu'elle s'appelât l'Oise, l'Aisne, la Somme ou la Seine ou le canal, pour lui c'était simplement la rivière. Cette eau vivante, toujours en marche, toujours filant vers un but mystérieux, ces deux rives se déroulant à droite et à gauche de la *Marie-Louise*, sa rivière enfin avait occupé toute son enfance et pénétré si profondément dans son âme en amie, en parente, que maintenant encore, parvenu à l'âge d'homme, il sentait battre son cœur au passage des ponts de Paris, qu'il se détournait de son chemin dans ses courses pour la saluer amicalement et qu'il ne pouvait jamais, fût-il pressé, résister au désir de descendre un peu pour flâner quelques minutes sur les berges, avec elle !

Dans ses plus lointains souvenirs, il trouvait toujours ce défilé des rives, les alignements de peupliers vibrant de la musique des brises humides dans leurs hautes branches, les vieux saules tortus, fantastiques l'hiver, au printemps étalant et brandissant toutes leurs gaules feuillues ; les champs de roseaux, les collines dévalant en pentes herbeuses émaillées de marguerites et de boutons d'or jusque dans la rivière, les chemins de halage, les barrages des écluses au bruit assourdissant où la péniche stationnait souvent, attendant son tour de passer à la file ; les vieux bacs traversant avec des bestiaux et des paysans d'une rive à l'autre, les ponts sous lesquels la *Marie-Louise* devait abaisser son mât à flamme rouge et les petites îles, bouquets de verdure sortant de la rivière.

Ces îles Gardel les aimait plus que tout le reste ; pour lui, c'étaient autant de *Marie-Louise* à l'ancre dans la rivière ; elles n'avaient pas, comme sa *Marie-Louise* à lui, l'avantage de marcher toujours en avant, de suivre l'eau courante ou de la remonter en se moquant de ses efforts, mais elles étaient plus belles que la péniche avec leurs arbres penchés sur le sable des bas fond, se doublant avec toutes leurs branches, toutes leurs feuilles et tous leurs nids dans l'eau de la rivière, et faisant ainsi fraterniser dans ce mirage le poissons et les oiseaux.

La poésie de toutes ces choses, le petit Gardel la sentait confusément, mais il en savourait déjà le charme et la beauté dans les heures qu'il passait assis sur le toit de la cabine à regarder en avant des éternels chevaux blancs ou bruns, au collier chargé de gros paquets de laine bleue, qui halaient la *Marie-Louise*.

Des villes il ne connaissait guère que le dessous des ponts et les maisons jetées sur les rives dans un pittoresque désordre parmi les jardins, les osiers, les peupliers, alors que l'amour insensé de la ligne droite n'avait pas encore honteusement ratissé tout le long de ces libres bords de rivière pour tracer des quais le plus souvent inutiles.

Pendant les chômages, quand, les écluses ouvertes, la rivière baissait, laissant la moitié de son lit à sec, les chalands restaient pendant des semaines immobilisés à la rive ; le petit Gardel quittait alors la *Marie-Louise* et courait à son aise par les prés et les champs, s'aventurant rarement parmi les maisons qui lui faisaient peur et qu'il n'eût pas voulu habiter ; il n'aimait pas beaucoup les villes, il préférait sa rivière, le réveil dans les brumes de l'aurore, alors que les rives émergent peu à peu du brouillard, les grands peupliers visibles d'abord par la tête, les brises ridant l'eau, et d'un souffle mettant de longues traînées blanches à perte de vue ; les belles matinées, l'air frais et cinglant vif, traversé par les vols fous, et les zigzags irréguliers parmi les roseaux des martinets criards, ou les après-midi de douce chaleur, le miroitement et le clapotis de l'eau, les magnifiques couchers de soleil, la boule de feu descendant sous des amoncellements de nuages de toutes les couleurs, se noyant dans l'or pur, derrière les collines ou sombrant dans la nappe d'argent de la rivière.

Le souvenir d'une grande et noire aventure se dressait parfois par-dessus tous les souvenirs de ces calmes années. Une montée de la Seine grossie et salie par la fonte des neiges d'une fin d'hiver retenait la *Marie-Louise* à quai dans Paris même. La crue augmentant, l'honnête *Marie-Louise* cassa soudain ses amarres et s'en fut au milieu de la nuit noire, au bruit sinistre du flot raclant sa membrure, défiler sous les ponts aux grandes arches sombres couronnées de becs de gaz. Le père Gardel, la gaffe à la main à l'avant, en évita un en frolant les piles, il en évita deux, mais il ne put sauver la péniche du troisième et la pauvre *Marie-Louise*, abordant une pile du pont Saint-Michel brisa son avant, craqua lugubrement dans toute sa longueur et se mit à couler lentement sous l'eau glacée.

Des bateaux amarrés à la rive, des barques voyant le danger s'étaient élancés ; la mère de Gardel et Gardel lui-même encore endormis furent sauvés par le père comme l'eau entrait dans la cabine. La *Marie-Louise*, par miracle, ne mourut pas de ce naufrage. Elle avait sombré sur des travaux de réparation d'un quai ; la Seine ayant ensuite baissé très rapidement, on put la renflouer, sauver le chargement et réparer le dégât, mais pendant quelques mois la famille fut clouée à Paris.

Lorsque, le printemps revenu, la *Marie-Louise* renflouée reprit son vol sur la rivière, Eugène Gardel ressentit des joies nouvelles ; un grand travail s'était fait inconsciemment dans son esprit pendant ce séjour à Paris. Une visite faite par pur hasard au Louvre lui avait révélé l'art et d'un seul coup s'étaient débrouillées des centaines de sensations confuses et vagues entassées dans son cerveau. Il voyait, il aimait sa rivière tout autrement et mieux qu'autrefois. Et ce fut alors que pour la première fois le petit Gardel, assis un bout de crayon à la main sur le toit de la cabine, s'essaya naïvement à dessiner les paysages qui défilaient sous ses yeux.

Des années se passèrent, le père Gardel, ennuyé comme une cane qui aurait couvé un poulet, s'aperçut que son fils ne promettait pas du tout de devenir un jour un bon patron de bateau comme tous les Gardel. Sur la rivière, c'était un contemplatif, — le père Gardel prononçait paresseux. Il n'était bon qu'à se fourrer le nez dans les livres, avec une soif d'instruction peu facile à satisfaire sur le bateau, ou bien à dessiner des maisons, des arbres, sur des bouts de papier, toutes choses très peu utiles et presque malsaines, dont on se passait fort bien au bon temps d'autrefois.

Il y avait un Gardel terrien, mais établi presque sur l'eau, marchand de cordages dans une ville du Nord. En soupirant le père Gardel plaça son fils chez cet oncle. Là le petit pourrait se bourrer à son aise de cette instruction qu'il réclamait, et plus tard on verrait.

La *Marie-Louise* ne revit plus que de temps en temps l'enfant envolé, et pour des jours très courts. Le jeune homme abandonnait tout à fait la marine ; à quatorze ans il était apprenti lithographe, il dessinait, travaillait, complétait tant bien que mal son instruction ébauchée pendant les chômages, et à dix-sept ans, fort d'une résolution logée depuis des années dans sa cervelle, il venait à Paris pour être artiste.

Les années dures commençaient. La lithographie commerciale c'était la vie matérielle assurée ; quelques journées passées sur une pierre à fabriquer des têtes de factures pour les imprimeurs du passage du Caire, lui permettaient d'en consacrer d'autres à la Peinture, reine exigeante et difficile. Il fallait diminuer le plus possible les heures consacrées aux travaux commerciaux, et pour allonger le chapitre des satisfactions données à l'art, rétrécir celui des satisfactions offertes à l'appétit.

Eugène Gardel n'était pas le seul dans ce cas, plusieurs milliers comme lui dans Paris s'arrangeaient de même ou plus mal. Quand il se crut assez fort pour abandonner tout à fait ses têtes de factures, il eut encore des jours âpres et difficiles. Avec quelques camarades il tint ferme dans la lutte quotidienne. Venus pour étudier la peinture ou la sculpture, — moins nourrissante encore — les uns avec une pension de douze, de six ou de cinq cents francs de leur conseil municipal, les autres avec rien du tout, ils avaient réuni leurs ressources ou plutôt leurs diverses pénuries et tiraient la langue ensemble, ce qui est plus amusant que tout seul, disaient-ils en se consolant de leur débine à force de gaieté.

Les amis de l'école des Beaux-Arts les appelaient les Trompe-la-Faim ou les Toréadors de la Vache enragée. Ce surnom n'était pas volé, sauf dans les fins de mois où la vache même manquait, lorsque, réunis dans un atelier aussi vide que délabré, il fallait cuisiner avec quelques sous pour toute la bande affamée. Un en-tête de facture pour quelque commerce gras et bête sauva plus d'une fois l'atelier de la Méduse en détresse.

Puis des jours meilleurs commencèrent à luire. Eugène Gardel vendit de-çà de-là quelques toiles. Il put s'en aller passer des semaines à Barbizon ou à

Cernay, voyager un peu. Les Toréadors de la Vache enragée se dispersaient, pour tous les conditions de la lutte se faisaient plus faciles.

D'autres amis les remplaçaient. Les amis qui s'accompagnent d'un bout à l'autre de l'existence sont rares, la vie sépare, éparpille ; comme sur mer on est d'abord toute une escadrille à faire voile ensemble, on navigue quelque temps de conserve, puis le vent souffle, on se quitte, on s'envole pour des destinées ou des destinations diverses. Tant mieux si par hasard on se retrouve plus tard pour quelques jours et surtout tant mieux si l'on se reconnaît.

Les amis actuels d'Eugène Gardel, la petite bande du restaurant Henry, on les a vus chez Rambart en train de dessiner ou de regarder dessiner les cadavres de l'affaire Normann, la superbe et fructueuse affaire apportée par Chevreuse, laquelle, entre parenthèses, était tombée à pic pour arranger des budgets déséquilibrés.

Fils d'un ancien magistrat de province, riche et bien posé, quelque peu marguillier de sa paroisse, l'ami Chevreuse, imprudemment envoyé par son père pour étudier à Paris, était un joyeux garçon, plein d'exhubérance, très rapin de nature et tout à fait bohème par pure vocation.

Qu'avait-il étudié ? La médecine quelque peu, mais ce n'était pas son affaire ; au bout de six mois employés selon le vœu de sa famille, il avait envoyé promener le plus loin possible Hippocrate et Gallien. Lui si gai, étudier une science si triste, *purgare, saignare*, jamais ! ausculter, couper, découper, disséquer, jamais, jamais ! au diable !

Ainsi qu'il l'avouait ingénument, toutes les maladies qui affligent l'espèce humaine, au fur et à mesure qu'avec horreur et dégoût il les découvrait dans les livres, toutes ces éternelles et funestes compagnes de l'humanité, toutes les maladies qu'il étudiait, il croyait les avoir, il en apercevait en lui les signes effrayants, il en ressentait les symptômes, tous les symptômes. Il n'y avait pas à s'y tromper, les maladies de cœur, les maladies de poitrine aussi bien que beaucoup d'autres plus bénignes, l'une après l'autre, il se les découvrait toutes. Il en possédait la collection, c'était désespérant.

Il prit son parti. Il jeta ses livres par la fenêtre, — ce qui est une manière de parler, car, à dire vrai, en homme raisonnable, il les vendit — et lorsque, au bout de longtemps, son père s'étonna de lui voir retarder toujours ses inscriptions, il avoua son invincible répugnance pour la science.

— Si je continuais ma médecine, papa, tu aurais bientôt ma mort à te reprocher, j'ai la *maladie des étudiants d'Édimbourg!*

— Qu'est-ce que c'est que ça ? écrivit aussitôt le papa Chevreuse inquiet.

— Papa, c'est fort grave et ça devient incurable quand on ne l'attaque pas tout de suite. C'est une maladie des étudiants en médecine ; les plus grands docteurs l'ont étudiée et décrite, elle consiste tout simplement à se croire atteint par toutes les maladies, affections ou simples incommodités de l'espèce humaine ; on en est très réellement malade, si malade qu'on en meurt quelquefois, tu vois que c'est grave ! Elle a sévi à l'état d'épidémie à la faculté d'Edimbourg, nous ne sommes pas à Edimbourg, mais je l'ai tout de même !

La médecine abandonnée, la maladie des étudiants d'Edimbourg était partie avec elle ; Chevreuse, au lieu de rentrer chez lui pour ne rien faire du tout comme son père l'y conviait, était resté à Paris.

— J'étudie la vie et j'attends l'occasion pour me choisir une carrière brillante, répondait-il fièrement aux rappels pressants de sa famille.

En attendant l'occasion il était célèbre à Bullier, qui est déjà un morceau de Paris. Le grand feutre campé sur la tête, serré dans une vareuse bien faite, le pantalon rentré dans les bottes, sa barbiche blonde toujours en mouvement, à force de rire, il semait les *toquades* parmi la population féminine du quartier des Ecoles. Des cœurs d'étudiantes il en avait eu par chapelets. Quand il daignait, aux grandes occasions, se lancer à Bullier dans un cavalier seul verveux, il avait une galerie pour le contempler dans sa gloire et son nom circulait prononcé avec une considération qui n'eût pas fait la joie de monsieur son père.

Pour le moment, il était devenu révolutionnaire féroce, ce qui était assez la mode au quartier en l'an de grâce 1869. Il faisait un peu de journalisme et confectionnait des articles enflammés dans les petits journaux d'avant-garde, politiques ou littéraires.

Blaes, surnommé par Chevreuse « *Zut ! fils amer de la Désespérance* » à cause d'un sonnet ironique, avait, lui aussi, abandonné la médecine pour la littérature. Intelligent et presque tout à fait poète, mais pour son malheur dévoré par l'appétit de l'argent, il s'était trouvé, vers sa vingt-deuxième année, maître d'une petite fortune, laquelle, dès qu'il l'eut en sa possession, lui parut bien insignifiante. Il l'avait donc, résolument et en beau joueur qu'il était, jetée dans la gueule toujours ouverte de la Bourse, espérant pouvoir la retirer grossie. Mais la gueule de la Bourse rend bien rarement les morceaux qu'elle a flairés ; avec les soixante mille francs de Blaes, vite avalés, un gros banquier quelconque avait pu embellir une pièce de son castel ou s'offrir une petite fantaisie amoureuse.

Blaes ruiné était devenu soudain un amer pessimiste. Pour vivre, il fabriqua de petits articles galants, musqués ou comiques pour les petits journaux et se consola en prêchant, avec des éclats de rire de gros garçon viveur, dans les caboulots du quartier ou à Bullier, le positivisme, le darwinisme et en même temps le socialisme le plus extravagant.

Son plus grand vice était la poésie ; il portait toujours sur lui, ce qui en faisait un ami redoutable des quantités de vers, des collections de sonnets inédits. Sa victime principale était son inséparable Cochepin, un gros peintre, glabre, fin et doux, qu'il empêchait de travailler pour le plaisir de passer des après-midi à lui lire des vers en buvant d'innombrables bocks. Un autre quasi-inséparable de Blaes était le journaliste Cointal, mais à celui-ci Blaes ne lisait jamais de vers, Cochepin et Gardel représentaient la camaraderie artistique, Cointal, c'était la camaraderie politique.

Froid et de mine rusée, Cointal avait la sèche ambition politique, l'ambition sans fleurs et sans agréments. Alors que Blaes et Chevreuse, simples rapins révolutionnaires, séduits surtout par le bruit, par les côtés pittoresques d'un bouleversement prévu et inévitable, se livraient à des charges subversives mais gaies, l'autre voyait dans la politique une profession et désirait sérieusement un branle-bas pour se pousser à quelque chose.

Le quartier Latin bouillonnait à cette époque, les étudiants criaient « Vive la République » à la sortie de Bullier ou rimaient ouvertement dans les cafés des complaintes contre l'empire. Chevreuse, qui habitait près des greniers, montait le soir avec des amis sur son toit; là, commodément installés dans la vallée formée par la rencontre de deux pignons, ils chantaient la *Marseillaise* à tue-tête pendant qu'en bas dans la rue les sergents de ville effarés cherchaient vainement à découvrir les perturbateurs.

Les sergents de ville ! c'étaient alors les ennemis personnels de Chevreuse, qui ne rêvait qu'aux moyens de les ennuyer ou pour le moins de les faire poser. Quand l'émeute s'essayait à Belleville, Chevreuse et Blaes s'en allaient en amateurs et arrêtaient chaque sergent de ville.

— Pardon, monsieur, pourriez-vous nous dire au juste où est l'émeute ? C'est que, voyez-vous, en 48, mon ami et moi, nous étions en nourrice en province et nous n'avons pu rien voir ! Vous aussi, peut-être ?

— Quoi ? disait le sergent de ville.

— Vous étiez en nourrice ?

Parfois le sergent de ville, interloqué, répondait et donnait aux deux amis le paternel conseil de ne pas se risquer du côté de la bagarre, et alors Chevreuse continuait la charge dans le même sens, parlait de l'empereur, de cousins qu'il avait l'honneur de posséder dans les cent gardes ou dans la police secrète. Parfois le sergent de ville se fâchait et pour ne pas aller au poste, Chevreuse et Blaes avaient recours à la fuite.

III

Le lendemain de la soirée passée chez Rambart, Eugène Gardel se réveilla, tout à fait délassé de son voyage. Il avait mal dormi cependant, les souvenirs de Bretagne, les histoires d'assassinat racontées par Blaes, les plaisanteries de Chevreuse, tout s'était brouillé dans sa tête; sa nouvelle voisine, l'amie de Mlle Gaudemar, avait même joué un rôle dans ses rêves; probablement Chevreuse, qui en avait beaucoup parlé, en était cause.

A onze heures, avant de sortir, Gardel alla chercher Mlle Gaudemar pour lui montrer les études rapportées de Bretagne. Justement, chez la vieille fille il trouva Mme Castellan qui voulut s'enfuir à son arrivée. La jeune veuve donnait une leçon de couture à son amie l'artiste peintre, incapable d'ourler un mouchoir de poche. Gardel put voir mieux que la veille sa nouvelle voisine et reconnaître le charme doux, l'expression rêveuse et aussi la vague mélancolie qu'il avait cru distinguer dans les yeux et dans le caractère général des traits de Mme Castellan.

La présence de Mme Castellan l'embarrassait un peu, mais Mlle Gaudemar avec sa rondeur habituelle le mit bientôt à l'aise. Il invita sa nouvelle voisine à entrer dans son atelier et se fit un vrai plaisir de lui montrer ses souvenirs de Pont-Aven, ses bords de rivière aux rives boisées avec les grandes barques remontant à la voile, les moulins battant l'eau, les costumes bretons, les vieux manoirs transformés en fermes, les plages hérissées de rochers lavés par l'écume du flot. Mme Castellan, d'abord très réservée et même timide s'anima un peu; les marines firent battre son cœur et monter de plaisir un peu de rouge à sa joue; elle était Granvillaise, la mer était donc pour elle une vieille amie, une camarade d'enfance. Elle connaissait le Mont-Saint-Michel; Gardel en avait rapporté d'un voyage précédent quelques études et un grand tableau, — son Salon de 1868, encore invendu et retourné sans cadre contre le mur avec quelques compagnons.

Il alla le chercher avec empressement et le mit sur un chevalet. De la brume du matin étendue sur l'immensité d'un gris bleuâtre de la grève, le vieux mont, ville, église et forteresse surgissait comme un fantôme; des pêcheurs et pêcheuses, jambes nues, de grands filets à la main s'enfonçaient dans le brouillard.

Mme Castellan le regarda longtemps en soupirant.

— Mignon regrettant sa patrie! dit Mlle Gaudemar en l'entraînant. Merci, Gardel, ça nous fait autant de plaisir qu'un panier de crevettes! Pour vous récompenser un de ces jours je vous permettrai de venir admirer une copie de Raphaël que je suis en train de terminer. Une pure merveille, ma copie, vous verrez, il y a un progrès sur l'original !

Au café Henry, Gardel arrivant un peu avant l'heure du déjeuner retrouva ses amis. Blaes enfoncé dans un coin, le dos appuyé au cuir de la banquette les mains dans les poches, les yeux au plafond, chantonnait à mi-voix sur un rythme mélancolique:

> Nous aurons des lits pleins d'odeurs légères,
> Des divans profonds comme des tombeaux,
> Et d'étranges fleurs sur des étagères,
> Ecloses pour nous sous des cieux plus beaux.

— Bon ! fit Gardel, voilà Blaes qui chante du Baudelaire, il est triste.

— Moi, je ne suis pas triste, dit Chevreuse, j'ai seulement mal à la tête.

— Et Ravenel ? que fait-il donc ? des calculs ? reprit Gardel.

Ravenel n'avait pas levé la tête à l'entrée de Gardel ; sa grande barbe jaune penchée sur une petite table du café, il crayonnait d'un air absorbé.

Gardel se pencha. La table était complètement illustrée, il y avait des charges d'amis, des types, des silhouettes, des femmes en toilette avec des yeux immenses.

— Oh ! oh ! dit Gardel, tant de dessins déjà ! Ravenel est ici depuis longtemps.

— Depuis neuf heures ! répondit Ravenel sans lever la tête, mais laissez-moi finir ma multiplication.

— Comment, de l'arithmétique, maintenant ?

— C'est fini, dit Ravenel, posant son crayon j'ai mon compte.

— Quel compte ?

— J'ai quarante ans, n'est-ce pas...

— Et je suis affligé d'une calvitie précoce ! ajouta Chevreuse.

— Tais-toi, gamin de vingt-cinq ans, laisse parler ton vénérable ami ! J'ai quarante ans, et depuis l'âge de dix-sept, car je suis venu au quartier à dix-sept ans...

— En a-t-il connues ! dit Chevreuse.

— De quoi ?

— Des générations d'étudiantes ! Je suis sûr qu'il a dû fréquenter Musette et Mimi Pinson.

— Laisse-moi faire mon compte !... depuis l'âge de dix-sept ans j'ai passé en moyenne dix heures par jour au café !

— C'est peu.

— Je dis en moyenne, quelquefois moins, quelquefois plus ! à dix heures seulement par jour, ça fait trois mille six cent cinquante heures par an, soit en vingt ans, soixante-treize mille heures.

— Tu négliges les années bissextiles, mon vieux, dit Blaes.

— Mettons soixante-quinze mille heures pour les années bissextiles et les trois années de dix-sept à vingt... c'est un compte rond ! En soixante-quinze mille heures que de chefs-d'œuvre j'aurais pu enfanter ! Un chef-d'œuvre par millier d'heures, vous voyez que je suis modeste, ça nous donne soixante-quinze chefs-d'œuvre que j'ai perdus.

Et Ravenel frappa du poing sur la table.

— Tu es dans tes humeurs noires, mon vieux, fit Chevreuse, comme Blaes !

— Vous avez bu trop de punch hier, c'est bien fait ! dit Gardel.

— Canaille de café ! Gredin de Paris ! reprit Ravenel, s'emballant à moitié, vous voyez mon compte, il est clair, j'ai gardé les soixante-quinze chefs-d'œuvre que j'avais dans le ventre, mes œuvres presque complètes ont été dessinées sur les tables de café, le garçon les a effacées au fur et à mesure... Et vous savez, la nuit, je rêve que je pousse des dominos et que je bois des bocks !

— Continue tes additions, trouve nous le chiffre des bocks ingurgités par toi.

— Ne plaisantez pas ! Quand je pense à tout ce que je voulais faire quand j'avais mes vingt ans, et aux soixante quinze chefs-d'œuvre que je n'ai pas faits ! et tout ça parce que j'ai eu le malheur de naître à Paris...

— Ça n'est pas déjà si désagréable, tu n'as pas eu à te fâcher avec tes auteurs pour y venir, à

Paris, capitale des arts, patrie des gens intelligents et des femmes aimables...

— Paris ! capitale de la noce, de la flâne et de la blague ! Je suis Parisien, c'est-à-dire blagueur, flâneur, noceur ! Je n'étais pas assez naïf. Elevé au milieu des belles choses des musées et des belles choses de la rue, je blaguais ma peinture et moi-même ! C'est très mauvais ! Soyez naïfs et convaincus, mes enfants !

Ravenel s'emportait tout à fait.

— Paris me dégoûte ! Laissez-moi tranquille avec les Parisiens ! En art les Parisiens ont été créés et mis au monde pour suivre, pour admirer, pour respecter les provinciaux. Il est vrai qu'en politique ils se vengent bien. Gardel, heureux et naïf provincial, regarde au sommet de tous les arts les têtes de colonnes, les individualités vraiment fortes ! Des provinciaux, rien que des provinciaux ! Il faut la bonne terre provinciale et l'air vif des campagnes pour donner ces jets vigoureux ! Et sans culture, monsieur, sans culture le plus souvent ! Est-ce que ça pousserait à Paris ? Allons donc, le sol, l'atmosphère, tout manque ! il ne peut y pousser que des rabougris... S'il y a des exceptions, de rares exceptions qui confirment la règle, sois sûr que les vrais grands hommes parisiens sont nés dans un milieu provincial, bien au large, dans quelque coin de faubourg encore peu habité, avec des champs de maraîchers et l'illusion de la campagne sous leurs fenêtres !

— Ravenel, tu m'as convaincu, je retourne chez papa ! dit Chevreuse.

— Tu feras bien !... Et par malheur, poursuivit Ravenel, tous ces provinciaux fiers et robustes qui viennent à flots se perdre dans l'infernal Paris, tous ces gaillards ne donneront plus que des rejetons faibles, étiolés, ou des pousses de serre chaude ! La sève desséchée des meilleurs ne pourra produire, au plus, avec tous les soins de la culture intensive, avec des châssis et des cloches, que des dilettantes, des amateurs et rien que des amateurs ! Dégénérescence ! Dégénérescence !

— Antoine ! cria Chevreuse, appelant le garçon de restaurant, un autre bock pour M. Ravenel !

— Pour moi, reprit Ravenel, tout ça, voyez-vous, c'est la faute à mon grand-père. Il était Picard, ne pouvait-il pas rester Picard ? Je conduirais la charrue maintenant, heureux et tranquille...

— L'intelligence ! dit Blaes, cessant de fredonner son air mélancolique, voilà le malheur ! L'intelligence, c'est l'avant-dernier terme de la dégénérescence d'une famille ! Après deux ou trois générations intelligentes une famille s'éteint. Le monde intelligent ne se renouvelle que par les individus sortant de l'antique fond, de la vieille glèbe que labourent et pâturent, sans se fatiguer à penser, des millions de bons et robustes animaux humains ! Tenez ! le plus sûr moyen d'être heureux sur cette terre, c'est d'être imbécile et fils d'imbécile ; l'intelligence est une maladie plus ou moins aiguë, mais toujours une maladie, et les chances de bonheur étant en raison inverse de l'intelligence, diminuent pour l'homme juste autant que l'intelligence monte. Un imbécile fils d'un homme intelligent sera tourmenté par ses parents, l'idéal est donc de naître imbécile de souche imbécile!

— Blaes, tais-toi, tu me navres, fit Chevreuse, ou indique-moi le moyen de retourner à la nature!...

— Tais-toi, fils de robin, ou je dis qu'il y a de l'espoir pour tes descendants!... Oui, mes enfants, moi, j'ai eu le malheur d'aller au collège et d'y faire même des études passables, je suis flambé! Pour l'homme intelligent et instruit, tourmenté par mille désirs, mille aspirations, mille besoins physiques ou intellectuels et partant anti-naturels, le bonheur n'est possible qu'à la condition de pouvoir mettre beaucoup d'argent au service d'une imagination surexcitée. Et voilà où le bât nous blesse!

— Sur quelle herbe avez-vous marché aujourd'hui, dit Gardel, ou plutôt le punch de Rambart était donc bien mauvais hier?

— Toi aussi tu es flambé, dit Blaes, tu es sorti de la nature, tu ne pourras plus y rentrer! es-tu ambitieux?

— Certainement, dit Gardel.

— Tu veux monter, ascender? rude affaire!

— J'ai des jambes, c'est pour m'en servir!

— Il est naïf, lui, il a du ressort, s'écria Ravenel, je l'admire!

Gardel réfléchissait. Blaes avait-il raison? Eût-il mieux valu pour son bonheur qu'il fût resté comme son père, simple marinier descendant la vie tranquillement comme il descend ses rivières sur son chaland? Oui, la vie simple et vraie, la plus rapprochée de la nature, doit être la bonne. Mais il était trop tard, le sort en avait été jeté le jour où il avait commencé à dessiner et à peindre ; on ne peut revenir en arrière, donc en avant !

— Tu es sorti de la nature, reprit Blaes, tu ne peux plus que la chanter, la peindre, en noter les sensations pour les autres, au lieu de te contenter d'en jouir pour toi-même tout naïvement.

— Ne t'analyse pas! dit Ravenel, ne blague pas tes œuvres.

— Crains les femmes, dit Chevreuse, papa me le répète assez dans toutes ses lettres.

— Et fuis le café! ajouta Ravenel, on me l'a dit aussi dans le temps. Car moi aussi j'ai connu des anciens qui m'ont donné de bons conseils... Trubert, mon premier maître, me disait, quand je lui montrais une académie ou une étude : « Retouchez ceci ou cela, jeune homme, et *prenez garde aux femmes.* » Prenez garde aux femmes, il pouvait bien le dire ; il n'y avait pas pris garde lui-même, il était marié à une Italienne qui avait été jolie, mais qui ne l'était plus et qui le battait. « Prends garde au café! » c'est un autre qui me disait cela, un gaillard qui avait donné de grandes espérances vers 1840 pour un premier tableau superbe et qui s'était contenté de raconter les autres dans les cafés jusqu'à l'absinthe finale et dernière.

— Allons donc ! s'écria Gardel, tâchez d'être plus gais, s'il vous plaît, ou je vais déjeuner ailleurs ! La vie a du bon et l'art aussi ! Certes oui je suis ambitieux, mais je vous le dis, quand bien même je serais condamné à m'escrimer inutilement et à n'arriver jamais à rien, quand même je serais certain de ne jamais vendre de ma peinture que juste ce qu'il faut pour ne pas mourir de faim, je me déclarerais encore heureux d'être artiste. Mais moi, moi, artiste, j'ai un sens de plus que les autres mortels et j'en tire des félicités sans bornes à toute heure, à tout instant ! Et je me plaindrais ! Je ne parle pas des beautés de la nature, des grands spectacles que la terre étale pour nous et avec quelle profusion : montagnes, plaines, fleuves, rivières, mers ! Tout cela changeant, se transformant, avec les heures et les saisons !... Il est certain que j'en jouis plus que les autres, et dans les choses les plus insignifiantes aux yeux de l'homme qui n'est pas artiste, mon œil découvre des beautés cachées ou des aspects intéressants et s'en réjouit à son aise... Des satisfactions, enfin, des joies que le simple millionnaire ne connaît pas et ne peut acheter !...

Maintenant, déjeunons, vous ne m'avez pas coupé l'appétit avec vos théories, vous voyez que j'ai l'estomac solide !

Gardel en venant dîner le soir retrouva Ravenel

à la même table. Il y avait encore des crayonnages sur la tôle blanche parmi les ronds de feutre jaune, témoins accusant le nombre des bocks ingurgités, mais il n'y avait plus de chiffres.

— Et bien, dit-il, êtes-vous consolé, Ravenel? Vos soixante-quinze mille heures vous tourmentent-elles encore?

— Bah! j'ai perdu soixante-quinze mille chefs-d'œuvre, mais je serais marié, j'aurais au moins six enfants, ça m'aurait bien donné soixante-quinze mille heures d'embêtements! Mon cher, il faut prendre la vie au hasard de la fourchette et se déclarer content du morceau qu'on a tiré!

— Et moi, dit Gardel, j'espère autre chose, je vais vous paraître bien bourgeois, mon vieux Ravenel, la vie au hasard de la fourchette ne me conviendrait pas. Certainement il y a une part de hasard dans la vie, mais il ne faut pas la laisser faire trop large, je demande à regarder au bout de la fourchette.

— La hasard est le grand maître, dit Blaes, il suffit parfois d'un petit caillou sur le chemin pour vous aiguiller dans une direction à laquelle on ne pensait pas et qu'on suit toute sa vie, un instant décide parfois de toute une existence... Nous pouvons bien peu de chose, allez, pour améliorer le hasard. La volonté? plaisanterie! Les plans? chimères! Silence, jeunes orgueilleux, la volonté trace bien rarement la voie, ce sont les hasards de jeunesse qui l'ouvrent! A vingt ans, nous tous, nous arrivons au grand carrefour du hasard, là, pas de poteau indicateur, débrouillons-nous si nous pouvons, ou plutôt prenons notre route à l'aveuglette et vive la chance! Vivent les bons numéros à toutes les loteries de la vie! En route! Mon chemin m'a tout l'air de bifurquer vers la politique, tant mieux, mes enfants, elle aboutit peut-être à un ministère!

IV

Eugène Gardel était depuis quelques mois e voisin de Mme Castellan. Il l'avait vue très peu dans les premiers temps, la rencontrant parfois dans l'escalier et se contentant de lui parler, mais ensuite, il l'avait retrouvée chez Mlle Gaudemar. La vieille copiste et le jeune peintre étaient liés depuis longtemps par une amitié basée sur une estime réciproque. Gardel était un artiste sincère, un garçon sérieux et travailleur, tout entier à la peinture, n'ayant rien de l'esprit tourné à la charge des ateliers et ne se laissant pas distraire plus qu'il ne fallait de son travail par les amis bruyants et légers du quartier.

Quant à la vieille copiste, on la devinait du premier regard une brave et digne femme très gaie, toute cordialité et expansion, une nature heureuse, n'ayant rien de ces pauvres vieilles filles attristées et comme rancies par le célibat, à juste titre aigries et desséchées par les années décevantes. Ayant eu la chance, ainsi qu'elle le disait, de naître laide, cette première déception de la vie acceptée, elle n'avait pas connu les espoirs brisés, les amères désillusions de la femme qui se sait belle et qui languit, qui murit et vieillit dédaignée. Malgré les misères de sa vie solitaire, elle était restée gaie, et jeune et elle continuait à aimer la jeunesse et la gaieté. Aucune prétention artistique, elle n'avait qu'un tout petit talent de copiste, elle le savait et s'en contentait. Gardel allait de temps en temps la voir au Louvre, juchée sur une échelle dans la grande galerie, les lunettes sur le nez, son chapeau de travers ou accroché à son chevalet, travaillant avec ardeur à quelque réduction de Titien, de Véronèse, de David ou de Prudhon, pour des marchands qui la payaient maigrement. Il lui donnait des conseils qu'elle s'efforçait en vain de suivre, revenant toujours à sa sécheresse de dessin et à sa couleur plate et grise.

Depuis longtemps Gardel passait rarement quelques jours sans entrer chez elle pour tailler une demi-heure de causerie. C'était une habitude prise. Maintenant il trouvait chez sa vieille amie sa nouvelle voisine, Mme Castellan. Les deux femmes se réunissaient tous les soirs, travaillant à la même lampe et choyaient toutes deux le chat Saugrenu, gras comme une pelote, lequel partageait ses faveurs entre ses deux maîtresses et toujours ronronnait sur les genoux de l'une ou de l'autre.

Mme Castellan travaillait pour vivre à tous les menus articles de modes si peu payés par les magasins; elle confectionnait à l'entreprise, entreprise de seconde main donnée par une première entrepreneuse qui prélevait un bénéfice, de la lingerie, de la confection, des jupons à la douzaine, des cravates à la grosse. Il fallait travailler vite et longtemps, rester assise des journées et des soirées et parfois des nuits, coudre, coudre, coudre éternellement et sans fin, pour arriver à gagner peu de chose.

Mlle Gaudemar par bonheur était gaie pour deux et elle aidait sa voisine à porter la vie aussi allègrement que possible ; cependant elle se plaignait aussi, les commandes ne se trouvaient plus facilement, les bonnes copies ne se plaçaient pas comme des petits pains, la baisse, enfin, sévissait sur les Raphaël et les Véronèse.

Gardel prit insensiblement l'habitude d'entrer un peu plus souvent que par le passé chez Mlle Gaudemar. Mme Castellan s'était habituée à lui et ne se sauvait plus à son entrée, la réserve qu'elle gardait dans les commencements par timidité s'était envolée peu à peu devant la confiance et Gardel gagnait ainsi deux amies au lieu d'une. Au bout de quelque temps, il lui fut difficile de passer une soirée sans une petite visite chez ses voisines. Il leur portait des journaux ou des livres, causait ou plutôt, suivant l'expression de Mlle Gaudemar, disputait peinture avec la copiste, sectatrice de la ligne et de M. Ingres. La politique aussi entrait pour une part dans ces causeries avec les deux femmes, — l'atmosphère à cette époque en était imprégnée, on sentait l'orage et de violentes perturbations s'annonçaient. Or la bonne Mlle Gaudemar, fille d'un vieux soldat du premier Empire, professait des opinions bonapartistes à la Béranger, et Gardel mettait de la malice à la faire enrager. Après avoir disputé peinture, on disputait politique. Gardel, ami de journalistes d'avant-garde, de la jeunesse irréconciliable suivant le mot à la mode alors, faisait montre de ses amis les plus rouges, comme Chevreuse et Blaes, et affichait les opinions les plus subversives pour mettre Mlle Gaudemar en colère et voir rougir sa grosse figure et secouer ses cheveux crépus qui se hérissaient quand on touchait à l'idole, l'Empereur Petit-Caporal des vieux de la vieille, lequel faisait dans son esprit pendant à l'autre idole, M. Ingres empereur de la ligne, autocrate sévère du style.

Le jeune artiste travaillait à une grande toile pour le Salon, un tableau dans lequel il voulait mettre tout ce qu'il savait, paysage et figures, une *Noce bretonne* montrant l'arrivée de la mariée dans la ferme de son mari avec la voiture chargée de meubles, le lit gigantesque et le cortège des amis et des amies dans ces vieux costumes bretons si variés, si particuliers de formes et de couleurs. Comme les figures, le paysage avait son importance dans le tableau, c'était dans la lande fleurie, un vieux manoir transformé en ferme, des étables à fenêtres sculptées et, dominant les bâtiments, une grosse tour entièrement couverte de lierre et de lianes piqués de fleurs sauvages.

Un jour que Mlle Gaudemar était venue voir l'œuvre en train dans l'atelier de Gardel, le jeune homme mit la conversation sur Mme Castellan. Contre son habitude Mlle Gaudemar fut assez réservée. Octavie, — Gardel connaissait depuis longtemps le petit nom de Mme Castellan — Octavie était une jeune veuve éprouvée par des malheurs immérités. Le mari, employé important dans une grosse maison de commission, avait été un assez triste sire. Il avait en très peu de temps apporté le malheur et la ruine à sa femme ; il était mort, paix à son âme ! Du temps très court pendant lequel elle avait été mariée, triste rêve trop réel, Mme Castellan ne pouvait avoir conservé que de mauvais souvenirs. Il lui était échu par le mariage une quantité de chagrins suffisante pour jeter une teinte sombre sur toute son existence.

Ces confidences émurent Gardel. Quand il revit sa voisine, il ne put s'empêcher de la regarder avec une nuance d'intérêt plus marquée. Oui, en effet, elle avait souffert, les chagrins avaient jeté sur tous les traits de ce joli visage si jeune une teinte de mélancolie bien prononcée.

Ce fut en sortant d'une de ces bonnes causeries du soir chez Mlle Gaudemar, pendant laquelle il s'était surpris à regarder un peu trop longuement Mme Castellan, à considérer avec un trop sensible intérêt la physionomie inquiète de sa jeune voisine, que Gardel se rappela tout à coup les théories de Blaes sur la part du hasard dans la vie, le carrefour du hasard, le petit caillou qui suffit à vous aiguiller dans une direction à laquelle on ne pensait pas ; une pensée lui traversa l'esprit, ce petit caillou dont parlait Blaes, ne serait-ce pas pour lui l'amour ?

Ce ne fut qu'un éclair, Gardel chassa bien vite cette pensée. Non, il n'y avait là que de l'amitié, une espèce de camaraderie.

Justement, quelques jours après, un grand changement se fit dans la situation. Mlle Gaudemar partait. Faute de copies, elle venait d'accepter une place de professeur dans un grand pensionnat d'Amiens ; ce n'était que momentané, un intérim à remplir jusqu'aux vacances, elle rentrerait à Paris pour l'automne. Cependant elle s'attristait de laisser sa chambre et Saugrenu et ses habitudes. Enfin, il le fallait ; pendant son absence, Raphaël remonterait peut-être et elle reprendrait ses copies.

Cette séparation attristait surtout Mme Castellan, qui allait rester seule, privée de la présence et de la conversation réconfortante de sa vieille amie si vaillante et si gaie.

Tout cela se fit très vite, Amiens était pressé. Gardel conduisit Mlle Gaudemar au chemin de fer ; en revenant, il se promena longtemps rêveur sur les quais. Lui aussi était triste et comme désorienté par ce départ. Les convenances lui interdisaient maintenant ces visites de voisinage, ces longues causeries dont il avait pris l'habitude. Il se sentait un peu seul. Etait-ce Mlle Gaudemar qu'il regrettait ainsi ou la jeune amie ? Il avait depuis longtemps de bonnes relations avec la vieille copiste, mais enfin, il n'eût pas admis autrefois, avant le changement apporté par l'entrée de Mme Castellan dans la maison, que l'absence de Mlle Gaudemar pût lui donner une telle mélancolie.

Le petit caillou de Blaes lui revint encore à l'esprit. Il grossissait décidément, le petit caillou.

Gardel avait un peu négligé ses amis dans ces dernières semaines ; il les voyait tous les jours, mais les grandes séances du soir au café Henry, les conversations orageuses où roulaient les paradoxes et les théories étaient plus rares. Blaes se lançait de plus en plus dans la politique ; avec Cointal, prudent et matois sous une apparente témérité, il avait fondé un petit journal d'opposition enragée et il attaquait l'empire en tirailleur, en avant du gros des troupes de l'opposition, avec une violence qui avait déjà valu au journal plusieurs saisies, des amendes, et quelques mois de prison pour le gérant. Blaes et Cointal souhaitaient une grosse affaire, une poursuite à grand fracas qui leur vaudrait de la prison pour eux-mêmes et en même temps la popularité, ce grand marchepied de la fortune escaladé par tant d'autres déjà. Qui sait, ce petit journal leur donnerait peut-être aussi à tous les deux un siège de député. On pouvait courir quelques risques, cela en valait la peine.

Le grand Chevreuse, toujours aussi bohème

rédigeait un petit journal, la *Férule*, illustré par Rambart. La *Férule* avait succédé au *Lampion*, qui avait pris la suite de l'*Arlequin*, lequel remplaçait la *Comète* ; la généalogie de la *Férule* pourrait se poursuivre plus longtemps, les journaux de Chevreuse et de Rambart vivaient ce que vit l'insecte éphémère, mais après une existence d'un matin, en mourant ils déposaient un œuf d'où ne tardait pas à éclore un nouveau petit journal tout battant neuf, le bec aiguisé, insolent et guilleret.

Quant à Ravenel, à ses soixante-quinze mille heures de café, il avait ajouté des heures et des chopes nombreuses.

Gardel fut quelques jours sans voir Mme Castellan. Il passait ses soirées au café Henry et rentrait tard. Seule avec le chat Saugrenu la voisine devait bien s'ennuyer aussi. Mais les convenances tyranniques interdisaient maintenant les rapports d'autrefois. Cependant, un jour il sonna chez sa voisine pour demander des nouvelles de Mlle Gaudemar. Il parut à Gardel que Mme Castellan était heureuse de sa visite, du moins le sourire doux et discret qui éclaira sa physionomie quand elle ouvrit le laissa deviner. Elle venait justement de recevoir une lettre d'Amiens. Mlle Gaudemar se portait bien, mais elle ne s'amusait pas beaucoup dans son pensionnat à donner des leçons de nez, d'yeux et d'oreilles aux petites filles, à retoucher les traditionnelles têtes de guerriers barbus et casqués, destinées à être montrées par les jeunes demoiselles à leurs familles aux vacances de Pâques. De plus, ses élèves lui donnaient quelque tablature, elles regrettaient leur ancien professeur, qui était un monsieur, âgé, il est vrai, mais encore très bien, avec de longues moustaches et du prestige. Pour attester leurs regrets, les grandes dessinaient au fusain ces moustaches sur les murs de la salle d'étude. Pour comble de disgrâce, une de ces insolentes ayant prétendu que Mlle Gaudemar, avec ses gros traits, ses larges épaules, sa plate poitrine et ses cheveux crépus était un homme habillé en femme, le portrait de la pauvre demoiselle, en redingote et en pantalon ridicules, très reconnaissable à sa chevelure embroussaillée, s'étalait maintenant sur les murs à coté des moustaches vénérées de l'ancien professeur, avec des *hélas! hélas!* inscrits en légende autour.

Ces nouvelles reçues, Gardel prit congé de sa voisine, mais il revint quelques jours après, et, quoiqu'il n'y eut pas de lettre de Mlle Gaudemar, il resta un peu plus longtemps. Bientôt ce fut une habitude prise et acceptée, tous les deux ou trois jours dans l'après-midi, il rentrait et restait une demi-heure. D'abord on parla seulement de Mlle Gaudemar, puis la conversation prit peu à peu un tour plus intime, Gardel raconta sa vie, son enfance à bord de la *Marie-Louise*, passée tout entière dans l'air libre, entre ciel et eau, sur les rivières et les canaux du nord, de Gand à Rouen, puis ses commencements difficiles à Paris et ses luttes.

Si Gardel désirait seulement conserver avec Mme Castellan de simples relations de bon voisinage, il était inutile de lui conter tout cela, de lui faire part de ses plans et de ses espérances, mais Gardel ne s'analysait pas, il suivait simplement un penchant qui le portait vers la confiance et l'amitié. Mme Castellan souriait rarement; cette tristesse voilée, mais visible pourtant à travers tout, irritait presque Gardel ; il était, lui, d'un naturel gai, que la tristesse chez les autres étonnait et contrariait même, presque comme une injure personnelle.

Il est seul à Paris, sans parents ; son père et sa mère sont toujours avec la *Marie-Louise* quelque part sur la Somme, l'Oise ou la Seine, et il connaît les difficultés de la vie et cependant il ignore la mélancolie. Par-dessus tout, par-dessus ennuis ou tourments, effaçant tout, l'invincible gaieté reparaît toujours. Et c'est comme une lutte qu'il engage avec la tristesse de la jeune femme, tristesse qu'il traite comme une ennemie personnelle et dont il veut avoir raison.

Quelques semaines se passèrent et alors Gardel s'aperçut qu'un phénomène étrange se produisait : bien loin de vaincre, c'était lui qui se laissait gagner par la mélancolie de la jeune femme, c'était sa gaieté qui baissait. Quand il était près de Mme Castellan, loin d'être gai comme du temps de Mlle Gaudemar, et loin de réagir vigoureusement, comme il en avait l'intention, sa conversation devenait mélancolique. Il y avait des silences embarrassants, son amitié se colorait peu à peu, sans qu'il y prît garde, de nuances trop tendres, qui mettaient par moments quelques vagues rougeurs de confusion aux joues de Mme Castellan. Leurs causeries devenaient de jour en jour plus intimes, plus familières, on était de vieux amis, mais Gardel voyait ce que cette intimité grandissante avait de dangereux, et Mme Castellan, elle aussi, paraissait s'en douter. Le petit caillou de Blaes grossissait toujours. Gardel le sentait bien nettement. C'était fini, la belle tranquillité d'autrefois était partie. Il lui fallait maintenant tous les jours ses causeries avec la chère voisine ; et, chose extraordinaire, il se sentait moins de goût au travail, il ne se levait plus le matin avec la belle ardeur, l'appétit de peinture d'autrefois.

Il était un peu froid pour sa *Noce bretonne* elle-même : où pouvait s'être envolé l'entrain enthousiaste et joyeux avec lequel naguère il avait commencé son tableau ? Le Salon perdait de son importance à ses yeux et ne dominait plus toutes ses préoccupations ; la question de savoir s'il avait réussi tel ou tel morceau ne le tourmentait plus, et ne revenait plus jusque dans son sommeil comme autrefois. L'important maintenant, la grande affaire, c'était de savoir si Mme Castellan lui ferait le même bon accueil à sa prochaine visite, si les yeux de la jeune femme se reposeraient sur lui calmes et limpides avec leur expression accoutumée de douce sympathie. En peignant ses Bretonnes, il songeait à Mme Castellan, qu'il appelait déjà mentalement Octavie tout court. Il avait hâte de voir arriver l'heure à laquelle il pourrait entrer chez elle; il pensait à la main qu'il serrerait en arrivant et à la douce pression qui répondrait à la sienne, à moins pourtant que la jeune femme ne fût dans un de ces jours où elle essayait de se montrer plus réservée et plus froide comme pour résister à un entraînement.

Comment enrayer la croissance d'un sentiment doux et enlaçant, vivace et redoutable, quand on n'a pas eu la prudence de le couper jusqu'aux racines, sinon dès son éclosion, du moins dès son apparition au grand jour.

Des deux côtés peut-être on se le demandait. Comme il n'y avait pas d'autre moyen que des procédés durs et cruels, on fermait les yeux, on essayait d'oublier le péril pour se le nier à soi-même.

Cependant la vérité était bien près d'éclater au grand jour ! Que signifiaient ces trop longs regards, ces serrements de main, ces confidences et ces accès de froideur, ces petites bouderies même survenant quand l'amitié se nuançait de couleurs un peu trop tendres, quand l'amour latent transparaissait trop visiblement au travers.

Gardel réfléchit.

Il connaissait la vie ; plus calme de nature que son ami Chevreuse, le plaisir n'avait eu qu'une part bien petite jusque-là dans son existence, son esprit se trouvait pris par des préoccupations et se tournait vers un but qui l'avaient empêché de se laisser aller trop complètement aux amours faciles du quartier Latin. Cependant il avait vécu ; quelques amourettes, des plaisirs avec une ombre de sentiment, des promenades dans les bois au sud de Paris, quelques agréables souvenirs enfin, sans l'amertume, les tourments et les regrets des passions.

Mais il avait, par-dessus tout, l'horreur de la bohème et de l'irrégularité. Cela, il n'en voulait pas. De ce côté il était très bourgeois, quoique romantique décidé.

Il se sentait poussé par un sentiment confus qui le portait de plus en plus vers Mme Castellan, et il semblait que du côté de celle-ci les limites de l'amitié pure et simple étaient franchies également. S'ils n'avaient pas tout à fait avoué ouvertement l'amour déjà presque maître de leurs âmes, leurs regards s'étaient compris et pour l'explosion finale il allait suffire d'une étincelle.

Il ne parlait pas mariage cependant, et chaque fois que l'idée s'était présentée à son esprit il l'avait chassée. Certes, il comptait un jour se marier. Ses plans d'avenir aboutissaient toujours à une maison douce et calme, égayée par la présence d'une femme aimée et d'enfants joyeux et forts qu'il adorerait, pour qui joyeusement il travaillerait toute sa vie. Mais pouvait-il se marier maintenant ? Sans situation dans le présent, avec un avenir douteux, avec une existence précaire et difficile en perspective pour des années encore, avait-il le droit d'y songer seulement? M*mc* Castellan non plus ne semblait pas y penser, Une vague idée de crainte était venue à Gardel. Veuve et libre, elle pouvait avoir songé à se faire épouser. Mais pas un mot n'avait été prononcé par elle qui pût le laisser deviner.

Se marier ! Gardel voulait d'abord voir l'Italie, puis l'Orient aux horizons dorés, puis la Norwège, aux bords puissamment échancrés, aux rochers battus par la mer. Un artiste peut-il voyager à l'aise, sans nul souci, et maître de tout son temps, courir le monde à la recherche des sites qui font battre son cœur, peut-il aller et venir, errer, s'arrêter, quand il laisse au logis femme et enfants ?

Non, le temps n'était pas venu. Et puis, au fond du cœur, sa qualité de veuve lui causait une mystérieuse souffrance. Jalousie rétrospective, mais jalousie.

Où vont-ils alors ? Il ne peut être question de mariage et elle ne semble pas disposée à devenir sa maîtresse. Cela même il ne doit pas le souhaiter ; même quand l'amour éclaterait et triompherait des objections et des obstacles, même quand elle succomberait, quelle accumulation de tourments et d'orages facile à prévoir ! Ce n'était plus l'amourette facilement oubliable d'une étudiante quelconque, d'une femme à douze passions par an ou par trimestre.

Quel sera donc le dénouement ?

Décidément rien que des dangers, rien que des tourments, rien que des ennuis en perspective. Mieux vaut s'arrêter puisqu'il en est temps encore et prendre résolument un autre chemin.

Gardel ayant ainsi fait appel à toute sa raison, décida, le cœur gros, que le plus sûr était de cesser de voir Mme Castellan.

V

A Bagnolet, au pied de la côte du Père-Lachaise, dans l'endroit où les maisons sont le plus serrées, à travers une agglomération de bâtisses noires, suintantes, débouche une ruelle appelée la rue des Vignettes. Il y a eu jadis un vignoble dans ce quartier, des champs, des prés, des moulins. Hélas! il y a très longtemps! La rue des Vignettes est la plus étouffée, la plus noire, la plus sale, la plus sordide des rues qui longent le boulevard extérieur au point le plus criblé de verrues. La rue des Vignes, sur trente maisons, compte vingt cabarets douteux ou garnis de la plus triste apparence. Au milieu de la rue, dans une maison flanquée d'un garni et d'un mastroquet de très bas étage, habite la tante de l'ami Chevreuse. Comment une aussi respectable dame, une grosse bourgeoise, rentière sérieuse, veuve d'un notable commerçant, sœur d'un magistrat, est-elle venue échouer et peut-elle se résigner à vivre dans un tel quartier, dans un tel milieu? Hélas! elle est venue là avant les marchands de vins et les garnis, avant la naissance du quartier pour ainsi dire. Elle a connu sinon les vignobles de Bagnolet, du moins les derniers ceps dans les jardins; elle a connu là des champs, des haies d'aubépine, des arbres, de grands jardins. Quand elle y est venue avant 1840, c'était encore la campagne, avec ses paysans, ses cultivateurs et ses maraîchers; oui, sur l'emplacement de toutes les grandes maisons d'aujourd'hui à l'aspect misérable, tristes, noircies, crevassées, les champs verdoyaient au printemps et donnaient les uns des petits pois, les autres des violettes et des roses pompon, une spécialité du Bagnolet d'alors, village au nom agreste et bucolique. O petits pois, ô violettes, ô roses pompon, que vous êtes loin !

Gros commerçants du quartier Poissonnière, M. et Mme Chevreuse avaient songé vers 1835 à se bâtir une petite maison de campagne pour aller chaque dimanche respirer le bon air et se reposer du labeur de la semaine. Les paisibles villages de Bagnolet et de Ménilmontant étaient, sous le bon roi Louis-Philippe, au temps où la Bourgogne était heureuse et le reste aussi, la villégiature préférée des petits négociants des quartiers Saint-Denis et Saint-Martin. Temps lointains ! Epoques primitives ! Dans le joyeux Belleville d'alors, Paul de Kock régnait. On y louait des ânes pour les promenades vers les régions lointaines du bois de Romainville.

Les deux villages commençaient pourtant à devenir des villes, les rentiers à goûts champêtres s'en plaignaient vivement, mais il y avait encore entre les deux bien des coins de campagne. Le sentier des Vignettes, à peine tracé, était un de ces coins. M. Chevreuse avait acheté un terrain et fait bâtir la petite maison de campagne classique à volets verts, à portique ionique et à belvédère parmi les chèvrefeuilles et les glycines.

L'exemple ne tarda pas à être suivi, bientôt la petite ruelle des Vignettes fut bordée des grilles et des jardins de cinq ou six maisons de bourgeois parisiens, avec des berceaux, des kiosques, des pelouses, des allées garnies de lauriers en caisse. Mais insensiblement la ville gagnait. Pour économiser les droits d'octroi bien des gens venaient loger hors barrière ; un jour, la première maison à locataires fut construite. C'était le commencement. Peu à peu, avec les années, les maisons gagnèrent sur les jardins, dévorant les terrains à bâtir. Une à une les petites maisons de campagne disparaissaient noyées dans les grandes bâtisses. L'annexion de la banlieue à Paris en 1860 fut le dernier coup, la rue des Vignettes n'eut plus un coin de terrain à bâtir, les derniers arbres étouffés et malingreux dans les étroits jardinets restant çà et là tombèrent. La population changea, les gens tranquilles, les petits rentiers, les employés s'en allaient ; les marchands de vin s'installèrent et aussi les hôtels meublés, les garnis à la nuit.

M. et Mme Chevreuse, resserrés entre deux hautes bâtisses, dans la petite maison à volets verts, coquettement habillée d'une glycine et coiffée d'un belvedère d'où la vue ne plongeait plus maintenant que dans les chambres du deuxième étage d'un garni de rouleurs du boulevard extérieur, M. et Mme Chevreuse gémissaient. Un jour ils prirent une grande résolution. Ils allaient faire comme les autres, utiliser leur terrain et bâtir dans leur jardin une grande maison à locataires ; la maison faite, ils émigreraient plus loin, sur les hauteurs de Belleville non encore gagnées par le flot de Paris. Et le jardin fut détruit, le berceau démoli, le bassin du jet d'eau comblé et une grande maison s'éleva avec de grands ateliers. M. Chevreuse, sur ces entrefaites, passa de vie à trépas ; Mme Chevreuse, vieille et à demi impotente, reculant devant l'horreur d'un déménagement, se résigna à rester dans sa petite maison en bordure sur la rue des Vignettes étouffée, noire, sale et populacière.

Avec les années, la rue des Vignettes s'abîmait de plus en plus, l'écume de Paris refluant vers les barrières l'envahissait. Chaque année la cote des habitants semblait baisser. Il y avait certainement encore bien des gens tranquilles, des petits employés ou des ouvriers travailleurs et rangés, venus dans cette rue sans air par raison d'économie, parce qu'ils étaient chargés de famille, mais ils vivaient là comme perdus au milieu de la masse bruyante, ribotante et mal vivante. Le lundi devenait une institution sacrée, une fête nationale parisienne commençant le samedi soir et débordant quelque peu sur le mardi. Ces jours-là les pochards ne se comptaient pas. Les nuits de lundis étaient généralement orageuses; dans l'obscurité, des disputes, des batailles s'engageaient entre rouleurs, on entendait des cris, des appels, des hurlements, entremêlés d'imbéciles chansons d'ivrognes. On se battait aussi quelquefois dans les maisons pendant ces nuits-là, mais c'était en famille, entre mari et femme. Les voisins ronflaient pleins d'indulgence ou écoutaient en riant sans même cogner au mur; c'était nuit de fête, on avait le droit de faire du train.

Pour ne pas se commettre avec ces voisins peu commodes, Mme Chevreuse se confinait chez elle; enfermée dans son appartement, porte close, rideaux tirés, isolée, ne voyant dans la semaine que sa bonne, elle s'efforçait de ne rien entendre et de ne rien voir. Le dimanche elle confiait ses chagrins à de vieux amis qui venaient la voir, des rentiers respectables, des commerçants retirés, vieux débris du Bagnolet d'autrefois, attristés, offusqués, scandalisés comme elle par les changements survenus.

Il y avait dans la maison de Mme Chevreuse quelqu'un de plus navré qu'elle, c'était le père Bontemps, le concierge de fondation, un ancien garçon de magasin venu prendre la loge dès que la maison fut bâtie. Le père Bontemps se désolait plus que personne de voir le niveau des locataires baisser avec une régularité constante, et les jours de terme, quand les amis du lundi lui donnaient de mauvaises raisons ou des injures pour tout paiement, il en attrappait des jaunisses de désespoir.

Chevreuse venait de temps en temps voir sa tante. Sa joie était d'effaroucher les amis de la vieille dame, les convives du dimanche, tous braves gens amis de l'ordre et des institutions établies, en affichant froidement les opinions les plus extravagantes et en niant au besoin la morale, la famille et la propriété.

— Mon neveu! gémissait Mme Chevreuse, mon propre neveu! Dire de pareilles choses, lui, le fils d'un magistrat!

Plusieurs fois déjà Chevreuse avait recruté les hommes politiques du quartier Latin et s'était permis de les inviter à dîner chez sa tante. Et les convives du dimanche ahuris pâlissaient et oubliaient de manger à l'audition des théories développées avec complaisance par les amis de Chevreuse.

Le jour où Gardel, pour couper court à une situation dont il comprenait les dangers, décida, non sans un certain trouble de cœur, qu'il cesserait de voir Mme Castellan, il se trouva que Chevreuse s'en allait avec Blaes à Bagnolet. C'était un dimanche, Chevreuse vint proposer à Gardel de les accompagner.

— Tu ne connais pas ce quartier-là! dit Chevreuse, et tu ne connais pas ma tante, tu verras les deux en même temps... Bon type d'autrefois, ma tante, tu te trouveras rajeuni de quarante ans. Bien intéressant pour un artiste le quartier! Et puis il faut soutenir ses amis, nous escortons Blaes qui s'en va au théâtre de Belleville faire sa conférence, tu sais?

— Quelle conférence?

— Tu sais bien, sa conférence sur Robespierre, au profit des condamnés des dernières émeutes, tu l'as entendue, il nous l'a encore répétée hier à table, ah ça! tu vis donc dans les nuages maintenant, tu te promènes en ballon dans la vie?

— C'est vrai, c'est vrai, je me rappelle.

— Et le soir, nous allons aux Folies-Belleville, Blaes parlera... tu vois, journée complète; entre la conférence et la réunion, nous dînons chez ma tante, nous ferons des études de mœurs... voyons, en es-tu?

Gardel hésita. Il restait troublé et surpris du sentiment de tristesse qui lui poignait le cœur depuis que sa résolution était prise. La vie lui apparaissait tout à coup vide et morne.

— Il était temps, songea-t-il, que serait-ce si j'avais attendu encore?

— Viens-tu avec nous, voyons? dit Blaes.

— Ma foi oui, dit Gardel, je sens que j'ai besoin de distractions.

— Alors, nous allons t'en donner!

Chevreuse s'amusa pendant la route à faire un tableau fantastique du quartier de sa tante.

— Mon cher Gardel, en ta qualité de paysagiste,

tu me remercieras de t'avoir fait connaître ce petit coin de nature, tu vas voir ! Vrai, tu aurais dû emporter ta boîte à couleurs ! La rue des Vignettes, un endroit tout à fait idyllique, des haies d'aubépine, des chèvrefeuilles, des pois de senteur, de vieux murs chargés de lierre et habités par des lézards, de grands arbres, des fleurs, des maisonnettes, — et un calme, une tranquillité !...

Il s'amusa beaucoup de la stupéfaction de son ami à la vue de la réalité, quand, à l'entrée de la rue noire et bondée de monde, il lui montra la maison de la tante Chevreuse.

— Tu ne m'as pas écouté, dit-il, tu es distrait en ce moment, je t'ai dit que c'était très joli, certainement, mais sous la Restauration ou sous Louis-Philippe, ma description date d'il y a trente-cinq ans, maintenant c'est un peu changé, comme tu vois... d'ailleurs demande au père Bontemps, le concierge de ma tante, il te dira si je t'ai menti... tiens, le voilà sur sa porte, interroge-le !

— Bonjour, monsieur Alfred, dit le père Bontemps, saluant respectueusement le neveu de sa patronne, ah vous arrivez bien !

— Qu'est-ce qu'il y a donc, père Bontemps ? dit Chevreuse, ma tante serait-elle malade ?

— Madame votre tante ? fit le père Bontemps d'un ton qui signifiait « si ce n'était que cela ! » Non, ce n'est pas elle, c'est la maison qui est malade ! Comme tout d'ailleurs ! Je crois que le monde se détraque ; dans tous les cas, c'est comme la rue des Vignettes, monsieur Alfred, le monde n'embellit pas !

Le père Bontemps soupira.

Gardel et Blaes regardaient, entre ses deux hautes voisines déjà noircies et délabrées, la petite maison qui possédait encore l'apparence d'une maison de campagne avec ses colonnes cannelées, ses volets verts et son belvédère juché sur le toit, absolument enfermé par les hautes constructions environnantes. La pauvre maison pressée dans ces grandes et laides bâtisses, entre deux marchands de vin, avait comme une physionomie honteuse et effarée d'un comique lamentable. On le sentait, si elle avait pu rougir, elle eût rougi ainsi qu'une petite bourgeoise tombée dans un mauvais lieu.

— Oui, reprit le père Bontemps, c'était hier la paie, alors dame, aujourd'hui, la rue s'en ressent, regardez, c'est plein chez tous les marchands de vin et c'est dans huit jours le terme !

Les boutiques de marchands de vin établies presque toutes les deux maisons, d'un bout de la rue à l'autre, se touchant quelquefois, laissaient, toutes portes ouvertes, échapper des cris, des rires, des chants ou des éclats de voix, tout le vacarme d'une journée de noce. Chez les plus rapprochés, on entendait rouler les tourniquets. A l'extrémité de la rue deux hommes se battaient au milieu d'un cercle d'enfants ou de filles en cheveux mal peignés.

Chevreuse expliquait à Gardel les transformations du quartier et le désastre de ce coin de campagne se transformant peu à peu en faubourg de grande ville sordide et besogneux.

Le père Bontemps avait suivi les trois visiteurs dans la cour, entre la petite maison habitée par la propriétaire et les grands bâtiments usiniers, vieux d'une vingtaine d'années et déjà noirs et salis, abimés par les pluies, craquelés et fendillés dans les plâtres de leur façade. Les maisons comme les gens vieillissent vite à Paris. Des carreaux cassés que les locataires ne prenaient pas la peine de remettre, çà et là des chiffons sur les barres d'appui, des linges pendant aux fenêtres, achevaient de donner un aspect misérable à cette caserne bondée de locataires.

— Et dire que j'ai couru après les papillons par ici quand je suis venu tout enfant voir mon oncle, dit Chevreuse, et que j'ai mangé des fraises poussées sur l'emplacement de cette grande baraque ! C'était charmant, dans un jardin au bout de la rue on jouait aux boules dans une allée de clématites...

— J'ai connu l'endroit, dit le père Bontemps en soupirant, c'était la campagne d'un monsieur du carré Saint-Denis qui avait trois demoiselles toujours habillées en blanc... Maintenant il y a un garni sur son jardin...

— Nous passions par des petits sentiers pour gagner Belleville et monter au Moulin de la Galette... le moulin, la galette et les petits sentiers, comme c'est loin ! Plus haut, c'était la villégiature artistique, il y avait la rue des Moulins, la rue de Calais, la rue des Solitaires... Paul de Kock, Déjazet, Mélingue, Geoffroy... J'ai connu même, tout en haut de Ménilmontant, dans un vieux parc, un pavillon rococo, une petite maison xviiie siècle, transformée, je crois, en pensionnat de religieuses...

Le père Bontemps, l'air démoralisé, interrompit Chevreuse.

— Tenez, monsieur, écoutez ! celui qui chante là-haut au troisième c'est Topinard... depuis qu'il a perdu sa femme, c'est fini, il ne dénoce pas ! Avant-hier soir les voisins étaient furieux, il était rentré raide et il chantait encore et il tapait sur les enfants. Je suis monté lui faire des observations poliment,... vous savez, monsieur, moi je suis pour la politesse. Il m'a répondu qu'un honnête homme avait le droit de faire du train, de chanter et de battre ses enfants jusqu'à onze heures du soir... paraît que c'est la loi... et il ne s'est arrêté qu'à onze heures juste. Hier il a recommencé jusqu'à plus de minuit, je lui ai encore fait des observations polies, il m'a répondu que c'était samedi et jour de paie et que je n'avais encore rien à dire !

— Il est gentil, ce citoyen, je te le recommande, Biaes, dit Chevreuse.

— Les hommes, passe encore, on peut leur parler, reprit le père Bontemps, mais les femmes !

Voyez-vous celle-là qui nous regarde à la fenêtre du second par ici, Mme Verdure, et l'autre la blonde à la fenêtre plus loin, Mme Trumelet, deux voisines qui se valent ! en voilà qui ont un joli feu de bouche, elles vont joliment nous passer tout à l'heure au fil de la langue !... Quand elles sont brouillées, la maison se divise en deux camps, le camp des Verdure et le camp des Trumelet... on se chamaille, on se dispute, les deux femmes se crient par la fenêtre des choses à me faire dresser les cheveux sur la tête, à moi, monsieur, qui ai été militaire. Quels becs ! C'est la guerre sur le carré, elles se poussent leurs ordures devant la porte l'une de l'autre, ou elles se guettent le balai à la main... Quand l'une descend l'escalier, paf, l'autre sort comme une bombe et lui balaie ses ordures sur la tête ! L'autre jour c'est Mme Verdure qui a fait le coup et puis elle dit de sa voix flûtée avec des manières : « Je vous demande pardon, Mèdème, je ne vous voyais pas ! » Et l'autre lui répond : « Sale bête ! » Et Mme Verdure qui reprend : « Vieux cabas ! » Alôrs c'est en train : Espèce de ci ! espèce de ça ! vieux ci ! vieux ça ! Et puis on se prend aux cheveux... Les maris s'en mêlent, mais mollement et sans taper l'un sur l'autre, parce qu'ils boivent ensemble ! Par exemple huit jours après, la Verdure et la Trumelet sont reconciliées et se paient des cafés toute la journée ; alors Mme Trumelet épluche ses amis, les gens qui ont pris son parti et Mme Verdure épluche les siens et ça dure jusqu'à la première brouille... Il n'y a que les deux maris qui ne se brouillent jamais ensemble, et qui continuent à boire, à faire le lundi et quelquefois le mardi, de compagnie !

Le père Bontemps était lancé, il continua :

— Ah ! par exemple, au premier, des gens bien tranquilles, les plus comme il faut de la maison, ils sont dans le commerce, c'est des juifs... ils sont une nichée là-dedans, le père, la mère, la sœur, la tante, est-ce que je sais ! ils achètent de tout, de la toile, des étoffes, des soldes qu'ils vont vendre dans les marchés, ils font des billets, mais comme le logement est au nom de la tante, ils ne paient pas... mais pour le loyer, recta ! les 8 au matin ! Et des étrennes et des pourboires... de la canaille, mais des gens bien tranquilles !

Chevreuse laissa le père Bontemps qui rentra dans sa loge de l'air d'un homme démoralisé. Les trois amis montèrent chez la tante Chevreuse. Blaes la connaissait déjà, mais Gardel venait pour la première fois.

C'était une petite femme boulotte, coiffée à la mode de 1840 avec un bonnet de dentelles et de grosses boucles de cheveux, tout à fait une physionomie de bourgeoise renforcée, de bourgeoise bien bourgeoisante, une figure qu'il semblait aussi étrange de rencontrer dans cette maison et dans ce quartier populacier, qu'une dame de la cour de Louis XVI ou une indigène de l'Afrique Centrale.

Depuis longtemps elle ne sortait plus; enfermée

dans son ex-maison de campagne par le chagrin d'abord, puis par la crainte de la locomotion, elle ne mettait pas deux fois par an le nez dehors. Le quartier s'était fait autour d'elle et l'avait murée là, vestige d'un âge disparu, comme ces batraciens que l'on trouve parfois au plus profond d'une pierre sortant de la carrière ; ceci soit dit sans la moindre intention de comparaison avec la pauvre dame.

Elle regarda Gardel d'un air effaré et un peu craintif. Evidemment elle se disait : « Encore un ami d'Alfred ! Qu'est-ce qu'il va dire ou faire celui-là ? » Gardel la comprit. Il savait que Chevreuse et Blaes s'étaient amusés quelques semaines auparavant à épouvanter la bonne dame et ses paisibles amis du dimanche en développant ce qu'ils appelaient leurs idées politiques. Pour la rassurer, Gardel la mit aussitôt sur le chapitre de ses chagrins de propriétaire. C'était toucher la corde sensible. Mme Chevreuse prit confiance en cet ami, plus doux que les autres et se mit à lui paraphraser les confidences du père Bontemps sur les locataires. L'alcool souverain, le marchand de vins régnant en maître dans le quartier, pompant le gain des hommes, le cabaret détruisant tout, la sécurité du foyer, l'esprit de famille et le respect de soi-même. Rares étaient ceux qui résistaient aux influences mauvaises et qui revenaient directement à la famille en sortant de l'atelier ; les faibles se laissaient entraîner et une fois dans l'engrenage y restaient. Alors tout y passait.

Et le lundi devenait si bien une institution que l'on voyait des gens le célébrer dignement comme une fête respectable. Car il y a des lundistes de toutes sortes, depuis ceux qui dès le matin s'arrangent pour se trouver ivre-morts, depuis ceux qui traînent du cabaret au ruisseau et qui se relèvent du ruisseau pour retourner au cabaret, jusqu'aux gens convenables et rangés qui travaillent le dimanche afin de pouvoir se promener le lundi. C'est pour ceux-là le jour des parties de campagne ; les femmes qui ont traîné toute la journée du dimanche en camisoles et en savates, sortent leurs belles jupes, leurs chapeaux et leurs ombrelles. C'est lundi ! travailler ce jour-là serait presque inconvenant.

Et les jours de terme, les difficultés des terribles jours de terme ! les déménagements et les emménagements, les locataires qui ne paient pas, qui injurient le concierge, ceux qu'il faut expulser en leur faisant cadeau des termes dus, ceux qui avant de s'en aller abîment le logement, qui arrachent le papier ou l'arrosent d'huile pour embêter le *sâle proprio*.

— Ma chère tante, dit Chevreuse, en interrompant les litanies de la bonne dame, voyez-vous, nous arrangerons cela, mes amis et moi ; le moyen de supprimer les ennuis des propriétaires, c'est de supprimer la propriété, nous y songerons !

— Tais-toi ! tais-toi, tu me fais peur ! gémit Mme Chevreuse.

Blaes regardait à sa montre ; l'heure de sa conférence au théâtre de Belleville approchant, il fit signe à ses amis et prit congé de Mme Chevreuse. Après la conférence, en attendant la réunion du soir, on reviendrait dîner chez la tante.

Gardel eût préféré s'en aller errer dans les Buttes-Chaumont ou dans les grands terrains vagues entre le nouveau parc et les fortifications plutôt que d'aller écouter la conférence de son ami au milieu de la cohue du théâtre, mais Blaes et Chevreuse ne l'entendaient pas ainsi. Il dut les suivre et moyennant cinquante centimes par tête au profit des condamnés politiques, se faufiler tant bien que mal au fond d'une loge d'avant-scène archipleine. Le programme était chargé, il y avait une allocution par un avocat secrétaire d'un député sur les droits et devoirs du citoyen, un intermède poétique et musical, composé d'une chansonnette par un comique du théâtre, d'une pièce de Victor Hugo dite par le jeune premier et de *La Canaille* chantée par Mme Bordas. Ensuite venait le morceau de résistance, la conférence sur Robespierre par le citoyen Blaes.

Gardel, au fond de son avant-scène, resta rêveur pendant toute la séance. Pendant que les conférenciers parlaient ou que vibrait Mme Bordas :

> Dans la vieille cité française,
> Il est une race de fer.....
> . . . .
> C'est la canaille,
> Eh bien, j'en suis !...

il pensait à la Bretagne, il se revoyait dans les petits sentiers de Pont-Aven, sur l'herbe émaillée de fleurs des prairies, au bord de la petite rivière si tranquille ou sur les longues étendues de sable des plages devant la grande mer ouverte; il lui venait des bouffées de la brise marine ou de fraîches senteurs des bois, et chose étrange, dans ces paysages, parmi ces choses bretonnes, il apercevait toujours l'image de sa voisine de Paris, de l'amie qu'en Bretagne il ne connaissait pas encore.

Blaes, fixant l'assemblée de son œil clair et dur, commença sa conférence. Gardel eut beaucoup de peine à suivre le fil de son discours, il s'obstinait, s'efforçait de suivre attentivement une phrase et tout à coup son esprit perdait la phrase comme par une fuite invisible et repartait pour la terre armoricaine.

Un jour viendrait-il où il quitterait Paris pour n'y revenir que de loin en loin et s'installerait dans un foyer définitif avec une femme aimée, dans un coin de vraie nature, avec des arbres de forêts, des verdures de prés, des étendues de ciel et d'eau.

— « ...Marat en qui s'incarnait le peuple et ses violences, et ses nobles aspirations, Marat assassiné par l'infâme réaction, Robespierre devait tomber... »

C'était Blaes qui frappait du poing et enflait ses périodes, Gardel se remit à le suivre, mais se reperdit bientôt dans ses rêveries. Il n'en fut tiré que par le bruit des applaudissements qui saluaient la péroraison du conférencier et par Chevreuse qui l'entraînait sur le théâtre.

A six heures, les trois amis étaient rentrés chez Mme Chevreuse où le dîner les attendait. Il y avait là les convives ordinaires de la vieille dame, de vieux rentiers, un ancien capitaine cérémonieux et compassé comme un chef de bureau, un employé de la mairie et sa dame, tous deux aussi maniérés que le vieux capitaine. Chevreuse laissa tout le monde commencer son potage, puis il dit à sa voisine, la femme de l'employé de la mairie :

— Vous n'étiez pas, madame, au théâtre, à la conférence sur Robespierre ? Il m'avait semblé vous apercevoir avec monsieur votre mari...

— Quelle horreur ! fit la dame interloquée.

— C'est dommage, reprit Chevreuse, elle a eu beaucoup de succès la conférence sur Robespierre de mon ami le citoyen Blaes, que j'ai l'honneur de vous présenter.

Le vieux capitaine resta bouche béante avec une cuillerée de potage à la hauteur de ses moustaches, les autres convives eurent un sursaut, Mme Chevreuse poussa un petit cri d'effroi.

Chevreuse était sûr de son effet. Il se remit tranquillement à son potage et quand il eut achevé il continua :

— Et ce soir le citoyen Blaes parle aux Folies-Belleville, moi aussi peut-être si le commissaire de police essaie de lutter, car nous allons pulvériser l'Empire, je vous prie de le croire !... Capitaine, vous devriez venir voir ça !...

Le capitaine grommela dans sa moustache :

— Trop aimable !...

— Ah, mon Dieu, fit Mme Chevreuse, voilà les clubs, ça va bien mal, est-ce qu'on va recommencer 48 ?

— Non, madame, tranquillisez-vous, dit Blaes.

— C'était bien vilain en juin...

— Ça sera bien mieux cette fois-ci, ma tante, dit Chevreuse.

Le dîner fut un peu froid ; bien que le citoyen Blaes affectât de se montrer très rond et très joyeux, les amis de Mme Chevreuse le regardaient avec un certain effroi. Le capitaine s'était tourné vers Gardel ; celui-ci, d'apparence douce et distraite, l'effarouchait moins que Blaes avec son œil clair et son sourire ironique, ou Chevreuse avec ses éclats de voix et ses airs de matamore. Gardel ne dit pas un mot de politique, il laissa parler le capitaine sans trop l'écouter. Quand les trois amis prirent congé de la tante pour s'en aller aux Folies-Belleville, le capitaine porta son doigt à son front.

— Mon voisin n'a pas dit grand'chose, glissa-t-il tout bas à la tante, il n'a pas soufflé mot de politique, il a l'œil distrait d'un homme qui se réserve, voyez-vous ; malgré l'œil tranchant de l'autre, c'est le plus dangereux des deux amis de votre neveu.

Bousculés, serrés, portés, écrasés, les amis de Blaes suivaient le sillage de leur camarade à travers la cohue qui remplissait, à en faire éclater les parois, la salle des Folies-Belleville ; heureusement, entrés par la porte des artistes ou des orateurs, ils n'avaient qu'un très petit trajet à opérer pour gagner les places réservées aux orateurs inscrits, derrière le bureau et la tribune.

— Citoyens, laissez passer le citoyen Blaes, le conférencier... il est inscrit pour la parole ! s'époumonnaient à crier les organisateurs pour faire ouvrir le passage.

Gardel et Chevreuse se casèrent tant bien que mal au pied d'une des colonnes soutenant la large galerie qui régnait autour de la salle. Tout était plein, en haut comme en bas ; Gardel n'était pas sans inquiétude en entendant le piétinement des masses perchées au-dessus de sa tête et en sentant la colonne contre laquelle il s'adossait trembler de temps en temps. On ne voyait pas grand'chose, des têtes, des têtes et encore des têtes à travers la fumée des pipes. Au fond de la salle, la tribune et le bureau drapés de rouge, et derrière le bureau, une rangée de grandes barbes ou de chapeaux tromblons à larges ailes, les seuls chapeaux de haute forme qui se fussent risqués dans la bagarre, des chapeaux d'hommes de 48 ou de socialistes.

A droite de la tribune, derrière une petite table, se tenaient le commissaire de police et son secrétaire en butte aux regards hostiles ou moqueurs de toute l'assemblée.

L'étoile du jour, le citoyen Gaillard père, tenait déjà la tribune dont il martelait le bois en scandant à grands coups de poing ses phrases méridionales où les *rrr* roulaient invraisemblablement.

Après plusieurs interruptions ou rappels à l'ordre du commissaire de police, Gaillard père passa la parole au *citoyengne* Blaes.

Il était marqué dans le programme du citoyen Blaes qu'il ferait un éclat. Dès ses premières phrases, il prit le cœur de l'assemblée et fit éclater les applaudissements ; les farouches citoyens imberbes ou barbus accrochés à la galerie tapèrent des pieds dans un délire de joie et monsieur le commissaire de police dressa l'oreille.

— Attention aux bousculades, dit Chevreuse à l'oreille de Gardel, Blaes va faire dissoudre l'assemblée et les sergents de ville taperont pour faire évacuer la salle.

Gardel était bien loin de la Bretagne et de sa rêverie ; il ouvrit l'œil comme disait Chevreuse et ne put dissimuler son inquiétude. Comment se garer des mauvais coups des uns ou des autres et se retirer de la bagarre dans cette cohue serrée et compacte.

Blaes continuait ; il répondait avec une ironie âpre et mordante à M. le commissaire de police et reprenait ensuite, non sans des allusions aux sbires éhontés de la tyrannie. A la fin, le commissaire de police jaillit de sa chaise, déclara la réunion dissoute et mit son chapeau. Un tumulte inouï éclata. Le commissaire et son secrétaire disparurent. Gardel les crut écharpés par la foule, mais il put les voir un instant après gagner une sortie, protégés par les hommes à grande barbe qui se raidissaient pour arrêter la bousculade. Le tumulte continuait, le président du bureau agitait sa sonnette et tentait vainement de tirer de sa gorge épuisée des objurgations, des appels au calme. Deux partis divisaient l'assemblée ; les uns voulaient rester dans la légalité et évacuer la salle puisque la réunion était dissoute, les autres parlaient de se défendre. A la galerie, quelques-uns même agitaient des revolvers.

A la fin, les timides durent se taire, on tiendrait quand même ! Le président mit aux voix la question et toutes les mains se levèrent pour l'affirmation, les timides eux-mêmes n'osant plus protester.

Blaes reprit sa phrase où il l'avait laissée avec un calme qui fit l'admiration de l'assemblée, mais le tumulte reprit bien vite ; dans le fond du côté de la porte, il y avait des paniques, on disait que les sergents de ville forçaient l'entrée.

Chevreuse était aux anges et pour augmenter le tumulte, criait en agitant sa canne, Gardel, plus prudent, le retenait.

— Prends garde, ça va se gâter ! lui criait-il à l'oreille.

Tout à coup la panique devint plus forte, les gens du fond refluèrent sur le milieu, il y eut une poussée terrible.

— Que ceux qui ont un revolver s'en aillent du côté de la porte pour défendre l'entrée! hurla une voix.

La bousculade redoubla. Subitement le gaz s'éteignit. Un grand hourra s'éleva suivi d'un immense éclat de rire et de cris d'animaux.

C'était le propriétaire de la salle qui forçait la réunion à se dissoudre d'elle-même. Il n'y eut plus de protestations. Dans l'obscurité, chacun la main sur l'épaule de ses voisins, on cherchait les issues. Gardel et Chevreuse se retrouvèrent dans la rue où Blaes, félicité par quelques vieilles barbes, était arrivé déjà. En face, sur le trottoir du bal Favié, une ligne noire de sergents de ville surveillait silencieusement la sortie.

— Ouf! s'écria Gardel en descendant le faubourg du Temple avec ses amis, c'est amusant pour une fois, mais si vous m'y reprenez!

— Et maintenant, dit Blaes, ne parlons plus de ça; j'ai un article à faire, des variations sur le carnaval et le carême pour *Paris-Fantaisie*.

VI

Gardel restait très peu chez lui maintenant. Sa *Noce bretonne* était terminée par bonheur. Quand il avait travaillé pendant quelques heures, retouché une figure, plaqué un ton, ou jeté une touche de lumière quelque part, il s'en allait rejoindre ses amis. Il n'avait pas revu Mme Castellan depuis plus d'une quinzaine et sa résolution tenait toujours.

A la contrainte qu'il s'imposait, à la mélancolie qu'il ne pouvait secouer, il pouvait juger de la profondeur de l'affection qu'il tranchait ainsi rudement et il lui venait des regrets. Mais les moments d'indécision ne duraient pas. Cela valait mieux. Que pouvait-il espérer? Quel que fût le dénouement, régulier ou irrégulier, des tourments sans nombre devaient suivre les quelques jours de joie du commencement. Un entraînement de jeunesse irréfléchi pouvait peser cruellement sur toute son existence et entraver sa carrière d'artiste.

Encore une quinzaine de courage et la blessure,

puisque décidément blessure il y avait, serait cicatrisée.

Heureusement les distractions pour le moment ne manquaient pas. Le baromètre politique était à l'orage, Paris avait la fièvre, l'Empire tremblait visiblement sur ses bases et chacun attendait la secousse qui devait précipiter à terre le régime jadis solide et oppressif, aujourd'hui sénile et vacillant.

Des mouvements symptomatiques s'observaient. L'émeute s'essayait dans la construction des barricades, art oublié depuis 48, et le citoyen Gaillard père commençait les études qui devaient faire de lui le Vauban des grandes barricades bastionnées de la Commune. Les complots succédaient aux complots, les uns peu sérieux, les autres ridicules et inventés ou éventés par la police.

Blaes et Chevreuse se remuaient. Chevreuse surtout qui aimait à pérorer et qui courait avec ardeur au moindre rassemblement. Le journal de Blaes et Cointal vivotait. Pour joindre les deux bouts en attendant, Blaes continuait à fournir aux petits journaux des articles légers en prose ou en vers sous des pseudonymes variés.

Mme Castellan, surprise par la disparition soudaine et absolue de Gardel après des semaines de quasi-intimité, après tant de douces causeries pendant lesquelles aucun motif de brouille n'avait pu naître, en fut à la fois peinée et presque heureuse. Peinée, parce que pour elle aussi c'était comme un arrachement, une amputation violente ; heureuse, parce qu'elle voyait clair enfin dans son cœur et que les dangers de cette affection naissante n'étaient que trop visibles, pour elle aussi bien que pour Gardel et peut-être plus encore.

Cependant ce sentiment de la sécurité reconquise n'étouffait pas la peine et la jeune femme était retombée dans sa mélancolie solitaire. Si encore Mlle Gaudemar avait été là pour la distraire et l'arracher à ses pensées, mais elle était toujours à Amiens et des mois se passeraient avant qu'elle revînt. Seule, toujours seule !

La jeune femme n'avait pas rencontré une seule fois Gardel. Elle l'entendait pourtant fermer sa porte et descendre l'escalier. Un soir, comme elle allait descendre elle-même, elle faillit le rencontrer sur le palier ; il sortait avec Blaes et Chevreuse. Comme il allait fermer sa porte, il rentra chez lui prendre son pardessus en laissant ses amis dans l'escalier. Mme Castellan s'était rejetée en arrière en se tenant debout derrière sa porte ; elle entendit Chevreuse qui criait à son ami de se dépêcher.

— Allons donc ! allons donc ! Je te dis qu'il y a grand branle-bas ce soir ! Ça va chauffer pour de bon, nous n'avons que le temps de dîner et d'aller place des Victoires prendre l'omnibus de Belleville.

Mme Castellan n'en entendit pas davantage, mais ce fut assez pour lui causer une cruelle émotion. Elle savait que depuis plusieurs jours les troubles menaçaient à Belleville et dans les quartiers excentriques du nord. L'ordre n'était maintenu qu'à grand renfort de municipaux et de sergents de ville. Des patrouilles à pied et à cheval circulaient tous les soirs jusqu'à une heure assez avancée. Elle connaissait Chevreuse et Blaes, elle les avait déjà vus, et Gardel n'était pas sans avoir parlé d'eux, mais elle n'avait pas d'opinion arrêtée sur leur compte. Les paroles de Chevreuse entendues sur le palier l'éclairèrent soudain, les amis de Gardel étaient décidément des révolutionnaires dangereux qui allaient lui faire courir des périls et l'entraîner dans quelque mauvaise affaire. Voilà donc pourquoi du jour au lendemain, sans motif, Gardel avait cessé de venir, ses amis et leurs menées l'accaparaient.

Mᵐᵉ Castellan réfléchissait. Ses jambes étaient brisées, elle avait comme le pressentiment d'un malheur. Si elle avait su, si elle avait pu se douter, elle eût essayé de prémunir le jeune homme contre ses dangereux amis... Puis elle se reprochait de prendre un intérêt aussi vif à ce voisin qu'elle ne connaissait pas quelques mois auparavant. Les relations agréables qui avaient pu se nouer entre eux ne légitimaient pas semblable intérêt ni semblable émotion. De quel droit vraiment se mêlait-elle ainsi à la vie de Gardel ?

Puis, remontant au delà des quinze jours qui venaient de s'écouler, elle cherchait à se rappeler : n'avait-elle rien fait pour motiver ce changement soudain dans l'attitude de son voisin ? Ne lui avait-elle pas causé quelque chagrin ? La dernière fois qu'elle l'avait vu, lorsqu'il gardait sa main dans les siennes en donnant à sa pression et à ses regards une expression de tendresse un peu vive, elle avait brusquement retiré sa main et s'était montrée si froide, si fâchée, qu'il était parti bien vite. Et elle ne l'avait plus revu. N'était-ce pas à cause de leur brouille, n'était-ce pas pour s'étourdir qu'il allait ainsi se jeter dans les aventures politiques ?

Mme Castellan réfléchit longtemps. Son chagrin augmentait. Des idées folles lui venaient et parfois elle prêtait l'oreille pour écouter si des bruits d'émeute ne montaient pas de la rue. A la fin, n'y tenant plus, elle jeta rapidement un vêtement sur ses épaules, mit son chapeau et sortit. Dehors il faisait frais, le ciel était noir, elle trouva que la nuit avait un aspect sinistre ; Chevreuse avait parlé de la place des Victoires, où l'omnibus de Belleville avait sa station de départ, elle se dirigea de ce côté en marchant très vite.

Il n'y avait pas grand monde place des Victoires, des gens passaient rapidement, l'omnibus en station était presque vide, le cocher et le conducteur à la tête des chevaux, lisaient un journal à la lueur d'un bec de gaz. Pas de Gardel. Mme Castellan ne savait que faire ; au moment où elle allait rebrousser chemin, un omnibus tournant à grand fracas autour de la statue de Louis XIV vint se ranger derrière celui qui allait partir.

— Hé, Lombard, cria le cocher arrivant du haut de son siège, tu sais, je ne te conseille pas de dépasser le faubourg du Temple, on a voulu m'arrêter rue Saint-Maur pour faire une barricade avec ma guimbarde, j'ai été obligé de mettre mes chevaux au galop en descendant la pente pour m'échapper !

— Alors, ça se gâte là-haut ? demanda le cocher interpellé.

— Un peu, mon neveu ! Le boulevard extérieur est noir de monde et il en arrive encore par bandes...

— Pas de sergots ?

— Ils sont consignés au poste, mais j'ai vu des municipaux entrer à la caserne du Château-d'Eau ; on se cognera tout à l'heure...

— Tant mieux, dit le conducteur, ça fait que nous nous coucherons de bonne heure.

Mme Castellan, indécise, écoutait.

— Montez ! montez ! ma petite dame, lui dit le conducteur, n'y a pas de danger encore ! Je réponds de vous, on ne touchera pas à mes voyageuses.

Les cochers et les conducteurs éclatèrent de rire.

Au même instant, un groupe de trois jeunes gens qui marchaient d'un pas rapide déboucha de la rue de la Banque ; Mme Castellan reconnut Gardel et ses amis et fit un mouvement pour fuir.

— Montez donc, madame, fit le conducteur en la soutenant par le bras.

La jeune femme, pour ne pas se jeter dans le groupe des survenants, se laissa faire et s'enfonça dans le noir tout au fond de la voiture.

Les trois amis escaladaient l'impériale.

— Hé bien ! il y a du bruit là-haut, deman... Gardel, s'installant près du cocher qui prenait les guides.

— Paraîtrait ! répondit laconiquement le cocher en fouettant ses chevaux au coup de sifflet de l'inspecteur.

L'omnibus roulait déjà dans la rue d'Aboukir.

— Les beautés de Paris ? fit Gardel au bout de quelques minutes, reprenant une discussion avec ses amis, ah oui, parlons-en des fameuses beautés de Paris ! Vous y croyez donc, vous autres ? Vous êtes donc des provinciaux venus en train de plaisir ? Où diable les prenez-vous, les beautés de Paris ? quelques vieux morceaux d'autrefois par-ci, par-là et encore bien abîmés, mais le reste est utilitaire, commode, confortable et laid ! Paris, c'est le commencement de l'Amérique ! Les gens qui ont inventé que Paris était beau, cherchaient à se consoler de ne pas vivre ailleurs, jusque-là je ne les blâme pas, ils ont raison, les pauvres diables, il faut se contenter de ce qu'on a... mais où je me révolte, c'est quand ils veulent m'imposer leur manière de voir et me forcer à la pâmoison admirative devant les beautés de Paris ! Voyez-vous, ce sont les réalistes qui ont trouvé ça, les éplucheurs de la vie banale devaient aimer ce fond banal, tout à fait digne d'encadrer leur plat idéal ! eh oui, les Parisiens peuvent se payer des barricades, ils n'ont rien à gâter !

— Mon cher, tu vas être servi, dit Blaes, on s'essaie là-haut, on tâtonne, mais je pense que le jour n'est pas loin où ce sera pour de bon...

— S'il y a des barricades, ça devient intéressant, dit Gardel. L'autre jour, sur les quais, je feuilletais de vieux numéros de journaux illustrés de 48, il y a eu en ce temps-là de jolies barricades en travers des faubourgs, dans les rues étroites ou dans les coins sinistres du vieux Paris ! Mais je ne crois pas que ce jeu puisse recommencer dans les grandes voies du Paris moderne où les kilomètres se déroulent après les kilomètres, toujours tout droit !

— Ça, c'est ennuyeux ! fit Chevreuse, et je commence à être de l'avis de Gardel sur les beautés du Paris moderne ! Que le diable emporte les architectes !

— Quand je pense, reprit Gardel qui semblait de mauvaise humeur, quand je pense qu'il y a des gens qui ont osé dire que les Halles étaient le chef-d'œuvre de l'architecture moderne !... oui, comme s'il y avait une architecture moderne, et des chefs-d'œuvre modernes, et du moderne même ! Nous sommes de petits animaux qui grouillons sur les ruines du passé, des êtres tout ce qu'il y a de plus éphémères, nous n'avons pas le temps de rien faire de propre, ni même de comprendre le passé ! nous construisons des baraques, mais quant à élever des monuments, halte-là ! Ça n'est pas dans nos moyens.

L'omnibus roulait sur les boulevards très animés. Quand il en rencontrait un autre à lanternes rouges descendant de Belleville, le cocher interpellait son collègue :

— Hé ! Pierre, peut-on passer ?

— Passe par la rue Fontaine-au-Roi, c'est plus sûr !

Au Château-d'Eau, il y avait un rassemblement devant la caserne noire et fermée. Devant l'omnibus, le faubourg montait, noir aussi et moins animé, plus silencieux que d'ordinaire.

— Bon, dit le conducteur monté près du cocher, les boutiques se ferment.

Gardel avait repris sa tirade.

— Oui, je pense qu'autrefois on vivait plus longtemps, les messieurs qui construisaient ces cathédrales, ces châteaux, ces villes dont nous considérons les restes avec trop peu de respect et d'étonnement, ces hommes avaient sans doute plus que nous le temps de réfléchir et de travailler... L'homme vit toujours à peu près le même nombre d'années, les années ont le même nombre de jours qu'autrefois, et les jours la même quantité d'heures, mais il faut croire que peu à peu la durée de la minute diminue, que l'heure est moins longue et la journée plus courte ! La vie se rétrécit, et c'est notre excuse, nous n'avons plus le temps de...

Un brusque cahot interrompit Gardel.

— Tu philosopheras plus tard ! dit Blaes, voilà l'émeute !

Comme l'omnibus arrivait à l'entrée du faubourg après le pont du canal Saint-Martin, un fiacre déboucha au grand galop du faubourg du Temple, suivi par une bande d'hommes lancés comme lui.

— Ne monte pas ! cria au passage le cocher du fiacre à son confrère de l'omnibus, il y a déjà deux voitures renversées rue Saint-Maur.

Le cocher et le conducteur se consultèrent.

— Montez donc, dit Blaes, c'est une farce de ce Collignon, nous passerons tout de même.

Mais les hommes qui couraient derrière le fiacre, abandonnant la poursuite, s'étaient arrêtés en travers du faubourg du Temple et semblaient attendre l'omnibus.

— Allons ! il nous faut l'omnibus, cria un homme en s'avançant, que tout le monde descende !

Sans répondre, le cocher fit faire un brusque mouvement à ses chevaux et tourna sur la droite vers la rue Fontaine-au-Roi.

— Imbéciles, grommela Chevreuse, s'ils avaient attendu cinq minutes pour le laisser s'engager dans le faubourg, ils l'avaient.

Les émeutiers avaient repris haleine, ils se lancèrent aussitôt à la poursuite de l'omnibus. Avec un bruit de ferraille terrible, l'omnibus, cahotant sur les pavés irréguliers, grimpait la côte au grandissime galop, dans l'obscurité de la rue étroite, ses chevaux s'emballaient fouettés à tour de bras par le cocher et faisaient à chaque coup de leurs quatre fers jaillir des fusées d'étincelles. Les voyageurs de l'impériale se cramponnaient à la rampe, quelques-uns peu flattés de l'aventure auraient bien voulu descendre, mais il n'y avait pas moyen. Dans l'intérieur on entendait quelques cris de voyageuses effrayées. Chevreuse, tout à fait joyeux, debout à l'extrémité de l'impériale, calé par ses amis, interpellait les assaillants trop essoufflés pour lui répondre, et les excitait par des quolibets gouailleurs.

Le conducteur était descendu de l'impériale; comme il avait une certaine avance, il se rassurait et plaisantait aussi.

— Complet! criait-il, inutile de préparer vos six sous!

Cependant les chevaux se fatiguaient. Au coin de la rue Saint-Maur une troupe d'assaillants toute fraîche sortit de l'ombre et relevant les premiers poursuivants, se mit à galoper derrière l'omnibus à deux mètres du conducteur.

La bonne humeur s'en allait, des injures s'échangeaient à bout portant entre le conducteur et les plus agiles des émeutiers. Le cocher, excité par la dispute, continuait à frapper sur ses chevaux comme un sourd.

— Hardi! hardi! criait aux émeutiers Chevreuse appuyé à la barre de l'impériale.

Gardel s'était penché vers le conducteur.

— Arrêtez-vous donc, lui dit-il, vous allez vous faire casser quelque chose !

— Ma foi non, trop tard, ils sont trop furieux maintenant... D'ailleurs nous leur échapperons, s'il y a comme hier les sergents de ville de la brigade centrale au boulevard extérieur !

— Ne vous donnez donc pas tant de peine, dit aux émeutiers un gros homme qui descendait la rue de l'Orillon, l'omnibus ne passera pas, vous l'attraperez au boulevard, on a enlevé les pavés !

— Vas-tu te taire, animal ! cria Blaes pour empêcher le conducteur d'entendre. Les émeutiers avaient compris et ralentissant la poursuite, ils se contentèrent de serrer l'omnibus du plus près possible sans essayer de l'atteindre. On arriva ainsi en haut de la rue de l'Orillon.

Soudain l'omnibus eut un brusque mouvement de recul, un cheval tomba et ne se releva qu'à grand'peine, en martelant le pavé à coups de sabot avec des gerbes d'étincelles.

— Qu'est-ce qu'il y a ? demanda le conducteur, escaladant l'impériale.

Un grand éclat de rire des poursuivants répondit avant le cocher.

— Nous sommes pincés, le boulevard est barré, dit le cocher.

L'omnibus était pris. Le conducteur resta sur l'impériale pour éviter le premier choc des assaillants haletants. Mais la victoire avait tourné les esprits à la clémence et à la gaieté, on oubliait les menaces lancées tout à l'heure avec colère au conducteur entêté. Au milieu des rires et des plaisanteries les émeutiers, ayant pris les chevaux par la bride, conduisaient triomphalement l'omnibus sur le boulevard extérieur du côté de la barrière de Belleville. Au bas de la grande rue, des masses sombres attendaient, le faubourg avait un aspect sinistre qui frappa Gardel et ses amis ; tout était sombre, les boutiques étaient fermées, les becs de gaz éteints, et, en travers de la rue, deux fiacres jetés sur le flanc ébauchaient une petite barricade au milieu de quelques tas de pavés. Dans un coin des ombres noires démolissaient un kiosque et traînaient des planches.

Les rires avaient cessé, comme sur un mot d'ordre, le silence s'était fait ; on amena sans trop de bruit l'omnibus entre les deux fiacres et l'on engagea les voyageurs à descendre. Le conducteur qui ne plaisantait plus, profita de l'obscurité, il s'esquiva le premier et se perdit dans la foule pendant que le cocher détellait philosophiquement ses chevaux et se frayait passage à travers les groupes jusqu'à son écurie.

Pour mieux jouir du spectacle, Gardel et ses amis ne se pressaient pas de descendre de l'impériale.

— Mais il n'y a pas une arme dans cette foule ! dit Gardel. Drôles d'insurgés, que peuvent-ils faire ?

— Est-ce qu'on peut savoir ! répondit Blaes, il

suffit d'une étincelle pour mettre le feu et alors les armes apparaîtront sans qu'on puisse deviner d'où elles sortent ! L'étincelle jaillira peut-être au moment où l'on y pensera le moins ! Dans tous les cas ces gens-là font aujourd'hui l'apprentissage de la révolution. Ils s'envoleront comme une volée de moineaux quand on voudra leur prendre leur barricade, jusqu'au jour où ils seront assez familiarisés avec les retranchements en pavés pour essayer de les défendre ! Vous verrez !

Les voyageurs de l'intérieur s'étaient hâtés de quitter la voiture, il ne restait plus que deux dames probablement prises de peur qui ne se décidaient pas à descendre.

— Allons donc, les petites mères ! dirent les émeutiers qui dirigeaient la construction de la barricade, dépêchons-nous, on va renverser l'omnibus.

Gardel descendait en ce moment le dernier de l'impériale. Ses amis riaient en regardant la fuite effarée des voyageurs, ils fendaient déjà la foule et l'appelaient pour gagner le trottoir d'où l'on pouvait tout voir à l'aise. Au moment où il allait les rejoindre, la dernière voyageuse mettait pied à terre.

— Allons ! allons, la petite dame, n'ayez pas peur, on ne vous mangera pas !

Gardel fut tout surpris de sentir une main tremblante se glisser sous son bras. C'était la voyageuse qui semblait prête à se trouver mal et se soutenait à peine.

— Monsieur Gardel, je vous en prie, lui dit-elle à l'oreille, je vous en prie, emmenez-moi !

Le jeune homme laissa échapper un cri d'étonnement, la voyageuse épeurée qui réclamait sa protection, c'était Mme Castellan.

— Je vous en prie, ne restez pas là ! il va arriver des malheurs... emmenez-moi !... j'ai eu tant de chagrins depuis dix-sept jours... je vous en supplie, si vous m'aimez ne restez pas là !

Gardel ressentit à ce chiffre précis une impression de joie aiguë. Elle avait donc compté les jours depuis qu'ils ne s'étaient vus, elle avait donc souffert de cette séparation commandée par la raison !

— Ne craignez rien, murmura-t-il, mais je suis venu avec des amis, comment les prévenir que je les quitte pour qu'ils ne me cherchent pas dans la bagarre qui va certainement se produire tout à l'heure ?

Le bras qui le tenait trembla et le serra plus fortement.

— Oui, oui, mais je ne vous quitte pas... appelez-lez !

Justement Chevreuse ne retrouvant pas Gardel, revenait vers l'omnibus.

— Hé, Gardel ! Gardel ! cria-t-il.

— Chevreuse ! appela Gardel, ne me cherchez pas, je m'en vais !...

— Comment ? tu t'en vas ? fit Chevreuse en fendant les groupes.

Mme Castellan s'était retournée, mais sans lâcher

le bras de Gardel, Chevreuse l'aperçut confusément et ne put s'empêcher de rire.

— Ah! fit-il, si tu sauves les voyageuses!... mais tu vas manquer le spectacle!

En ce moment un grand mouvement se fit dans la foule réunie autour de l'omnibus.

— Attention! attention! criait-on. Prenez garde à la casse! Rangez-vous!

— De l'ensemble! oh hisse! oh hisse! Une! deux! trois!

L'omnibus soulevé vacilla et tomba tout à coup sur le flanc avec un fracas de vitres brisées. Les applaudissements éclatèrent, la barricade était finie.

— Je pars! cria Gardel à ses amis disparus dans la bousculade qui s'était produite, ne restez pas trop longtemps ici!

Mme Castellan l'entraînait vers le faubourg du Temple obscur et désert.

— Venez, venez, je vous en supplie!

Elle avait un bras passé sous le sien et de son autre main, brûlante d'émotion, elle pressait celles de Gardel. Encore tout ému, ne comprenant qu'une chose à ce qui se passait, c'est qu'elle venait de lui avouer qu'elle l'aimait, Gardel la serrait silencieusement contre lui.

Ils descendirent le faubourg du Temple, Mme Castellan l'entraînait et le faisait presque courir. Evidemment elle avait très peur. Comment s'était-elle trouvée dans l'omnibus en même temps que lui?

Que venait-elle faire à Belleville ? Ces questions se pressaient dans l'esprit de Gardel.

Ils avaient à peine fait une cinquantaine de pas dans le faubourg qu'une grande rumeur éclata derrière eux.

— Ecoutez ! écoutez ! dit Gardel.

— Mon Dieu ! on se bat !

Mme Castellan sentit ses jambes vaciller, elle se remit et entraîna Gardel plus vite. Le jeune homme se retournait et écoutait en marchant.

On entendait en haut du faubourg le bruit d'une lutte, des cris, des appels, des roulements sur le pavé ; la barricade aussitôt faite était attaquée. Une détonation éclata.

— Les revolvers s'en mêlent ! murmura Gardel.

Cinq ou six faibles détonations suivirent la première, puis tout se tut. La barricade était prise sans doute. Gardel s'était arrêté ; il écouta un instant et n'entendit plus rien. Les deux jeunes gens reprirent leur marche sans rien dire, mais les mains toujours serrées.

Au bas du faubourg, au tournant de la rue Bichat, un fiacre débouchant au grand galop faillit les renverser, le fiacre s'arrêta soudain et une voix héla Gardel.

C'était Blaës qui passait le haut du corps par la portière ; il avait reconnu au passage la silhouette de son ami et l'arrêtait pour lui donner des nouvelles.

Mme Castellan s'était rejetée en arrière pour être

moins vue, Gardel s'approcha et se mit entre elle et le fiacre.

— Chevreuse est avec toi? demanda Gardel.

— Parbleu! fit une voix au fond de la voiture, je ne lâche pas les amis, moi !

— Je suis bien content de vous voir saufs, reprit Gardel.

— Ça n'a pas été long, dit Blaes, à peine notre omnibus renversé est-il devenu la pièce capitale de la barricade, voilà qu'une troupe de sergents de ville nous tombe sur le dos! En une minute la barricade est nettoyée!... nous avons failli être pris, car justement nous ne faisions pas attention, nous parlions de ta disparition... Bigre! aussitôt nous essayons de nous évaporer, nous nous lançons dans une petite rue à gauche... encore des sergents de ville; nous courons, on court derrière nous et nous étions pincés sans ce brave cocher qui nous a reçus dans son fiacre et qui a détalé au triple galop! Maintenant que nous sommes tranquilles les uns sur les autres, nous te laissons, au revoir !

— Au revoir, chevalier ! cria Chevreuse du fond de sa voiture.

Le fiacre reprit sa course. La main de Mme Castellan retrouva celle de Gardel et les deux jeunes gens émus, troublés, continuèrent silencieusement à descendre vers le centre de Paris.

VII

Lorsque plus tard Gardel se rappela cette soirée et les journées qui suivirent, il lui sembla qu'il faisait une excursion dans le domaine des rêves. Avait-il réellement vécu ces journées-là? Cette course à Belleville, cette poursuite de l'omnibus, cette rencontre devant la barricade et le retour avec Octavie à son bras serrée contre lui, était-ce arrivé? Il le fallait bien. Comment douter puisqu'il voyait maintenant Octavie appuyée sur son épaule, sa joue contre la sienne et qu'il l'entendait lui raconter comment la terreur de le voir se lancer dans les bagarres révolutionnaires l'avait fait sortir de sa réserve de femme, lui avait tout fait oublier, et l'avait jetée frissonnante, éperdue, à la fois heureuse et malheureuse, dans ses bras, malgré les résolutions prises, malgré tout!

Les semaines passaient, passaient. Cette vie nouvelle, si douce, si remplie, coulait avec une rapidité qui étourdissait Gardel et l'empêchait de penser. On avait tant de choses à se dire, à s'avouer, à s'expliquer.

Gardel, dans les premiers jours, avait dû s'attacher à faire disparaître, à force de douces paroles et de tendresse, la confusion qui faisait encore à sa vue monter des flammes aux joues de Mme Castellan. Puis ces derniers troubles d'un cœur surpris, ces dernières vapeurs nuageuses s'étaient dissipés; à la triomphante chaleur de l'amour, leurs deux âmes semblaient s'être fondues en une seule pour n'avoir plus qu'une même existence et que les mêmes pensées.

Gardel s'était préoccupé d'abord de cacher la suite de l'aventure à ses amis. Chevreuse n'avait pu heureusement reconnaître Mme Castellan; il en croirait ce qu'il voudrait, il serait libre de faire toutes les suppositions possibles relativement à la dame de l'omnibus, mais il ne saurait rien de plus.

Dès le matin du lendemain, il affronta d'un air dégagé les plaisanteries de ses amis.

— Salut au chevalier des dames! dit Blaes en venant avec Chevreuse le chercher vers midi pour déjeuner, excuse-nous de n'être pas venus plus tôt prendre des nouvelles de ta santé, nous avons craint de te déranger...

— On peut entrer? dit Chevreuse, nous ne sommes pas indiscrets?

Les deux amis affectèrent de regarder autour de l'atelier, derrière les chevalets et les rideaux.

— Rien! personne! se serait-elle évaporée à notre aspect ou te l'aurait-on volée en route?

— Inutile de chercher! dit Gardel rougissant

malgré lui, cette personne avait eu très peur là-bas, elle a réclamé ma protection et je l'ai reconduite chez elle.

— Sans pourboire ?
— Sans pourboire !
— C'est un beau trait !
— On devrait mettre ça dans les annales de la Révolution, pour montrer au monde jusqu'à quel point les républicains poussent la pratique des vertus !
— Et vous, demanda Gardel, êtes-vous remis de vos émotions du combat ?
— Complètement, répondit Chevreuse, ah ! nous avons bien joué des jambes hier quand les sergents de ville nous couraient dessus !... Quelle fuite héroïque ! Nous avons déjà écrit chacun un article pour raconter l'affaire aux populations. « *Les barricades de Belleville, attaque et défense, quinze blessés, les premiers fusils levés contre l'Empire !* » C'était un revolver, mais ça ne fait rien... Tu as entendu les coups de revolver ?
— Oui.
— Il est probable que ça recommencera ce soir ! Y viendras-tu ? Tu trouverais peut-être encore un sauvetage à opérer !
— Non, merci.

Une nouvelle vie commençait pour Gardel, avec bien des joies, bien des émotions douces, mais aussi avec ses gênes et ses embarras. Ce bonheur de sentir près de lui un cœur qui battait à l'unisson du sien, une pensée qui suivait la sienne, la joie d'en avoir fini avec la solitude si pesante autrefois, avec la tristesse de vivre si complètement isolé dans ce Paris aux millions d'êtres dont aucun ne tenait à lui par des liens de cœur, tristesse qui le faisait aux heures d'affaissement se comparer à une espèce de Robinson; ces joies intimes si complètes, cette plénitude de vie qu'il n'avait jamais ressentie jusqu'alors, il avait par malheur à les défendre des indiscrétions, à les cacher !

Octavie passait à ses côtés toutes les heures qu'elle pouvait lui donner. Elle s'asseyait près de lui avec son ouvrage, le plus près possible, et le regardait travailler. Le soir, dès qu'il avait fini de dîner au café Henry, il quittait ses amis en évitant de répondre à leurs plaisanteries et rentrait à l'atelier où elle l'attendait. Le printemps revenait, on pouvait parfois s'accouder à la fenêtre de la chambre d'où la vue plongeait sur la place Saint-Sulpice, fermée par la masse noire de l'église, ses deux tours et ses colonnades ouvertes éclairées par de beaux clairs de lune qui, jetant des rayons ou des lueurs bleuâtres derrière des rangées de colonnes en tiraient, l'illusion aidant, des effets à la Piranèse.

Dès que la sonnette de l'atelier retentissait, annonçant une visite, Octavie, rangeant rapidement sa boîte à ouvrage, disparaissait et s'enfermait dans la chambre de Gardel, quand elle ne trouvait pas moyen de s'esquiver dès que le visiteur était entré. Il ne venait d'ailleurs pas beaucoup de monde, les amis du quartier connaissaient bien Gardel et savaient que, tourmenté par un besoin d'activité insatiable, il n'aimait guère à dépenser son temps en flâneries, en causeries paresseuses et inutiles, en fumeries sur le divan de l'atelier.

Cependant Gardel souffrait de cette gêne; il était chagrin d'être obligé de se cacher et de faire entrer ainsi le mystère dans sa vie.

Malgré le charme de cette vie à deux, malgré la douce joie de se sentir aimé et d'aimer véritablement, il analysait cependant la situation et souffrait de son irrégularité. C'était bien ce qu'il avait toujours craint, la position équivoque, irrégulière, avec ses inquiétudes, ses tourments et ses inconvénients. C'était encore possible pour le moment, mais que serait-ce plus tard? Il avait toujours eu le souci du lendemain; le lendemain moral importait autant que le lendemain matériel, pouvait-on vivre tranquille sans assurer l'un et l'autre? La fantaisie, aux débuts de la vie, est chose charmante, fort agréable sans doute, mais à condition de rester la fantaisie et de s'envoler vite! Ces sentiments très bourgeois, Gardel n'osait trop les montrer devant ses amis plus enclins à la fantaisie. Blaës, surnommé « *Zut, fils amer de la désespérance* », le traitait déjà de « Romantique épicemar! »

Et lorsque reviendrait Mlle Gaudemar, l'amie d'Octavie, dans quelle situation fausse ne serait-on pas vis-à-vis d'elle? Elle ne pouvait rester toujours à Amiens, elle reprendrait son logement à côté d'Octavie. Quelle vie de misères commencerait alors! Il faudrait se cacher, ruser pour ne pas lui laisser découvrir la vérité. Et encore, à quoi bon ruser pendant quelque temps, est-ce qu'à la longue elle ne finirait point par s'apercevoir de quelque chose? Non, cela ne pourrait pas durer, cette vie n'était pas acceptable, mieux valait tout de suite le comprendre.

Une autre solution par bonheur devenait possible.

Justement il lui était venu quelques commandes, des panneaux, paysages et marines, pour l'hôtel d'un amateur qui lui avait acheté déjà son tableau du dernier Salon. Il espérait vendre aussi son grand tableau, *la Noce bretonne*, s'il avait la chance d'être bien placé au Salon. La vie du côté matériel se présentait donc assez bien; il avait, par suite de ces bonnes aubaines, l'esprit libre de ce côté. La principale de ses préventions contre le mariage disparaissait à peu près, il allait se sentir capable d'assurer la sécurité d'un ménage; il lui était donc, par bonheur, permis de penser au mariage, juste au moment où il devenait opportun d'y songer.

Il songeait à tout cela en travaillant à ses panneaux, tandis qu'à côté de lui Octavie tirait l'aiguille; elle levait la tête et le regardait de temps en temps, ou restait rêveuse, enfoncée peut-être aussi dans les mêmes pensées. Il s'étonnait seulement de ce qu'elle ne lui avait pas encore parlé de ce qui devait la préoccuper elle aussi, et plus encore que lui, puisque les inconvénients de la situation présente pesaient plus cruellement sur elle. Pourquoi, puisqu'ils s'aimaient, puisqu'il la connaissait, puisqu'il la savait digne d'être aimée, pourquoi n'en pas finir tout de suite avec ces inconvénients, avec ces ennuis que chaque jour aggravait et ne pas régulariser au plus vite une situation fausse ?

Gardel retourna longtemps cette idée en lui-même, puis un jour il s'en ouvrit nettement à Octavie. A son grand étonnement, la jeune femme rougit à ses premiers mots et laissa tomber l'ouvrage qu'elle tenait, d'un air désespéré.

— Eh bien, ma chérie ? pourquoi ne dis-tu rien ? M'en voudrais-tu de ne pas en avoir parlé plus tôt ?

Octavie ne répondit pas et sa tête se pencha d'un air plus accablé encore.

— Comprends-moi bien, reprit Gardel en lui prenant les mains, et en essayant de la faire sourire, mes hésitations portaient sur le mariage et non sur la mariée ; avant que mes dernières commandes fussent venues m'assurer une année d'existence, pouvais-je en conscience me permettre de songer au mariage ? Qu'avais-je à offrir à une femme, la gêne souvent, l'incertitude, la lutte, la misère peut-être ! Ma chérie, sache le bien, c'est pour cela que je te fuyais avant notre heureuse soirée de l'émeute, parce que j'avais compris que je t'aimais, que chaque jour je t'aimerais davantage, que je t'aimerais bientôt à en rester malheureux toute ma vie si je ne t'avais et que je ne pouvais cependant t'offrir de t'associer à ma vie incertaine !... voilà pourquoi j'avais brusquement rompu ces relations si douces où mon cœur se prenait de plus en plus... Et cependant j'aurais dû m'ouvrir de cela dès le premier jour, je te sais courageuse, mais je n'ai pas osé... Pardonne-moi d'avoir attendu... aujourd'hui la situation est meilleure, la vie matérielle assurée, pour quelque temps du moins; l'avenir me paraît plus rose et plus présentable à une femme aimée, je puis songer à nous faire un nid où nous vivrons et lutterons ensemble... suis-je pardonné de n'avoir pas parlé plus tôt ?

Des sanglots étouffés furent toute la réponse de la jeune femme, Gardel la serrait dans ses bras, il s'écarta brusquement et la regarda dans les yeux avec inquiétude.

— Qu'as-tu ? Ma chérie, je t'en prie, réponds-moi ?

De grosses larmes coulaient sur les joues de la jeune femme et tombaient sur les mains de Gardel.

— Comment, qu'ai-je dit ? balbutia le jeune homme, comment t'ai-je fait tant de peine ?

— Oh, tu ne m'as pas fait de peine, dit Octavie,

essayant de sourire à travers ses larmes, ce n'est pas toi...

— Alors, fit Gardel, saisi d'inquiétude, qu'as-tu, je t'en prie ?... est-ce que tu ne voudrais pas...

— Hélas ! dit la jeune femme, c'est impossible, ami !

— Impossible ! s'écria Gardel, est-ce que tu ne m'aimerais pas ? Non, tu m'aimais... est-ce que tu ne m'aimerais plus ?

— Oh si ! je t'aime, ami, je t'aimais et je t'aimerai toujours !... Je t'aimais aussi, moi, quand tu me fuyais, tu le sais bien d'ailleurs et tu ne doutes pas de moi, je t'aimais assez pour me précipiter derrière toi quand je te voyais t'en aller à l'émeute avec tes amis, je t'aimais assez pour tout te sacrifier... sans le moindre espoir, car ce que tu me demandes aujourd'hui, je savais que c'est impossible !... Impossible ! Impossible !

— Pourquoi, mon Dieu, pourquoi ? Pourquoi ? s'écria Gardel.

— Parce que... parce que je ne suis pas veuve !

Octavie, secouée par les sanglots, se couvrit le visage de ses mains.

— Pas veuve ! répéta Gardel, comme s'il ne comprenait pas.

— Parce que... pour la loi... *il n'est pas mort !*

— Je ne comprends pas ! Mlle Gaudemar m'a tout raconté. Il est mort, il a été tué...

— Oui, je le sais, il a été tué, mais on n'a de

cette mort que des certitudes morales, pas de preuves positives... pas d'acte de décès enfin, rien qui me rende ma liberté définitive ! J'ai été bien malheureuse jadis, malheureuse par lui, et il a trouvé encore le moyen de me faire souffrir même après sa mort ! Aujourd'hui encore, quand la vie pourrait me sourire, quand je pourrais retrouver dans une nouvelle existence assez de bonheur pour me faire oublier les souffrances, les humiliations passées, il est toujours là ! Mort pour les autres, il est assez vivant pour me torturer !

La jeune femme, le front appuyé sur le dossier de sa chaise, se tordait les mains et pleurait convulsivement pendant que Gardel, atterré par cette révélation, restait debout devant elle sans parler.

Ils restèrent longtemps ainsi, Mme Castellan pleurant et soupirant, Gardel, aussi ému qu'elle, tournant autour de son atelier ou s'arrêtant devant la jeune femme, serrant les poings, soupirant et reprenant sa marche saccadée.

Enfin il reprit une chaise et s'assit près d'elle, entourant son cou de ses bras et l'attirant contre sa poitrine.

— Dis-moi tout, murmura-t-il, que je sache ce que je dois craindre ou espérer ! Peut-être existe-t-il un moyen de te rendre libre, de briser cette chaîne qui te blesse encore et qui nous blesse tous deux...

— Aucun espoir, hélas !... Il est mort loin d'ici, à l'étranger, dans des circonstances telles qu'aucune constatation n'était possible et que toute recherche même serait inutile...

Gardel savait peu de chose du passé d'Octavie. Mlle Gaudemar, très discrète sur son amie, lui avait seulement parlé d'un mariage malheureux et d'un mari indigne sans entrer dans aucuns détails. Qu'avait été ce mari, quels étaient ces malheurs, il l'ignorait et il avait évité par délicatesse de prononcer un mot qui eût pu rappeler à Octavie les chagrins de son mariage et cet odieux mari.

Octavie Castellan avait perdu son père, employé de l'État, alors qu'elle était à peine une jeune fille; sa mère était restée seule, avec une faible pension et la dot de sa fille, seul héritage du père. Les deux femmes avaient vécu ensemble, sur le roc de Granville, dans la tristesse d'une demeure vide, au premier étage d'une vieille maison de la ville haute bâtie presque sur l'extrême bord du rocher, devant l'horizon de la vaste mer tout grand ouvert devant elle, trop haut perchée pour être fouettée par les embruns des mauvaises mers d'automne et d'hiver, mais en belle position pour recevoir en face tous les souffles, toutes les brises et toutes les tempêtes.

Ainsi, tournant le dos à la ville, à la vivante et affairée rue Lecampion de la moderne ville basse ainsi qu'à l'antique et granitique ville haute, tournant le dos au port et aux navires, les deux femmes vivaient dans un éternel et peu récréatif tête-à-tête avec les îles Chaussey, émergeant du large leurs pointes de granit. Ce tête-à-tête dura jusqu'au jour où, par l'entremise d'un vieil ami, un fiancé se présenta pour la jeune fille. Il était presque du pays, quoique habitant Paris; on connaissait sa famille, lui-même on le voyait tous les ans lorsqu'il venait chez un de ses oncles, passer quelques semaines de vacances.

Mᵐᵉ Castellan pesa sur l'esprit de sa fille, la pauvre femme avait hâte de la voir mariée. A la dot peu grosse, aucune espérance pour l'avenir ne venait s'ajouter, la pension de veuve d'employé s'éteignant avec la titulaire; elle trouverait donc difficilement à établir sa fille à Granville et craignait de la voir forcée d'accepter une situation inférieure. D'un autre côté, les meilleurs renseignements sur le fiancé l'avaient leurrée. M. Gometz occupait le premier poste dans une des plus grosses maisons de commission de Paris. Il avait des appointements sérieux et pouvait un jour ou l'autre se faire intéresser dans les affaires. Mˡˡᵉ Castellan apportait une dot de vingt mille francs à laquelle sa mère ajouterait tout ce qu'elle pourrait; du côté de la fortune, le jeune ménage aurait donc toute tranquillité.

Octavie, pressée par sa mère, avait dit oui et le mariage s'était fait rapidement. Mᵐᵉ Gometz partit pour Paris avec son mari. Il était convenu que sa mère, au bout de quelque temps, lorsqu'elle aurait vendu le superflu de son mobilier, viendrait les rejoindre. Par malheur, Octavie ne fut pas plutôt débarquée à Paris avec son mari que toutes les souffrances de la désillusion s'abattirent sur elle.

Le mari se révéla dès les premiers jours. Sous l'aimable garçon, délicat et bien intentionné en apparence, il y avait une nature indiscipliné, incapable de se plier à la vie régulière, un être tout instinctif et faible avec ses instincts, impuissant à réagir contre eux, à les dominer. Ce n'était certes pas au fond un méchant homme, il n'avait en se mariant que de bonnes et honnêtes intentions, mais quant à faire un effort pour les suivre, ces bonnes intentions, sa nature, il le faut croire, le lui interdisait absolument. Au fond de son cœur il y avait certainement le désir de rendre sa femme heureuse, mais il en arriva tout de suite à agir comme si tout le contraire eût été dans ses plans. Libre de bonne heure, ayant vécu toute sa jeunesse dans le désordre, il s'était laissé enlacer par mille liens sans avoir eu jamais la force de les trancher ; les liens allongés, mais non coupés, le ressaisirent dès son retour, lorsque, sans trop y croire lui-même dans sa légèreté, il retomba marié dans Paris.

Des amis, des maîtresses le retrouvèrent dès l'arrivée et des créanciers aussi. Il touchait des appointements fort convenables à son magasin, mais par malheur plusieurs années se trouvaient mangées d'avance ou pour le moins fortement entamées. La première dépense par laquelle Mme Gometz débuta dans son ménage fut le paiement de deux petits billets souscrits par son mari et oubliés aussitôt que souscrits. Ce n'était que l'avant-garde, M. Gometz possédait autant de créanciers qu'un fils de millionnaire. Un ennui reculé lui ayant toujours paru un ennui supprimé, il avait, de renouvellements en renouvellements, reculé bien des dettes, mais un jour devait arriver où elles lui retomberaient sur les épaules considérablement grossies. Ce jour de liquidation était venu, ce fut là le placement de la dot de Mlle Castellan.

Troublé dans la superbe sérénité qui jusqu'à son mariage lui avait permis de vivre au milieu de difficultés sans cesse renouvelées comme un poisson dans l'eau, M. Gometz s'enfonça plus avant dans le désordre pour étourdir ses ennuis ou éteindre ses vagues remords. Reconquis par une maîtresse, une chanteuse d'un café-concert de quatrième ordre, il avait repris sa vie de café et ses habitudes de garçon, échappant ainsi aux reproches ou plutôt à la douleur muette de sa femme, dont les larmes avaient le don de l'exaspérer, et rentrant de moins en moins chez lui jusqu'au jour où il ne rentra plus du tout.

La chanteuse s'en allait à Marseille avec un engagement. Gometz abandonna sa maison et sa place et disparut. Octavie reprit son nom de famille. Elle n'avait pas été mariée un an. Sa mère, malade de chagrin depuis qu'à travers les lettres embarrassées de sa fille elle avait deviné son malheur, n'eut pas la force de réagir et vint mourir chez sa fille abandonnée. La séparation prononcée, Octavie se trouva seule, presque sans ressources, la dot ayant presque entièrement sombré dans le naufrage de sa vie.

M. Gometz pendant ce temps poursuivait sa vie d'aventures. C'était sa vraie vocation. On sut que de Marseille, abandonné à son tour par sa chanteuse, il était allé à Constantinople où des amis lui avaient procuré une place. Il s'était tenu tranquille fort peu de temps, le temps de s'ennuyer, de chercher des distractions, d'en trouver et de se replonger dans les embarras financiers. Les Crétois se trouvaient alors en pleine insurrection contre les Turcs, Gometz avec d'autres aventuriers était passé en Crète où bientôt, tombé dans une embuscade, des balles turques avaient mis fin à sa misérable vie dans un misérable coin de montagnes. C'était du moins tout ce que Mme Castellan avait pu savoir par l'intermédiaire des anciens patrons de son mari en relations constantes avec l'Orient.

Gometz était mort, le fait était sûr, mais naturellement les charitables Zaptiés turcs qui l'avaient fusillé ne s'étaient pas donné la peine d'envoyer un certificat de leur bonne action ; aucun acte de décès, aucune pièce certaine ne pouvait constater cette mort ; cette absence de preuves officielles tenait donc la jeune femme rivée à ce disparu, son avenir enchaîné à ce navrant passé.

Gardel après qu'Octavie eut terminé ces douloureuses explications avait baissé la tête. La situation était sans issue, il n'apercevait aucun moyen pour en sortir.

— Eh bien soit! s'écria-t-il, qu'est-ce après tout que le mariage ? la consécration officielle d'une union, nous nous en passerons... des circonstances tout à fait indépendantes de notre volonté nous empêchent de faire consacrer et bénir notre mariage, n'importe, l'important, c'est que nous, les plus intéressés, nous le considérions comme conclu! Ne pleure pas, ma chérie, notre amour ne doit pas plier devant les circonstances, ce sont les circonstances qui doivent plier devant lui !

VIII

Le printemps s'avançait. Mai, longtemps attendu, avait enfin ouvert définitivement les portes de la belle saison du soleil et des fleurs pour les champs, de la poussière et de la sécheresse pour le blafard Paris d'été. Une autre ouverture, longtemps d'avance, met de l'émotion dans le camp de la peinture, et fait battre tous les cœurs, aussi bien des peintres eux-mêmes, que des femmes de peintres, des filles ou des sœurs de peintres, l'ouverture du Salon. Tous les plans sont suspendus jusque-là. Que fera-t-on cette année ? Que commencera-t-on ? Voyagera-t-on ? Où ira-t-on ? Tout est remis après le Salon. — On verra ! Tout dépendra du Salon, c'est-à-dire du succès, de la vente ou du resté pour compte de l'œuvre exposée.

Octavie, elle aussi, avait désiré ardemment le Salon. La *Noce bretonne* avait été reçue avec un numéro satisfaisant. Assez bien placée, elle avait été vue, appréciée et discutée. C'était un succès, le pas fait en avant par Gardel allait le mettre enfin au rang des peintres d'avenir reconnus.

— Comme nous serions heureux ! disait Octavie revenant lentement du Salon avec Gardel par les quais de la rive gauche, et obligée de rentrer seule avant lui pour ne pas laisser deviner leur secret que personne encore ne paraissait soupçonner.

— Ne le sommes-nous pas? répondit Gardel, qui avait repris sa résolution tranquille et sa force de caractère ordinaire ; s'il y a des obstacles que nous ne pouvons briser, nous les tournerons, voilà tout! J'ai beaucoup réfléchi et je me suis tracé un plan que je vais t'expliquer. Nous ne pouvons continuer à vivre ainsi, n'est-ce pas ? Nous sommes obligés de nous cacher de tout le monde, de nos amis et de nos voisins... Pour éviter tous commérages, toute discussion de notre conduite par les indifférents, nous ne sommes pas constamment à nous comme cela nous serait si doux à tous deux ; je continue à vivre dehors, à ma pension habituelle avec des amis qui me trouvent très mystérieux depuis quelque temps et qui me le disent... Pendant ce temps je te laisse seule avec tes pensées beaucoup trop tristes toujours... Cela ne peut durer; cette vie gênante et humiliante doit finir, il en est temps. Voici donc ce que je propose: nous sommes riches pour le moment, on m'a payé deux de mes panneaux et j'ai les deux autres à terminer cet été, donc rentrée de fonds certaine pour cet automne, sans compter que je vendrai peut-être ma *Noce bretonne*. Nous allons partir en Bretagne, trouver un bel endroit bien calme pour y passer cinq ou six mois; là nous vivons bien à nous, heureux et tranquilles, à l'abri de toute indiscrétion, de tout chagrin! je termine mes deux panneaux et je prépare quelque chose pour l'année prochaine. En octobre ou novembre nous revenons, ou bien je reviens seul quelques jours avant toi, je cherche un logement dans un quartier où nous ne connaissons personne, j'opère mon déménagement, je t'écris de venir et nous nous installons!... C'est une vie nouvelle qui commence, personne ne connaît le malheureux empêchement qui arrête la réalisation de notre mariage, pour tout le monde nous serons donc légitimement mariés... Un jour viendra peut-être où nous trouverons le moyen de régulariser notre union!

— Mais tes amis?

— Mes amis? Quand nous reviendrons de Bretagne, je leur dirai que notre mariage a été célébré très simplement, très discrètement, dans ton pays, à cause de ta situation de veuve... S'il le faut, nous resterons absents plus longtemps...

— Et Mlle Gaudemar? dit Octavie, elle sait la vérité, elle!...

— Mlle Gaudemar est une si excellente femme que je ne craindrais pas de me confier entièrement à elle...

— Tu as raison, à elle nous dirons tout! elle nous comprendra et nous absoudra.

— Comme si nous avions besoin d'absolution! s'écria Gardel, ma foi non, je ne la demande pas!

De quoi sommes-nous coupables? Est-ce notre faute à nous, s'il existe un obstacle insurmontable entre notre volonté bien arrêtée de nous unir en toute loyauté pour jamais, entre le vœu de nos cœurs et la formalité dernière, quelque chose comme l'enregistrement légal de notre union? Comment! parce qu'il nous manque une simple feuille de papier, l'acte de décès de ce misérable Gometz qui continue ses méfaits au delà de la tombe, nous serions condamnables? allons donc! Non, tranquillise-toi, pauvre chérie, la vie te doit des compensations... aie confiance, mon plan est bon, tout ira bien!

Gardel laissa Octavie rentrer chez elle et gagna le café Henry. Le soir même, en exécution du plan arrêté, Octavie écrivit une longue lettre à Mlle Gaudemar à Amiens et lui apprit toute la vérité, sans rien cacher ni atténuer, sollicitant seulement en raison de la franchise des aveux l'indulgence de sa vieille amie. Elle lui expliqua les intentions de Gardel et le plan convenu.

Gardel commença dès le lendemain ses préparatifs, il annonça son départ à ses amis. Le café Henry était un peu bouleversé, Chevreuse, tout en riant autant que par le passé, donnait aussi, par moments, des signes de mélancolie, la cruelle mélancolie des embarras financiers; il avait eu encore deux petits journaux tués sous lui et M. Chevreuse son père, désespérant d'en faire jamais un magistrat ou un médecin et de le voir rentrer dans le giron de la famille, serrait impitoyablement les cordons de sa bourse. Blacs ne venait plus très régulièrement, il devenait de plus en plus un homme politique. Ravenel, le seul homme que l'ébullition ne gagnât point dans cet accès de fièvre politique qui secouait alors tout Paris, Ravenel ne bronchait pas ; on était toujours sûr de le trouver, à l'heure habituelle, à sa place, devant un bock plein, en équilibre en haut d'une colonne de petits ronds de feutre, toujours fumant sa pipe avec la régularité d'un tuyau de machine. Il sortait maintenant assez rarement de son nuage de fumée et ne se mêlait à la conversation que par des boutades au fond desquelles commençait à percer une certaine misanthropie, ou par des aphorismes sur l'art et sur la vie, qu'il expectorait au beau milieu des conversations sans se soucier de l'à-propos, pas plus que des réponses des autres.

— Qu'est-ce que tu fais, Ravenel ? lui demandait Gardel, interrompant son tête-à-tête avec son bock.

— Moi ? dit Ravenel sortant de sa fumée, toujours la même chose. Rien ou à peu près. Est-ce que c'est la peine ? Je me promène les mains dans les poches autour de vos mares à grenouilles, la mare aux grenouilles artistiques, la mare aux grenouilles politiques qui commence, entre parenthèses, à faire bien du tapage ! Vous autres, grenouilles, vous sautez, vous dansez, vous chantez, vous vous donnez beaucoup de mal même pour coasser plus fort les unes que les autres, moi je vous regarde et vous écoute... Continuez mes enfants, continuez!

Il tira coup sur coup quelques bouffées de fumée successives.

— Non, reprit l'avenel au bout d'un instant. Le Créateur s'est fiché de nous! Il n'y a rien de vrai, tu crois vivre, tu ne vis pas, la vie est un rêve, une illusion... Si c'était vrai, est-ce que tout ne s'arrangerait pas mieux? Que peut-on faire en trente ou quarante ans de vie active? il faudrait vivre huit ou neuf cents ans pour que ça vaille la peine de s'occuper sérieusement de quelque chose... Pour le petit espace qu'on vous accorde, inutile de se faire de la bile!

L'arrivée de Blaes et de Chevreuse interrompit le vieux bohême. Tous deux paraissaient plus soucieux que d'habitude; un article ultra-violent de Chevreuse dans un journal révolutionnaire venait de tomber sous les yeux du papa Chevreuse, et cela juste au moment où le fils, rattrapé par une échéance, des chevaux de course qui courent vite, songeait à faire un appel à la bourse paternelle. Blaes, lui, après avoir failli mettre en qualité de secrétaire sa barque à la remorque d'un député de Paris, s'était brouillé avec ce député et se préparait à commencer une campagne contre lui pour tâcher de le chavirer.

Gardel apprit à ses amis son prochain départ.

— Tu quittes Paris! dit Blaes, au moment où les

affaires se brouillent de plus en plus, au moment où l'Empire se cramponne aux crins de son coursier débridé, la Révolution, pour n'être pas jeté bas ! Tu vas perdre peut-être le beau spectacle de l'aplatissement définitif du cavalier de 51 !

— Ton image est jolie, répondit Gardel, mais ce n'est pas du paysage et je vais faire du paysage.

— Comment ! Tu veux perdre l'occasion de sauver encore des femmes ? fit Chevreuse.

Gardel ne put s'empêcher de rougir et ses amis le remarquèrent.

— Laissez-le donc, dit Ravenel, il a raison ! File en Bretagne, mon fils, travaille loin des séductions de la bière blonde et de la sorcière verte... Tu sais, Gardel, pinceau rime avec cerveau, c'est une rime pauvre, par exemple, et les malins d'aujourd'hui aiment mieux faire rimer pinceau avec patte, mais ça ne fait rien, il faut tout de même essayer de rimer avec cerveau. Tâche de tirer quelque chose de la terre de Bretagne où le vent de la mer souffle dans la forêt des dolmens, des vieilles ruines, des antiques légendes, et des idées couvertes de la rouille des siècles, profite du moment pendant que tout ça est encore debout et tient encore !

— Bravo ! Ravenel idéaliste ! s'écria Blaes, excellente blague !

— Certainement ! Vous ne vous doutez pas d'ailleurs à quel point je tiens pour l'idéal maintenant, hélas, je n'ai plus d'appétit, je ne mange plus ! Et voilà ! Cette gueuse de machine réaliste, l'estomac, étant démolie, je deviens idéaliste !... je l'ai toujours été au fond, et c'est pour ça que je n'ai rien fait !

— Oh! Tu as bu !

— Trop! l'estomac s'est dégradé... Comme le reste ! ajouta Ravenel entre ses dents.

— Décidément, mon pauvre vieux, tu as l'absinthe et le bock tristes aujourd'hui, dit Chevreuse.

— Mes enfants, dit Ravenel, reprenant sa tranquillité, dites-moi donc des injures, je vous prie, appelez-moi saligaud, imbécile, animal dégoûtant, allez, allez ça me fera du bien, ça me soulagera, appelez-moi espèce d'idiot, décernez-moi des noms de bêtes, je mérite encore mieux que ça !

— Tu es sévère, fit Gardel.

— Sévérité rime avec vérité ! dit Ravenel, rime ultra-riche, cette fois-ci !

Et il rentra dans son nuage de fumée.

Huit jours après, Gardel partait ostensiblement pour la Bretagne, ses bagages étaient transportés à la gare Montparnasse et mis par lui à la consigne. Pour ne pas partir en même temps qu'Octavie, il avait été décidé qu'il irait passer quelques jours à Rouen, où la *Marie-Louise* était allée prendre un chargement de vins du Midi. Il reviendrait ensuite à Paris et trouverait à la gare Mᵐᵉ Castellan qui de son côté devait annoncer un séjour à Amiens chez Mˡˡᵉ Gaudemar.

Tout s'arrangea suivant le plan de Gardel.

Il retrouva aux quais de Rouen la *Marie-Louise*,

un peu vieillie depuis son enfance, et passa quelques jours dans l'étroit recoin qui lui servait jadis de chambre, à côté de la cabine de ses parents, avec son père et sa mère, hâlés par le grand air qui leur soufflait depuis cinquante ans à travers la figure, mais toujours robustes, toujours alertes et, à quelques rides près, presque aussi jeunes qu'au jour où seize ans auparavant ils faisaient naufrage par cette sombre nuit de débâcle quand la Seine furieuse et comme enragée essayait de briser la *Marie-Louise* à tous les ponts.

Il parla vaguement de ses projets de mariage, sans nommer personne et en laissant deviner seulement qu'un obstacle inattendu l'empêchait de les réaliser tout de suite. Il voulait simplement que ses parents ne fussent pas trop surpris un jour lorsqu'il faudrait tout dire et tout expliquer.

— Faudra voir ! faudra voir ! dit le père Gardel qui, — du moment où son fils arrivait à gagner sa vie et, mieux que cela, à faire parler de lui dans les papiers avec son drôle de métier, que le brave marinier avait toujours considéré comme un métier de pur agrément et un délassement de rentier, — ne pensait pas qu'aucun obstacle pût résister à ce fils.

Au jour et à l'heure convenus, Gardel retrouva Octavie à la gare. Les jours de séparation avaient bien duré à la jeune femme. Ils s'embrassèrent comme des êtres qui se retrouvent après des années d'absence et des périls bravés.

— J'ai reçu une lettre de M{^lle} Gaudemar, dit tout bas Octavie quand, les bagages enregistrés, ils furent installés au fond d'un compartiment de troisième.

— Ah ! voyons ? fit Gardel.

L'excellente M{^lle} Gaudemar engageait les jeunes gens à ne pas désespérer et parlait d'écrire aux légations de Turquie ou de Grèce pour tâcher d'obtenir la preuve de la mort de M. Gometz ; du reste elle les amnistiait parfaitement et leur souhaitait tous les bonheurs.

« — Pouvais-je me défier de Gardel, disait-elle en plaisantant, il ne m'avait jamais fait la cour. » Sa grande préoccupation était le chat Saugrenu qui, par suite de leur départ, allait rester orphelin et abandonné.

— C'est vrai, égoïstes que nous sommes, fit Gardel, nous n'avions pas songé à Saugrenu ! Nous ne pouvions pourtant pas l'emporter en Bretagne... si seulement c'était un chien !...

— Saugrenu ne souffrira pas ! dit Octavie en souriant, avant même les recommandations de M{^lle} Gaudemar, j'ai arrangé l'affaire en le mettant en pension chez nos concierges. Moyennant une somme à fixer à notre retour, il aura droit à deux sous de mou par jour, à des soins et des égards. C'est promis, juré même ! Le pauvre Saugrenu se doutait de quelque chose, il a bien miaulé ce matin quand je l'ai descendu à son nouveau domicile !

J'ai écrit tout de suite à M{^lle} Gaudemar pour

lui annoncer que le sort de Saugrenu était assuré et qu'elle le retrouverait gras et dodu à son retour.

Gardel et sa compagne voyagèrent d'une seule traite jusqu'à Dinan, visité par le peintre au cours de son précédent voyage. Après un court séjour dans la ville si curieusement perchée sur sa colline ceinte de remparts, ils explorèrent les environs pour trouver un asile pendant les six ou huit mois qu'ils comptaient passer en Bretagne. Dans un petit village de pêcheurs jeté à mi-chemin entre Dinan et Saint-Malo, sur la Rance, la poétique rivière de Châteaubriant, qui vers la mer s'écoule, large et noble comme la prose de son poète, ils trouvèrent deux petites chambres dans une maison habitée par une bonne femme dont le mari était en Islande et les deux fils à bord d'un vaisseau de France quelque part sur les océans.

Et les journées se mirent à couler délicieuses, soit lorsque tous deux ils exploraient les berges de la rivière, remontant du côté de Dinan, ou descendant vers Saint-Servan, soit lorsque Gardel se mettait à travailler avec Octavie à côté de lui, dans quelque crique de la Rance, solitaire et comme fermée, ombragée par de grands arbres, égayée par le soleil, dans le grand silence que seuls traversaient les cris des oiseaux rasant l'eau, se poursuivant et baignant le bout de leur aile dans leur vol rapide, et le passage des bateaux descendant vers la mer avec la rivière ou remontant avec la voile et la rame.

Ce fut dans ce coin charmant et paisible, au milieu de ce bonheur doucement savouré, que les terribles nouvelles de juillet et d'août 1870 tombèrent sur eux comme des coups de foudre successifs. Ils étaient trop heureux ; par moments Octavie s'en effrayait et se demandait si le sort ne lui ferait pas payer un jour bien cher ces joies inespérées naguère encore ; Gardel allait tous les cinq ou six jours chercher des journaux à Dinan. Un matin, gagné sans doute par la vague inquiétude d'Octavie, il ouvrit avec une sorte de pressentiment sur la route, en revenant de Dinan, les journaux qu'il avait achetés ; son premier regard tomba sur une dépêche annonçant la guerre imminente.

Et l'une après l'autre arrivèrent ensuite les funèbres nouvelles des champs d'Alsace et de Lorraine. C'en était fini, toutes les pensées se tournaient par là. Les coquelicots de l'été mettaient des taches de sang dans les blés et le soleil qui jadis plongeait gaiement son disque d'or dans les flots leur semblait maintenant se coucher dans un bain rouge traversé de sinistres bandes noires.

Les événements se précipitaient que Gardel n'avait pas encore pris un parti. Que fallait-il faire ? rester ou partir ? Rester lui semblait impossible, il attendait anxieux. Octavie tremblait. Quelques années auparavant, une année de contingent faible, il avait été exempté du service pour une dent qui lui manquait, la dent qui déchire la cartouche et pour faiblesse de constitution. Faiblesse passagère, car c'était au moment le plus cruel de ses luttes contre la misère, au temps de la société artistique des Trompe-la Faim, alors qu'il se trouvait anémié par quelques années mauvaises et par une acclimatation difficile dans Paris où l'air manque.

Mais n'allait-on pas revenir sur les exemptions? Ne serait-il pas rappelé? Octavie avait peur, le sort n'allait-il pas lui voler son bonheur? Gardel attendait avec une résignation fataliste.

Il fut presque heureux de se trouver tout à coup au bout de son argent, ce qui les forçait à rentrer dans Paris menacé d'un siège. Les deux derniers panneaux décoratifs terminés et envoyés, Gardel devait en toucher le prix le 1ᵉʳ septembre, mais il était bien question à ce moment d'acheter de la peinture, l'amateur effrayé venait de partir pour le Midi avec sa famille.

Dans les jours tumultueux qui suivirent le 4 Septembre, un train les emmena vers Paris, point magnétique où convergeaient alors, du sud et du nord, de l'est et de l'ouest, des légions d'hommes, défenseurs ou assaillants. Gardel et Octavie trouvèrent deux places au fond d'un wagon rempli de mobiles bretons qui tentaient de charmer les longueurs du trajet, les retards, les arrêts sans nombre dans les gares encombrées ou en pleins champs, par des chansons mélancoliques ou des airs d'un biniou du Morbihan, tout étonné d'être appelé du fond de l'Armorique pour souffler la fureur des combats dans ce lointain Paris assiégé.

DEUXIÈME PARTIE

I

Un encombrement formidable s'était produit devant la porte. Par la route de Romainville, débouchant au pied du fort qui montrait au-dessus des maisons du village ses embrasures gazonnées, dans les tourbillons de poussière soulevés par chevaux et piétons, un flot continuel arrivait de véhicules de toutes sortes chargés de meubles et de paquets, traînés, tirés, poussés par des chevaux, des ânes ou des hommes. Les lourdes voitures de déménagement, les camions, les charrettes de paysans, les breacks de bourgeois, les voitures à bras se pressaient sur plusieurs rangs, s'arrêtaient, se bousculaient pour se dépasser ; les chevaux tiraient, les coups de fouet claquaient, les hommes juraient. Les meubles, empilés au hasard comme dans la presse d'un moment de panique, remuaient sur les voitures avec des soubresauts, des tintements et des bruits étranges.

Des voitures dont la charge mal établie s'écroulait tout à coup, barraient la route; des gens chargés de paquets avec des matelas sur le dos, des femmes portant de lourds paniers et tirant des enfants par la main se faufilaient à travers les groupes. Sur d'élégantes petites voitures de campagne, des bourgeois rentraient dans Paris, avec des lapins ou des canards; des poules gloussaient au fond de longs paniers à volaille, et des chiens suivaient la tête basse. Dans la presse, quelques bœufs marchaient lentement, poussant de temps en temps de sourds mugissements.

Toute cette foule venait se heurter au retranchement en terre en forme de demi-lune élevé devant la porte de Romainville, palissadé à la crête et déjà recouvert à moitié de planches garnies de clous la pointe en l'air. Là il fallait s'aligner et avancer plus lentement, le fossé maintenant coupait la route et l'on achevait de monter les ponts-levis de la double porte.

Il faisait un temps superbe; l'aspect de cette déroute défilant parmi les ruines des maisons de la zone militaire démolies ou brûlées, devant ces retranchements improvisés, devant ces préparatifs de bataille, n'avait cependant rien de sinistre, malgré le sentiment de la défaite et le spectre de la guerre poussant les fuyards et planant sur le tout. Le mouvement, l'inusité, l'inconnu, les sensations nouvelles frappant les cerveaux coup sur coup amortissaient ce sentiment et produisaient une sorte d'étourdissement moral qui supprimait la réflexion. Au premier abord l'esprit ne saisissait que les côtés étranges, pittoresques de la confuse et lamentable bagarre produite par la poussée des avant-gardes de l'invasion.

Des Parisiens grimpés sur les talus de la route, en avant du cavalier de la porte, regardaient silencieusement s'avancer la cohue et ce silence seul laissait apparaître la signification terrible de l'immense déménagement.

Au premier rang parmi les curieux, sous un képi de garde national, apparaissait la barbiche en fer à cheval de notre ami Chevreuse. Il appartenait depuis la fin d'août à un bataillon de garde nationale en formation et il en portait déjà l'uniforme modifié selon ses goûts artistiques. Son pantalon à bandes rouges rentrait dans de grandes bottes fauves montant jusqu'aux genoux; sur sa vareuse une large ceinture rouge mettait une tache héroïque complétée par un grand revolver dans sa gaine de cuir verni attachée au ceinturon. Cet uniforme avait déjà accompli quelques exploits, il avait au 4 Septembre pris le Corps législatif, envahi l'hôtel de ville et, depuis, Chevreuse lui faisait faire sept ou huit lieues par jour dans Paris, courant de l'hôtel de ville aux remparts, du boulevard Saint-Michel au Point-du-Jour ou au fort de Vincennes, visitant les bureaux des journaux pour se montrer aux amis, apparaissant aux clubs où ce grand garde national, à l'équipement guerrier, aux motions ou interruptions courtes mais énergiques, produisait un certain effet.

Qu'aurait dit M. Chevreuse, l'ancien magistrat gourmé, à la vue de son héritier ceinturé de rouge, farouchement botté et armé ?

Le pacifique et digne homme écrivait lettres sur lettres à son fils pour le rappeler au nid paternel pendant la tempête, et il accompagnait ses objurgations de quelque monnaie pour le voyage, mais son fils faisait la sourde oreille et pour cent mille livres de rente n'aurait pas quitté Paris au moment du branle-bas de combat.

Néanmoins, après quelques jours, l'uniforme de garde national commençait à peser aux épaules de Chevreuse. Il lui semblait trop simple, trop bourgeois encore, même avec ses modifications, et Chevreuse soupirait en songeant à 1830. Voilà une époque charmante, idéale ! Les heureux insurgés d'alors ne se sont pas affublés de vareuses inélégantes, ni coiffés de simples képis, c'est au musée d'artillerie qu'ils ont été se fournir de cuirasses et de casques, pour montrer une fois encore aux vieux pavés de Paris des salades et des morions du temps des barricades de la Ligue.

A peu près décidé à quitter son bataillon de garde nationale trop pot-au-feu suivant lui, Chevreuse s'était mis à la recherche d'un corps franc quelconque, d'une compagnie à l'uniforme moins banal. Il avait poussé jusqu'aux fortifications pour voir où en étaient les travaux et il s'apprêtait à descendre rue des Vignettes pour dire bonjour à sa tante qu'il n'avait pas vue depuis quelques semaines.

Quand du haut du talus Chevreuse eut assez considéré la longue file des fugitifs de la banlieue rentrant dans Paris, il dégringola en deux enjambées de ses grandes bottes et profita de l'ouverture faite dans la foule par le passage d'une escouade de marins ralliant le fort de Romainville, sous la conduite d'un tout petit aspirant, pour gagner le pont-levis et rentrer en ville.

Comme en peu de jours tout avait changé ! Les guinguettes et les restaurants de la barrière étaient fermés ou transformés ; un poste de garde nationale occupait un petit café à berceaux derrière la porte ; à côté le grand restaurant du *Lac-Saint-Fargeau*, au-dessous de ses inscriptions : « *Noces et festins, jardins et bosquets, repas de corps,* » portait en gros caractères, sur une large bande de toile, le mot «AMBULANCE» que des petits Amours de plâtre alignés sur le mur avaient l'air de contempler de leurs sourires bêtes. Partout des affiches imprimées ou manuscrites : proclamations, dépêches, règlements pour le service des ambulances, appels aux brancardiers volontaires, avis pour l'organisation des compagnies, manifestes de comités, etc. Çà et là une note comique, des affiches commerciales annonçant des objets de première nécessité : *La Flanelle de Rempart pour la garde nationale* ou le *Pare-*

Balles pour gardes nationaux volontaires et sédentaires.

L'animation guerrière, à couleur très révolutionnaire, augmentait en descendant vers la mairie de Belleville, alors encore établie dans l'ancien restaurant de l'*Ile-d'Amour*. La garde nationale du quartier n'était pas habillée, sauf le bataillon de l'ancienne garde nationale, le *bataillon des propriétaires*, comme disaient les autres, portant l'ancienne tunique, les épaulettes et le shako privé de son aigle, et encore les hommes de ce bataillon, afin d'éviter les quolibets et les injures ou les collisions, s'étaient pour la plupart empressés de jeter la tunique aux orties pour endosser la vareuse de la nouvelle garde. La tenue en bizet dominait généralement, ce qui donnait des figures d'insurgés aux hommes. A la mairie tout le poste était composé de bizets, un jeune homme en blouse et en casquette à cocarde tricolore, vrai type de faubourien, montait la garde crânement.

On ne travaillait déjà plus guère, sur la moindre place des hommes apprenaient l'exercice sous la direction de gardes à moustaches, d'anciens soldats élus sergents ou officiers qui ne se distinguaient encore des autres que par un galon de laine ou d'or cousu sur la manche de leur paletot ou de leur veste. Dans la cour de la mairie, on faisait l'exercice à la baïonnette et l'école de peloton, on organisait des patrouilles. Un bataillon passa montant de Paris aux remparts; en tête de la première compagnie marchait fièrement le capitaine, un gros charbonnier tout noir et en simple gilet de laine. Il y avait dans le bataillon quelques chapeaux de haute forme qui s'attirèrent les gouailleries des hommes du poste.

— Ohé, les citoyens aux boisseaux ! aux avant-postes, les citoyens petits crevés !

— En avant, le bataillon des notaires !

En gagnant par les rues de traverse la rue des Vignettes, Chevreuse trouva la même animation, les mêmes rumeurs, les mêmes exercices. Des postes de gardes nationaux dans toutes les rues, dans les anciens postes de sergents de ville, dans des boutiques vides. Rue des Vignettes dès l'entrée, le bruit du tambour frappa les oreilles de Chevreuse, il n'y fit pas attention d'abord, mais en approchant de la maison de sa tante, il lui sembla que les roulements venaient de ce côté !

— Tiens, dit-il, ce serait chez ma tante, ce tapage guerrier ?

Il eut à s'ouvrir un passage dans le couloir. En effet le bruit venait de là. Il y avait beaucoup de monde dans la cour, entre le pavillon de Mme Chevreuse, et la grande maison ; au milieu de ce monde deux tambours exécutaient des roulements, Chevreuse les reconnut pour des locataires de la maison, celui qui prétendait que la loi donnait au père de famille le droit de battre sa femme et ses enfants jusqu'à onze heures du soir et un gros à nez rouge qui était un vieux tapin de l'ancienne garde nationale,

— Qu'est-ce qu'il y a donc? demanda Chevreuse au concierge Bontemps, qui s'était approché et qui lui jetait des regards lamentables.

Un homme à képi derrière le père Bontemps ne lui laissa pas le temps de répondre.

— Citoyen, dit-il, je vas vous dire, c'est pour la citoyenne propriétaire, nous lui donnons une aubade de remerciement, des roulements d'honneur, voilà!... Hardi, les tapins, allez-y des baguettes, soignez ces rra et ces fla à la santé de la citoyenne propriétaire!

— Mais pourquoi cette aubade?

— Et le drapeau? vous ne voyez pas le drapeau, citoyen, lisez-moi un peu ce qu'il y a dessus!

L'homme au képi devenait très fraternel et s'appuyait sur Chevreuse. Il avait un peu bu et les petits verres le rendaient expansif.

— Je vas vous dire, vous êtes un bon, vous, eh bien, le drapeau et l'aubade, c'est rapport à ce qu'elle a fait, la citoyenne propriétaire, elle a bien mérité de la patrie, voilà!

Au premier étage, à la fenêtre du milieu, un grand drapeau se déployait, portant en gros caractères l'inscription suivante :

A la citoyenne propriétaire.
Ses locataires reconnaissants.

Chevreuse se débarrassa à grand'peine de l'homme au képi et se rapprocha du père Bontemps pendant que les tapins continuaient à rouler.

— Que diable a pu faire ma tante pour mériter cette reconnaissance ?

— Ah ! monsieur, gémit le père Bontemps, quelle maison ! une vraie caserne maintenant ! tous avec des fusils, des baïonnettes ! et ils font l'exercice dans la cour ! nous avons un caporal et deux sergents dans la maison et encore le caporal vient de passer capitaine à l'élection !

— Mais ma tante ? dit Chevreuse.

— La pauvre dame n'a pas un instant de tranquillité, elle se rappelle les affaires de Juin 48, et elle tremble toujours ! figurez-vous que les locataires parlaient de planter un arbre de liberté dans la cour ! alors, pour éviter l'arbre et se mettre bien tout de même avec eux, elle a eu une idée, elle a fait remise hier des termes non reçus, alors les locataires ont mis le drapeau qu'elle a payé, et les tambours donnent des aubades depuis le matin, — même qu'ils sont tout à fait bus — et on va illuminer ce soir !

Chevreuse laissa le père Bontemps qui se préparait à entamer une kyrielle de lamentations plus longue encore qu'autrefois et monta chez sa tante.

La bonne qui vint ouvrir recula effrayée par sa ceinture rouge.

— Eh bien ! dit Chevreuse de sa plus grosse voix, comment va la citoyenne Chevreuse ?

— Ah ! c'est monsieur Alfred ! dit la bonne, ah ben, vous m'avez fait peur !

Mme Chevreuse, inquiétée par les exclamations, passa sa tête à gros bandeaux blancs à la porte de la salle à manger, la bonne dame leva les bras en l'air d'effroi en reconnaissant son neveu sous son équipement.

— Bonjour, citoyenne ma tante, dit Chevreuse en faisant le salut militaire.

— Mon Dieu ! c'est vous ! c'est toi ! c'est bien toi, Alfred ? dit Mme Chevreuse, bredouillant de surprise.

— Oui, ma tante, c'est Alfred qui a voulu vous rendre ses devoirs avant de marcher aux combats ! Vous allez bien, ma tante ? Recevez mes félicitations ! j'ai vu par les transports de reconnaissance que vos excellents locataires font éclater dans la cour que vous avez voulu vous rendre digne du beau titre de citoyenne !

— Alfred ! Alfred ! ne m'en parle pas ! qu'est-ce que nous allons devenir ! Mon Dieu ! Alfred, c'est un pistolet que tu portes là à ta ceinture ? Quelle imprudence, mon enfant, s'il allait partir !... J'espère que tu n'y as pas mis de cartouche, surtout !

— Pardon, ma tante, il y en a six, c'est un revolver ! voulez-vous vérifier ?

— Je t'en prie, mon enfant, va le mettre dans le tiroir de la cuisine, un accident est si vite arrivé ! nous causerons après !

— Tenez, Augustine, dit Chevreuse en donnant son ceinturon à la bonne, je le reprendrai tout à l'heure.

— Oh ! jamais je ne toucherai à ça, monsieur

Alfred, rangez-le vous même, si j'étais tuée, qui est-ce qui soignerait madame, maintenant que ça va si mal !

Mᵐᵉ Chevreuse et Augustine soupirèrent.

— Je le garderai, mais tranquillisez-vous, il n'y a pas de danger ! Eh bien, ma tante, reprit Chevreuse, vous allez donc rester à Paris, affronter les événements ? Paris va être assiégé, il y aura bataille, bombardement, disette, etc., comme dans tous les sièges, vous feriez bien d'aller passer ce mauvais moment chez nous ! mon père a dû vous écrire ?.....

— Ah ! mon enfant, voilà plus de quarante ans que je n'ai pas quitté Paris, j'ai peur de vos chemins de fer... et c'est bien dur, à mon âge, de se déplacer, de quitter une maison que je n'ai pas encore laissée un seul jour depuis trente ans que j'y suis !

— Que voulez-vous, quand il y a force majeure !

— Et mes meubles ! mes pauvres meubles ! mon mobilier de mariage, je ne peux pas les abandonner... Il me faudrait du temps pour m'y décider... je n'ai pas encore répondu à mon frère, j'attends, peut-être que d'ici trois semaines, un mois, j'aurai pu m'habituer à cette terrible idée !...

— Un mois ! dit Chevreuse, dans trois jours peut-être il ne sera plus temps. Les Prussiens sont dans l'Oise !

— Ah mon Dieu !

— Trois jours ! dit Augustine, est-ce que c'est

possible, d'abord j'ai tous nos rangements à faire !...
Et puis le médecin de madame qui la soigne depuis si longtemps, qui a l'habitude de ses petites maladies et qui les fait passer rien qu'en les regardant, pour ainsi dire, est-ce qu'elle pourra l'emporter ? ses maladies sont habituées à celui-là, un autre ça les changerait et ça ferait mourir Madame !

— Augustine a ses rangements à faire, ma tante voudrait emporter son médecin, ses meubles, sa maison !... vous ne partirez pas, soit !... maintenant, si j'ai un conseil à vous donner, ma tante, achetez un certain nombre de jambons, des choux, des pommes de terre, quelques meules de gruyère, du chocolat, etc., cachez bien tout ça, fermez bien vos portes et vos fenêtres et laissez passer les événements ! Depuis quinze jours j'ai lu l'histoire de tous les sièges célèbres, je suis ferré là-dessus ! Des provisions ! faites des provisions, ou vous serez obligée de manger Augustine, ou Augustine vous mangera !... maintenant je vais vous embrasser, ma tante, embrasser Augustine et vous souhaiter bon courage. Quand vous entendrez le canon tâchez de supposer que c'est un feu d'artifice que l'on tire quelque part et tout ira parfaitement... à propos continuez à vous mettre bien avec vos locataires, ça ne peut pas nuire !

— Ah ! quant à cela, mon enfant, tu as entendu les tambours, tu as vu le drapeau, je suis au mieux avec eux !

Un coup de sonnette interrompit Mme Chevreuse ; Augustine alla ouvrir, et l'homme au képi, dont Chevreuse avait eu tant de peine à se débarrasser dans la cour, parut.

— Pardon mademoiselle, dit-il je voudrais parler à la propriétaire, je l'aime bien la propriétaire, et je veux lui donner un avis, un simple avis !

— Qu'est-ce qu'il y a ? dit Mme Chevreuse en s'avançant.

— Voilà ce que c'est ! Il y en a dans la cour qui grognent, mais il faut les laisser grogner ! La citoyenne a fait remise des termes à ceux qu'avaient pas payé, c'est très bien, ça prouve qu'elle a du cœur, ça je m'en étais toujours douté, mais il y a les autres, ceux qui ont voulu faire les aristos, ils ne sont pas contents et ils grognent !

— Qui ça ?

— Ceux qui font les aristos, donc, ceux qui ont payé leur terme de juillet ! ils ne sont pas contents, eux, on ne leur a rien remis ! moi, je dis, comme de juste, tant pis pour eux, c'est bien fait ! voilà donc ce que je voulais couler en douceur à la propriétaire, c'est qu'il faut laisser grogner les aristos !

— Bien ! Bien ! c'est entendu, nous les laisserons grogner, dit Chevreuse en reconduisant le citoyen et en le poussant sur le carré à force de poignées de main.

— Et, autre chose, cria l'homme sur le carré, les illuminations en l'honneur de la propriétaire, les arrosera-t-on aussi ?

— Naturellement, répondit Chevreuse.
L'homme descendit en chantant à pleine voix :

> Tous les Français sont volontaires
> Quand la Patrie est en danger !

— Vous voyez, ma tante, dit Chevreuse, il y en a déjà qui grognent ! vous aurez peut-être quelques ennuis, mais avec un peu de diplomatie tout ça passera ! Maintenant, je vous quitte. Bon courage et bonne santé !

Chevreuse descendit, déjà l'homme au képi et les deux tambours trinquaient devant un comptoir de zinc.

II

Sur le boulevard extérieur, il y avait foule. Toute la population semblait dehors. On construisait au bas de la rue de Belleville un grand baraquement en planches pour les mobiles de province; à côté un arbre de liberté, planté le soir du 4 Septembre, commençait à dépérir, ses feuilles se fanaient, et pendaient parmi les lanternes vénitiennes à demi brûlées, les drapeaux et les rubans rouges dont il était décoré.

Il y avait, en faisceaux sur le terre-plein, les fusils de tout un bataillon. Les hommes étaient chez les marchands de vins en train d'élire leurs officiers; d'autres passaient sans armes, parlant avec animation de convocations d'élections, et discutant les mérites des candidats aux grades. Par toutes les rues débouchaient des groupes, armés ou non armés, se rendant aux rendez-vous respectifs des compagnies.

Devant l'arbre de liberté, Chevreuse fit une rencontre. C'était Blaes, qu'il n'avait pas vu depuis trois ou quatre jours.

— Te voilà ! dit Blaes, quittant le groupe dans lequel Chevreuse reconnut le journaliste Cointal et quelques têtes vues aux réunions publiques, viens-tu chercher un grade ici ?

— Dame, si vous en avez un pour moi ! Et toi, que deviens-tu ? Et que fais-tu ici ?

— Moi, pour le moment, je ne suis rien encore mais je vais tout à l'heure être nommé commandant d'un bataillon ! Les comités vont présenter quelques candidats aux bataillons du quartier.

— Et tu espères passer ?

— Je n'espère pas, j'y compte ! qui diable oserait lutter contre les comités ? S'il y a d'autres candidats, ils seront roulés, mais il n'y en aura pas et nous serons nommés par acclamation... Quand nous aurons nos bataillons dans la main, il faudra que le gouvernement de l'hôtel de ville marche droit...

— Ah ! nous sommes de l'opposition ?

— Sais-tu ce qu'ils ont eu l'audace de m'offrir, à moi, le rédacteur du *Tocsin*, à moi qui ai fichtre bien aidé au renversement de l'Empire plus qu'eux, les endormeurs du Corps législatif, sais-tu ce qu'ils m'ont offert ?

— Non !

— Une sous-préfecture, mon cher, une sous-préfecture ! Et bien nous allons nous en tailler une à Belleville et nous verrons si elle les gêne ! Et toi que cherches-tu ?

— Moi, je commence à en avoir assez de la

garde nationale : faire l'exercice dans la rue m'a distrait quelques jours, maintenant j'en ai assez, je cherche un bataillon de francs-tireurs, où j'aurais un costume agréable à porter et de vrais coups de fusils à tirer... tu ne connais pas ça?

— Si fait, mon cher d'Artagnan, tu tombes bien ! nous attendons ici...

— Ah oui, qu'attendez-vous ?

— Nous attendons Gustave Flourens qui vient passer la revue de ses bataillons ! Il est commandant de cinq bataillons, Flourens, il tiendrait à les conserver et à augmenter le noyau, mais c'est beaucoup pour un homme seul... Tiens, voilà ses cinq bataillons qui s'alignent !

En effet, sur quelques roulements de tambour, les gardes nationaux réunis en groupes sur le boulevard commençaient à se masser.

— Tu appelles ça s'aligner ? fit Chevreuse, très bien, alors comme chef de bataillon, tu ne seras pas difficile !

— Pour le moment, ce n'est pas brillant, mais tu verras plus tard.

— C'est vrai, tu vas étudier la théorie !... mais dis-moi, je te parle franc-tireur, et tu me réponds garde national !

— Attends donc ! Tiens, voilà Flourens qui paraît sur le boulevard avec son état-major, car il a déjà un état-major.

— Où ça ?

— Là-bas, cet homme à cheval en avant des autres...

— Mais c'est un Turc !

— C'est Flourens, il a revêtu son ancien costume de Crète et ça fait bien sur les masses, tu dois l'entendre aux acclamations poussées sur son passage !... les hommes plus ou moins turquifiés qui le suivent sont des anciens combattants de Crète, ou des garibaldiens qui sont en train d'organiser un bataillon de francs-tireurs à côté d'ici, rue de Belleville... Flourens reste avec la garde nationale pour raison politique, les autres veulent aller aux Prussiens tout de suite, voilà ton affaire.

Des acclamations frénétiques s'élevaient dans les rangs des gardes nationaux que les officiers et les sous-officiers avaient de la peine à maintenir en ligne. Flourens venait de descendre de son cheval blanc et s'avançait. Il portait une petite veste bleue passementée de rouge, une large culotte blanche avec des bottes, une haute calotte rouge et un grand sabre recourbé. Ce costume théâtral après avoir eu du succès pendant les premières semaines, fut laissé de côté, quelques jours après cette revue, pour l'uniforme de commandant de la garde nationale. Pour le moment il était acclamé par une foule de gens qui ne savaient guère si la Crète était en Amérique ou en Océanie, et par certains mêmes qui prenaient Flourens pour Garibaldi lui-même.

A cette revue où apparut la popularité de Flourens, devenu si bien l'idole des Bellevillois, que les gardes nationaux des autres bataillons parlaient de « dégommer » leurs chefs pour le nommer aussi, le brillant Flourens perdit son cheval blanc ; il l'avait confié à un homme de bonne volonté sur le boulevard, et l'homme, profitant du moment où tous les yeux se portaient sur le chef crétois, se retira d'abord un peu à l'écart avec son noble coursier, puis partit discrètement et pour toujours !

Flourens perdit son cheval, mais il avait pour se consoler le fanatisme de ses bataillons.

Quand Flourens, tête sympathique et fine avec un éclair d'exaltation dans les yeux, eut passé devant ses quatre bataillons et parlé à ses officiers, pendant que les capitaines se préparaient à faire exécuter quelques mouvements aux hommes, Blaes et ses amis s'approchèrent du groupe entourant l'homme de Crète.

— Dites donc, Flourens, dit Blaes, qui donc organise le bataillon de francs-tireurs ?

— C'est le citoyen Thibaudier, un ancien de la guerre hongroise de 49, un des mille de Garibaldi en 1860, et un bon combattant de Crète, c'est-à-dire un rude gaillard. Tenez, le voilà !... eh ! Thibaudier ?

Un gros homme à barbe noire, à figure énergique s'avança. Une vraie tête de condottière, ridée et tannée par tous les climats.

— C'est une recrue que je vous amène pour vos francs-tireurs, dit Blaes, un ami, n'est-ce pas, Flourons ? Il en a assez de la garde nationale, il demande à parler aux Prussiens tout de suite.

Le gros homme examina Chevreuse.

— Il a raison, dit-il, le bataillon achève de s'organiser, nous avons des chassepots, dans quelques jours nous allons en avant de Saint-Denis.

— Bravo ! dit Chevreuse.

— Il y a encore quelques officiers à nommer, vous n'avez servi nulle part ? non ? Les officiers sont tous d'anciens combattants de Pologne ou de Crète, mais ça ne fait rien, nous tâcherons de vous faire élire lieutenant.

— Je n'y tiens pas, dit Chevreuse, pour commencer du moins !... pour mon agrément personnel, j'aime mieux avoir un chassepot, ça fait plus de bruit qu'un revolver, d'autant plus que je tire assez gentiment.

— Et qui diable vous empêchera, tout en étant officier, d'avoir un fusil en bandoulière si vous en tirez proprement ?

— Vous me séduisez, dit Chevreuse, je vais immédiatement me faire inscrire.

— Attendez-moi, nous irons ensemble.

Ce fut ainsi que Chevreuse, au lieu de songer à regagner le logis paternel, entra dans les francs-tireurs Thibaudier... La connaissance fut bientôt faite avec les officiers, tous des aventuriers des guerres irrégulières, des insurrections des vingt dernières années, tous des anciens qui avaient roulé un peu partout, en Hongrie, en Pologne, en Amérique, qui étaient aux guerres d'Italie avec Garibaldi en 59, en 60 à l'expédition de Sicile, en 66 dans la tentative sur le Tyrol, en 67 dans la marche sur Rome.

Chevreuse était charmé; ces irréguliers, revenus de tous les combats pour la liberté livrés contre tous les despotismes dans tous les coins de l'Europe et même plus loin, le séduisaient et excitaient son goût pour les aventures brillantes.

Sa signature donnée sur le registre du bataillon, après rendez-vous pris pour l'équipement et le départ, Chevreuse se ressouvint de Blaes.

Il se trouvait justement devant l'entrée du bal Favié, où avaient lieu les élections du bataillon de Blaes ; on apercevait au bout du couloir d'entrée la salle noire de monde. Quand Chevreuse entra, il n'entendit rien d'abord qu'un tumulte de cris et de vociférations, mais il aperçut dans le fond une espèce de tribune garnie du bureau réglementaire des réunions publiques, un président, deux assesseurs et un secrétaire ; des citoyens qui, dans n'importe quel quartier, dans n'importe quelle réunion, se ressemblent toujours comme des épreuves tirées du même moule : deux crânes chauves et piriformes, une chevelure crépue en boule, et une tête tondue ras ; quatre barbes : une blanche majestueuse d'homme de 48 ami de Proudhon, une de socialiste bouillonnant et méridional, une rousse, moderne et rageuse, et une en brosse de chiendent, celle du secrétaire, lequel a ordinairement le poil rare et le teint bilieux, ce qui tient sans doute à ce qu'il ne parle pas, qu'il n'écrit rien du tout, quoique secrétaire, et qu'il conserve ainsi au dedans de lui-même les torrents d'éloquence, les invectives furieuses, les périodes enflammées et indignées que les autres expectorent avec aisance et facilité.

Il y avait deux hommes à la tribune, debout et faisant face à l'assemblée. Dans l'un de ces hommes Chevreuse reconnut Blaes ; le second devait être un autre candidat au grade de chef de bataillon. Celui-ci avait une tête de vieux soldat à grosse barbiche blanche : il était décoré, il se démenait furieux pendant que Blaes debout, les bras croisés, regardait l'assemblée de son œil froid et terriblement ironique au fond. A travers les cris, les phrases vociférées par les gardes nationaux, Chevreuse entendit néanmoins quelques mots du vieil officier.

— Est-ce que je suis venu vous chercher, moi ? je vivais tranquille, à la retraite bien gagnée par des blessures comme vous n'en montrerez pas... Quelques bons citoyens qui font partie de ce bataillon ont pensé que le devoir des vieux officiers était d'organiser la résistance à l'ennemi, et sont venus me proposer de les commander...

— Des mouchards ! hurlent quelques voix.

— La municipalité nouvelle a fait appel à mon patriotisme... j'ai été colonel d'un régiment de vrais soldats, je peux bien commander un bataillon de gardes nationaux !...

— A bas les prétoriens de l'empire ! que faisiez-vous le 2 Décembre ?

Le vieux soldat ne pouvait plus parler, il frappa du poing sur la tribune et d'une voix enrouée engagea une altercation avec les quatre barbes du bureau ; puis il haussa les épaules et descendit de la tribune. Pendant qu'il se frayait passage vers la sortie, une salve d'applaudissements accompagnait sa retraite.

Blaes regardait toujours les bras croisés et l'œil presque méprisant. Il fit un geste, la sonnette du président retentit, et le calme se rétablit.

— Je ne fais pas de profession de foi, dit-il, les citoyens qui ont parlé tout à l'heure au nom du comité central de la garde nationale, l'ont faite pour moi ! On me connaît ; l'Empire me connaissait aussi, mon journal le *Tocsin* a sonné longtemps d'avance le glas de ses funérailles !.. Entendons-nous bien cependant, la République, que j'entends défendre avec vous si vous me nommez votre commandant, ce n'est pas la république officielle, c'est la république démocratique et sociale !

— Aux voix ! aux voix !

— Non, pas de scrutin, inutile, que ceux qui veulent du citoyen Blaes pour commandant lèvent la main !

Un quart d'heure après Chevreuse retrouvait Blaes à la sortie.

— Eh bien, c'est fait, lui dit Blaes, enfin je suis chef de bataillon! du diable si je n'aurais pas ri au nez de celui qui me l'eût prédit il y a deux mois !.... J'entre dans un nouveau chemin, nous verrons ce qu'il y aura au bout.

— Moi aussi, c'est fait, dit Chevreuse, me voilà franc-tireur et je m'en vais dans quelques jours envoyer du plomb aux Prussiens ou en recevoir... existence nouvelle! Il me semble que ça m'intéressera beaucoup, mes nouvelles occupations! en attendant, descends-tu avec moi?

— Hélas non, me voilà forcé de rester ici avec mes officiers et mes hommes, ça c'est le revers de la médaille! Je suis même obligé de te quitter tout de suite pour courir à une réunion de chefs de bataillon....

— Alors, au revoir!

— À propos, reprit Blaes en revenant sur ses pas, Gardel est arrivé.

— Gardel est revenu de Bretagne? fit Chevreuse surpris.

— Il est arrivé hier soir; Ravenel l'a rencontré, moi j'étais pressé je n'ai pu chercher à le voir, mais il a paru tout à fait drôle à Ravenel, il a l'air très ennuyé...

— Je vais le voir tout de suite, dit Chevreuse, il va s'ennuyer tout seul, il ferait bien de s'enrôler dans les francs-tireurs avec moi... Au revoir!

Chevreuse prit l'omnibus de Belleville pour redescendre dans Paris, il reconnut le conducteur, c'était justement celui de l'omnibus qui avait exécuté quelques mois auparavant une si jolie course dans les petites rues du faubourg avec les émeutiers à sa poursuite.

III

Gardel et Octavie en rentrant dans Paris ne savaient trop quel parti prendre. Tout le plan bâti au mois de mai, au moment heureux du départ, s'écroulait. Gardel comptait revenir d'avance chercher un logement et préparer l'installation où Octavie devait venir le rejoindre ; de cette façon personne de l'ancienne maison ne savait rien. Mme Castellan, que l'on n'avait guère eu le temps de connaître d'ailleurs, disparaissait et tout était dit. Mais il n'était plus question de suivre ce plan, on ne pouvait plus songer à déménager pour beaucoup de raisons, parmi lesquelles la plus grave était la pénurie d'argent.

Tout était remis en question. Ruine et désastre partout... Pas d'espoir de recevoir avant la fin de la guerre, et encore si aucun malheur particulier ne touchait l'amateur, le prix des panneaux décoratifs terminés ; il fallait attendre et gagner la fin de la crise en réunissant toutes les ressources. D'ailleurs, n'allait-il pas comme tout le monde prendre le fusil pour défendre Paris assiégé ? Gardel ne demandait pas mieux. La fatalité des événements les condamnaient donc à remettre à des temps meilleurs le grand changement d'existence projeté ; s'il était encore vivant alors, s'il échappait aux dangers du siège, cela leur semblerait à tous deux meilleur et plus doux de se réunir après tant de traverses. En attendant il fallait reprendre l'ancienne existence séparée.

Pour ne pas rentrer en même temps qu'Octavie, Gardel la laissa regagner seule leur ancien domicile et passa une journée à errer dans Paris bouleversé. Que de changements depuis leur départ, que de catastrophes. Partout des préparatifs, des retranchements en avant des portes, des canons sur les talus des fortifications percés d'embrasures, des casemates en constructions, des gens en armes. Des troupeaux de bœufs au bois de Boulogne et des moutons par milliers, par dizaines de milliers, mangeant l'herbe ou le feuillage des arbres abattus. A l'intérieur tous les murs revêtus d'un habit bariolé de proclamations et d'affiches de toutes couleurs. Sur les boulevards qu'il parcourait à onze heures du soir d'un pas harassé, il retrouva les mobiles bretons avec lesquels il était arrivé le matin. Les pauvres gars, leurs blouses mouillées par une fine pluie d'automne, étaient couchés aussi harassés que lui sur le bitume autour des arbres du boulevard, devant la porte Saint-Martin. L'effrayant Paris qu'ils venaient défendre n'avait pas encore trouvé à les loger et ils allaient passer là des heures en songeant à la bonne vieille terre, aux landes fleuries et aux maisons de là-bas que beaucoup ne reverraient plus.

Le petit joueur de biniou était là avec son instrument serré contre lui, tous deux recroquevillés et l'air malheureux. Il leva ses yeux tristes sur Gardel et le reconnut aussi; un sourire passa aussitôt sur les lèvres du Breton; enfin, il reconnaissait une âme dans cette grande fourmilière terrible et inconnue! Gardel s'arrêta et lui serra la main, l'autre balbutia une phrase bretonne et avec beaucoup de peine, finit par trouver quelques mots français pour répondre à une interrogation de Gardel.

— Oui, monsieur, nous attendons, on doit venir nous chercher pour nous conduire à un endroit!... je crois que nous sommes perdus, nous traînons depuis le matin, on nous envoie tantôt ici, tantôt là, nous marchons, nous attendons... le pire est que nous n'avons pas soupé!

— Attendez, je reviens, dit Gardel.

Et il courut à la recherche d'un boulanger. Il n'y en avait pas dans les environs, ou les boutiques étaient fermées. Enfin il trouva un marchand de gâteaux, qui lui enveloppa ce qui lui restait, la moitié d'une grande galette. A l'entrée d'une petite rue un charcutier fermait; Gardel lui prit un chapelet de saucissons et revint en courant vers les Bretons.

Le petit joueur de biniou avait repris son air

résigné, il rougit et ouvrit de grands yeux à la vue des vivres.

— Tenez, dit Gardel, ça ne va pas très bien ensemble, mais ça ne fait rien, partagez avec les camarades, ce n'est pas grand chose malheureusement... Allons, bonne chance aux Bretons !

Il allait être minuit, il était temps de rentrer, Gardel prit le chemin de son domicile.

— Tout le monde revient, lui dit son concierge quand il arriva chez lui, à la bonne heure, je vous attendais tous les jours et j'avais peur que vous ne trouviez Paris bloqué !.. il est juste temps, vous savez, les Prussiens ont coupé la ligne du Nord, Mlle Gaudemar est arrivée d'Amiens ce matin avec Mme Castellan, et il paraît que des hulans ont tiré sur leur train !... La pauvre madame Castellan doit avoir eu bien peur, car elle est toute malade !

— Et Mlle Gaudemar ? demande Gardel.

— Oh ! Mlle Gaudemar n'a pas peur pour si peu, elle est toujours la même, aussi gaie et aussi bien portante !

— Je la verrai demain, moi j'arrive de Bretagne. Pas de hulans, pas de coups de fusils, mais le train a mis trois jours à faire le trajet.

Gardel dormit peu cette nuit-là, trop de pensées tristes se pressaient dans sa tête, il était tourmenté par trop d'inquiétudes. Qu'allait-il faire ? comment allait-il organiser sa vie ? mille gênes, mille soucis, et Mlle Gaudemar à côté, toujours entre Octavie et lui pour ainsi dire. Pour éviter les commérages des voisins, il allait falloir garder une réserve de tous les instants, et se condamner à une froideur perpétuelle; on ne serait plus toujours ensemble comme on en avait pris la douce habitude dans le petit nid sur la Rance près de Dinan.

Au jour, quand le soleil reparut brillant après l'ondée de la nuit, Gardel retrouva toute sa santé d'esprit, toute sa force. On allait avoir des ennuis, eh bien soit, on les surmonterait!

Il attendit avec impatience le moment où les convenances lui permettraient de sonner chez ses voisines. Heureusement on semblait à côté avoir autant de hâte que lui, on ouvrait bruyamment des portes, puis la voix de Mlle Gaudemar se fit entendre sur le palier.

Gardel ouvrit sa porte.

Mlle Gaudemar était là, toujours la même, les yeux pleins de gaieté, les mèches de ses cheveux crépus en désordre sur son front et sur son nez; et toujours dans son peignoir l'air d'un cuirassier habillé en femme.

— Bonjour, Gardel, dit-elle, eh bien, nous allons donc passer de mauvais jours ensemble? tenez, embrassez-moi, entre assiégés, c'est permis!

— Je suis bien heureux de vous revoir en si bonne santé, dit Gardel en l'embrassant, la province vous a réussi...

— Je me suis pourtant bien ennuyée là-bas, beaucoup plus que vous! dit-elle en le menaçant du doigt, mais vous voyez, je reviens engraissée,

en cas de disette, ça vous fait des provisions !
Allons, entrer, on veut vous voir !

Les deux portes du logement divisé en deux étaient ouvertes. Gardel aperçut Octavie dans sa chambre, le regardant d'un air anxieux.

— Allons, entrez donc, dit brusquement Mlle Gaudemar, on est inquiet de vous par là !... mais je vais voir Saugrenu, vous savez que j'ai eu beaucoup de peine à reconquérir les bonnes grâces de ce petit volage !

Mlle Gaudemar saisit le chat Saugrenu qui flânait dans l'autre chambre et rentra chez elle, laissant Gardel et Octavie seuls.

— Eh bien, ma chérie, dit Gardel en la serrant dans ses bras, es-tu remise de tes peines ? Il faut prendre nos ennuis en patience, c'est un temps à passer, ce siège durera un mois, deux mois peut-être, la crise passée, nous reprendrons nos projets !

— Et Mlle Gaudemar ? ajouta-t-il plus bas !

— Toujours aussi bonne, il n'y a rien de changé à son amitié, elle comprend les embarras de notre situation et nous conseille aussi d'attendre les événements avant de quitter cette maison : on ne sait ce qui peut survenir, il y aura peut-être de terribles jours à passer, il nous faut donc ménager nos ressources et les faire durer le plus longtemps possible. Pour couper court à la froideur résultant de la position fausse où nous nous trouvons et mettre tout le monde à l'aise, elle désire que nous déjeunions avec elle aujourd'hui...

— Comment vous êtes-vous retrouvées? demanda Gardel, le concierge m'a dit que vous étiez arrivées ensemble.

— Pas précisément, elle venait d'arriver d'Amiens une demi-heure avant moi peut-être, et le concierge l'avait à peine entrevue, comme elle entrait à la loge, pour demander des renseignements et reprendre Saugrenu, voilà que je descends de voiture devant la porte... Alors, avec beaucoup de présence d'esprit, avant même de m'embrasser, elle raconte au concierge qu'elle m'avait laissée à la gare pour des bagages perdus et elle me fait monter tout de suite. De cette façon la maison ne peut rien soupçonner... D'ailleurs, je crois que dans un moment comme celui-ci on ne s'occupe guère des faits et gestes de ses voisins...

— Et que t'a-t-elle dit ?

— Elle m'a dit que nous avions bien fait ! elle m'a dit que je ne pouvais traîner éternellement cette chaîne brisée et fuir le bonheur quand il s'offrait à moi... L'irrégularité n'est pas de notre fait, c'est la fatalité qui nous l'impose, mais un jour peut-être nous aurons cette preuve de la mort de Gometz qui nous manque, et alors tout sera réparé. Elle t'aime beaucoup et elle a grande confiance en ton caractère, elle pense que nous serons heureux... si...

— Si ? demanda Gardel.

— Si la guerre ne te prend pas ! dit Octavie s'efforçant de retenir les larmes qui lui montaient aux yeux.

— Bah ! ne pleure pas, nous traversons un orage, le soleil reparaîtra comme par le passé, la vie reprendra. Tout le monde ne meurt pas, je vais être garde national comme les autres, nous serons plusieurs centaines de mille, et quand le diable y serait, il en restera bien quelques-uns !

Gardel occupa la première journée à se réinstaller, il alla chercher ses bagages laissés à la gare et cloua sur les murs de son atelier les souvenirs des jours heureux passés dans les criques de la Rance. Il avait aussi à retrouver ses amis. Qu'étaient-ils devenus dans la tempête ? Contrairement à ses habitudes d'autrefois, il leur avait à peine écrit une fois ou deux pendant ce séjour en Bretagne.

Le café Henry quand il parut était vide, le souffle de Bellone avait éparpillé les clients; les étudiants étaient loin, les uns avaient été pris par la mobile, les autres servaient comme aides-majors dans des régiments ou comme ambulanciers quelque part; il y en avait même qui s'étaient fait nommer sous-préfets. Seul l'immuable Ravenel était encore là, avec sa pipe, devant un bock. Il n'avait rien de changé, sauf un képi sur sa tête aux cheveux poivre et sel.

— Te voilà revenu ! s'écria Ravenel, fichu moment, mon pauvre ami, mais après tout, tu as bien fait, ça va devenir intéressant.

— Et Chevreuse? et Blaes? et les autres? demanda Gardel.

— Tous un peu dispersés! Chevreuse est superbe, il a une ceinture rouge et des bottes splendides. Au 4 Septembre, il a pris la Chambre et l'hôtel de ville et quelques postes de sergents de ville, ses vieux ennemis!... Il a même chez lui un trophée de ses victoires : quatre épées de sergents de ville tordues et un bicorne! Cointal est chef de bataillon de la garde nationale, ça t'étonne, n'est-ce pas, Cointal devenu homme d'épée? Il est pourtant bien comme Panurge celui-là : *Je ne crains rien hormis les dangers!* ou bien : *Je crains tout, cher Abner, et n'ai point d'autre crainte!* Mais c'est un rusé matois, un fin renard, il trouvera moyen de se couvrir de gloire sans rien risquer de sa précieuse peau. Dans tous les cas, j'ai idée que son sabre est plutôt destiné à combattre nos institutions qu'à les défendre.

— Et Blaes? demanda Gardel.

— Même chanson que pour Cointal! Le *Tocsin* paraît toujours; Blaes a hésité après le 4 Septembre pendant quelques jours, il attendait quelque chose qui n'est pas venu, puis il a fait un bond dans l'opposition et maintenant il va se faire élire chef de bataillon; mais celui-là n'a pas froid à ses yeux bleus, nous verrons ce qu'il deviendra. Rambart est franc-tireur, Cochepin est garde national, quant à moi, mon cher, comme tu vois, j'ai pris le képi aussi! Je te dirai entre nous que je suis assez content, les événements m'intéressent, l'estomac s'améliore, j'ai pu diminuer de six bocks et de deux absinthes ma consommation quotidienne, je crois que je rajeunis!... nous allons être bloqués, veux-tu que je te dise mon espérance? Eh bien, ce que je demande c'est une disette des liqueurs susdites. Oh! si elles pouvaient manquer tout à fait! plus de tentations, plus de luttes, plus de combats, quelle tranquillité!

Gardel ayant été frapper chez Chevreuse et chez Blaes sans trouver personne, rentra chez lui. Mlle Gaudemar le vint chercher.

— Gardel, mon ami, dit-elle, venez admirer une chose que j'ai déjà fait admirer à Octavie; j'ai rapporté cela d'Amiens, mon cher, et vous m'en direz des nouvelles.

— Qu'est-ce donc? demanda Gardel en se laissant conduire.

Dans la chambre de Mlle Gaudemar la table, très grande, était entièrement couverte de pots de confitures de toutes les formes et de toutes les tailles; et il n'y en avait pas que sur la table, les chaises en portaient aussi et même la cheminée; Octavie était en train de les ranger et de les recouvrir de papier trempé d'eau-de-vie pour assurer leur conservation.

— Eh bien! qu'est-ce que cela? demanda Mlle Gaudemar en riant.

— Des confitures! dit Gardel, est ce que par hasard vous allez vous établir épicière, Mlle Gaudemar? l'art est dans le marasme, mais ce n'est pas une raison pour passer à l'ennemi !...

— Non, je ne m'établis pas épicière... Admirez seulement, il y en a de toutes les couleurs, une vraie palette ! des confitures jaunes : mirabelles, abricots, pêches ; des vertes : reine-claude, verjus ; des rouges de tous les tons : fraises, cerises, groseilles...

— N'allez pas plus loin, j'y suis, c'est une palette de confitures, vous avez obtenu du gouvernement la commande d'une copie, un tableau de Boucher, n'est-ce pas ?

— Non, mon ami, ces confitures ne sont pas pour faire de la peinture, c'est le prix de la peinture, et ces deux canards tout plumés, là-bas aussi ; montrez-lui les deux canards, Octavie ; il rage, il sait bien qu'il ne trouverait pas ce prix-là de la fameuse *Noce bretonne !*

— On paie donc la peinture en nature à Amiens ?

— Apparemment ! Voilà ce qui m'est arrivé : j'avais fait la connaissance au musée d'Amiens d'un petit tableautin de Girodet et pour oublier mes ennuis, je m'étais amusée à le copier, une toile d'un mètre cinquante environ... En quittant mon pensionnat, bouleversé par la guerre, j'ai fait cadeau de mon Girodet à la directrice, une femme charmante, et celle-ci, éblouie par cette munificence, n'a pas voulu demeurer en reste. Elle a fait invasion dans ma chambre, j'avais mes malles faites, elle me les a fait défaire de force et elle s'est mise à me les bourrer de confitures et de victuailles ; je me défendais, je luttais, mais en vain ! La directrice m'a expliqué que je lui rendais service, elle ne savait que faire de ses provisions, toutes ses pensionnaires ayant pris leur vol aux mauvaises nouvelles de la guerre. Ce sont donc des confitures préparées pour ces demoiselles que je rapporte, la directrice en a rempli une malle, elle en a glissé des pots dans une autre malle avec ces canards que je ne connaissais pas et que j'ai été surprise de trouver tout à l'heure !

— Agréable surprise par ce temps de siège, dit Gardel, savez-vous que l'on parle déjà de rationnement. C'est commencé, les Prussiens sont arrivés, j'ai entendu les premiers coups de canon tout à l'heure, du côté des forts du Sud, et j'ai vu devant les boucheries de longues queues de ménagères.

— Hélas ! dit Octavie en pâlissant, je les ai entendus aussi ces premiers coups de canon, et j'en ressens encore le frémissement !

— Taisez-vous, Madame Sang-de-Navet, fit M{{lle}} Gaudemar, soyez brave, ou je vous fais fusiller ! Je les ai entendus aussi, moi, et j'ai vu toute la rue mettre le nez aux fenêtres, mais j'ai retenu mes frémissements ! Je veux être héroïque, moi, je suis revenue ici pour me distinguer. Et savez-vous comment ? Je veux me distinguer surtout par mes qualités de ménagère, je veux montrer au monde ce que peut faire une femme artiste quand elle daigne s'en donner la peine ! Je laisse de côté la palette et les pinceaux, — si je pouvais envoyer mes œuvres à Amiens pour les faire payer en nourriture, je continuerais à me servir de mes pinceaux, mais les Prussiens ne laisseraient pas passer leurs produits — j'abandonne donc les pinceaux et je ceins le tablier du cordon-bleu, et je m'arme de la cuiller à pot ! Savez-vous enfin le projet que je nourris ? Celui de vous nourrir, mes enfants !

— Comment ? demanda Gardel.

— C'est bien simple, je viens d'en causer avec Octavie et j'ai parfaitement établi dans mon discours ces trois points : 1° l'économie est le premier de nos devoirs.

— Le plus impérieux et le plus douloureux ! dit Gardel.

— 2° Il serait bête à Octavie et à moi de nous en aller perdre notre temps à faire la queue séparément pour nos provisions, alors qu'une seule peut être chargée de ce soin ; 3° enfin, s'il serait, très bête, fort bête d'aller séparément chercher nos provisions, il serait non moins bête de les faire cuire séparément, chacune sur un petit fourneau. Donc, conclusion intelligente et économique, nous vivrons ensemble pendant tout le siège. Et je vais faire des merveilles ! Je n'ai jamais jusqu'à présent fait une cuisine très remarquable, puisque d'un bout de l'année à l'autre, je me contentais de prendre chez le charcutier de côtelettes aussi panées que moi et du fromage de gruyère, mais dans les circonstances actuelles, aux prises avec l'adversité, je sens que je vais me révéler cuisinière de premier ordre... Vous, Gardel, vous n'allez pas faire de manières, je prendrais un refus pour une injure personnelle, pour des doutes sur ma capacité! ne répliquez pas ! D'ailleurs vous me rendez service, c'est ma seule manière de me battre contre les Prussiens, si vous refusiez, il ne me resterait qu'à m'engager dans la garde nationale.

Gardel résistait encore malgré les signes d'Octavie.

— Dans tous les cas, s'écria Mlle Gaudemar, nous allons faire un essai avec mes canards, sapristi ! vous n'aurez pas le cœur de me les laisser pour compte.

Gardel essaya quelques objections que Mlle Gaudemar ne se donna même pas la peine de refuter.

— Ta, ta, ta, ta ! Il faut en passer par là, mon ami, vous croyez être en République, erreur, ici, c'est moi qui gouverne, vous n'avez qu'à vous incliner. Vous murmurerez si ma cuisine est mauvaise, je vous le permets ! Donc, je prends pour sceptre l'écumoire ; c'est moi qui serai de cuisine pendant qu'Octavie, pour augmenter les ressources de l'association, prendra l'aiguille. Elle va confectionner des vareuses pour la garde nationale ; on nous a parlé de ça tout à l'heure, ça fait notre affaire ! Moi, pour ces vulgaires travaux du sexe faible, je manque de vocation, je couds très mal, les vareuses se déchireraient ; au moment où nos braves gardes nationaux s'élanceraient pour une charge à la baïonnette, crac ! ils perdraient leurs deux manches et se trouveraient désarmés ! La cuisine, c'est une autre affaire. D'abord, c'est un art noble, je ne déroge pas ; ensuite, je suis née gourmande et l'occasion d'exercer mon vice se présentant, je la saisis aux cheveux et vous allez voir ce que je vais vous confectionner de mets délicieux !

— Et moi, que ferai-je ? dit Gardel en riant.

— Vous, brave citoyen, vous monterez la garde, vous ferez l'exercice et vous nous expliquerez les opérations militaires.

Il fallait se rendre. Gardel ne fit plus d'objections. La nouvelle association fonctionna immédiatement. Octavie et Mlle Gaudemar sortirent ; la première revint bientôt avec un paquet de vareuses toutes coupées, confiées à son aiguille par la mairie de Saint-Sulpice. Mlle Gaudemar fut plus longtemps dehors, elle reparut enfin avec un grand panier à provisions tout neuf, deux tabliers bleus pour la cuisine et un volume qu'elle mit sous le nez de Gardel.

— Qu'est-ce que c'est que ça ? devinez, dit-elle.

— Je ne sais pas, un roman, un volume de poésies pour charmer nos soirées, peut-être ?

— C'est la *Cuisinière Bourgeoise*, je vous ai dit que je voulais me distinguer, je me distinguerai !

Je vous prierai de ne pas faire trop attention à mes premiers plats, ils ne seront que des essais, des tâtonnements, de simples ébauches, vous mangerez en fermant les yeux, mais dans une huitaine, je serai de première force et vous jugerez.

En ouvrant les portes des logements de Mlle Gaudemar et de celui d'Octavie donnant tous deux sur une antichambre commune, on rétablissait l'ancien appartement tel qu'il était primitivement. Octavie s'installa dans sa chambre avec ses vareuses et Mlle Gaudemar prit possession de la cuisine. On put la voir pendant une heure se plonger dans la lecture de son livre, puis tirer gravement de son panier à provisions une botte d'oignons qu'elle se mit à éplucher.

— Gardel, dit-elle, venez plonger le fer de cette rôtissoire dans le sein de ce canard, je n'ai pas encore le cœur assez ferme pour faire ça moi-même. Merci, maintenant laissez-moi, je vais étudier le chapitre de la soupe à l'oignon, car je ne veux rien faire de chic.

IV

Le lendemain soir, les convives de Mlle Gaudemar achevaient de dîner et terminaient le deuxième et dernier canard d'Amiens, lorsque la sonnette de l'atelier de Gardel retentit violemment. Les premiers coups de sonnette n'ayant pas été entendus, le visiteur carillonnait à tour de bras.

Gardel se leva de table et courut ouvrir. A la clarté de la lampe, il distingua surtout une large ceinture rouge qui tirait les yeux, puis son regard montant de la ceinture rouge à la figure du visiteur, il reconnut Chevreuse.

— Enfin je te retrouve, dit Chevreuse, tu as donc changé de logement avec Mlle Gaudemar.

— Non, dit Gardel un peu embarrassé, je dînais chez Mlle Gaudemar.

— Et si vous étiez venu plus tôt, monsieur Chevreuse, dit Mlle Gaudemar, paraissant derrière Gardel, on aurait pu vous offrir une aile de canard.

— Fichtre! du canard pour des assiégés, vous vous nourrissez bien. Vous savez que l'on va nous rationner, je vais vous dénoncer comme accapareuse, mademoiselle.

— Hélas ! c'est fini, il n'en reste plus...

Gardel alluma une bougie et fit entrer Chevreuse dans son atelier.

— Te voilà donc revenu, dit Chevreuse, après avoir serré la main de son ami, je l'ai su après midi par Blaes et je suis accouru te voir. Que vas-tu faire ?

— Mais comme tout le monde, je me suis fait inscrire tout à l'heure à la compagnie du quartier et j'ai appris que notre commandant était Cointal. Et toi ?

— Moi, je fais partie depuis quelques heures d'un bataillon de francs-tireurs ; nous partons après demain occuper un poste en avant de Saint-Denis. Tu ne viens pas avec moi aux francs-tireurs ? De la vraie guerre, des émotions, tout le tremblement et pas trop de discipline, ça ne te dis rien ? Moi, j'attends le commencement avec impatience.

— Oui, oui, ça va être très gentil, tu veux me tenter, mais moi, je ne suis pas sûr que ce soit là ma vocation... Pour le moment, je suis garde national, je vais faire mon apprentissage du métier de foudre de guerre, nous verrons ensuite si la vocation vient...

— Blaes est chef de bataillon aussi, tu ne devinerais pas dans quel quartier ?

— Où ça ?

— A Belleville, il s'est abattu là-haut un tas de politiqueurs, soit dit sans offenser notre ami, des orateurs de réunions publiques, de vieux étudiants, des avocats et des journalistes, des fruits secs, un vrai bouquet de fleurs rouges, et ils ont tous été bombardés commandants tout de suite !... ça va être drôle par là !... C'est Blaes, une puissance dans le quartier déjà, qui m'a découvert mon bataillon de francs-tireurs, commandé par un vieux dur à cuire nommé Thibaudier, officier dans la mobile de 48, volontaire en Hongrie, en Italie, en Pologne, je ne sais où, partout enfin où l'on a tiré des coups de fusil pour la liberté. Ses officiers paraissent de même calibre, ce ne sont pas des braillards de clubs, ceux-là, ils reviennent, comme le commandant, des vraies aventures, il y a des Garibaldiens, des Crétois...

— Des Crétois ! fit Gardel, tressaillant soudain.

— Oui, qui ont combattu les Turcs avec Flourens.

— Tu les as vus ?

— J'en ai vu quelques-uns.

Gardel semblait tombé dans de profondes réflexions.

— Ah, des Crétois ? répéta-t-il.

— La Crète t'intéresse donc particulièrement ? Je ne te savais pas Philhellène à ce degré.

Gardel, pour éviter de répondre, parla de son séjour à Dinan. Chevreuse raconta la part qu'il avait prise au 4 Septembre et mit son ami au courant de tous les événements, ceux du quartier et ceux de la ville. Mais Chevreuse était pressé, il se leva bientôt, il avait encore tant de gens à voir, tant de cafés à visiter, pour porter à tous ses amis et connaissances la nouvelle de son enrôlement dans les francs-tireurs.

Avant de partir, il voulut serrer la main de Mlle Gaudemar.

Devant Octavie et la vieille copiste, Gardel lui dit en le reconduisant :

— A propos, quand tu seras aux avant-postes, dans l'exercice de tes fonctions de franc-tireur, écris-moi donc, j'irai te voir... je serais curieux de t'admirer et de causer avec tes Crètois !

Octavie et Mlle Gaudemar levèrent la tête au mot Crètois !

— C'est entendu, je t'écrirai bientôt. Au revoir, dit Chevreuse.

Quand il fut parti, Gardel et Octavie se regardèrent.

— Vous avez entendu ? dit Gardel, des Crètois ! Peut-être trouverons-nous là les preuves qui nous manquent !

— Quand je vous disais de ne pas désespérer ! s'écria Mlle Gaudemar. Cette preuve si nécessaire a l'air de venir d'elle-même au-devant de vous ! Admirez le hasard ! cette guerre qui fait revenir de Crète tous ces aventuriers juste au moment où vous avez besoin d'eux.

— Oh ! ne nous réjouissons pas si vite, dit Octavie, en admettant qu'il y ait parmi ces hommes des camarades d'aventures de... ce Gometz, que pourront-ils ? Vous raconter les circonstances de sa mort, et voilà tout !

— Qui sait ! Peut-être leurs déclarations pourront-elles servir, peut-être trouveront-ils un expédient pour la certifier officiellement.

— En attendant c'est une espérance, fit Gardel, chose précieuse en tout temps, aujourd'hui fort rare !

Les journées passaient. La première période du siège, celle de la confiance et de l'espoir, s'écoulait ; les jours difficiles allaient venir. Mlle Gaudemar avait fait ses preuves, l'organisation imposée par elle était bonne et permettait d'économiser le temps et les ressources pécuniaires. Avec beaucoup de délicatesse, elle s'efforçait de montrer à ses amis qu'elle les considérait comme des gens bien et dument mariés, empêchés par une circonstance quelconque d'avouer leur union.

— Vous êtes un petit ménage de province qui m'est tombé sur les bras, disait-elle, quand donc serai-je débarrassée de vous ! Que le diable, leur complice, emporte les Prussiens qui me forcent à vous garder !

Et elle s'en allait faire ses trois heures de queue à la boulangerie le matin et ses trois heures à la boucherie l'après-midi. Elle avait pris toutes les corvées pour elle ; en rentrant, elle se mettait à la cuisine, consultait gravement sa *Cuisinière Bour-*

geoise pour arriver à faire cuire un bifteack de cheval dans les règles ou pour réussir une éternelle soupe à l'oignon.

— Laissez-moi donc tranquille, bougonnait-elle quand Octavie voulait l'aider, la cuisine, c'est mon affaire, demandez à Gardel, c'est de la peinture je prépare et je fais cuire des natures mortes, ces études me serviront après le siège ! Quant à vous confier la corvée du pain ou de la viande, jamais, ma chère, entendez-vous jamais ! Vous n'avez pas la poigne nécessaire pour cela, madame Sang-de-Navet, il faut se bousculer, interpeller le garde national de service, le faire rire s'il est jeune ou le disputer s'il est vieux, pour attraper quelques grammes en plus de son compte, car je triche, mes enfants, je triche tant que je puis... Vous n'avez pas encore maigri, n'est-ce pas ? Eh bien, est-ce que vous pensez que c'est avec ce que l'on nous alloue par jour et par tête que je pourrais vous entretenir aussi frais, aussi dodus ? Allons donc ! Regardez les gens de la maison qui n'ont pas le bonheur d'être cuisinés par moi, et vous m'en direz des mauvaises nouvelles !

Quand Mlle Gaudemar disait qu'Octavie n'avait pas maigri, elle offensait un peu la vérité, Octavie avait maigri depuis le triste retour après les joies de l'été en Bretagne ; un changement semblait se faire en elle, la tristesse la gagnait de plus en plus, chaque jour elle semblait plus pâle et plus abattue. Ce n'était plus la légère mélancolie d'autrefois, au

souvenir des malheurs passés, mais une tristesse
âpre et violente, des larmes coulant lentement et
silencieusement une à une pendant des heures,
quand elle était seule, des accès qui lui laissaient
à peine la force de travailler à ses vareuses pour
la garde nationale.

Gardel s'en apercevait bien, mais il était souvent dehors, aux remparts, avec sa compagnie, ou
à l'exercice derrière le Luxembourg. Il s'impatientait de n'avoir pas de nouvelles de Chevreuse,
chaque jour maintenant il l'attendait, lui ou une
lettre. Où aller le chercher, dans quelle compagnie de francs-tireurs le découvrir? Octobre tirait
à sa fin et cet étourdi n'avait pas écrit. Déjà quelques combats avaient eu lieu et aux avant-postes
les petites escarmouches, les fusillades de détail
étaient journalières. Une balle allemande l'aurait-elle arrêté dès ses débuts dans la carrière?

Il fut enfin tiré d'inquiétude en trouvant un
matin, après une nuit de garde au bastion, ce billet de Chevreuse :

« Mon cher ami,

« Veux-tu faire au lieutenant de francs-tireurs
« Alfred Chevreuse l'honneur et le plaisir de venir
« déjeuner avec lui demain matin? J'arrose mes
« galons, mon cher, je suis lieutenant d'avant-hier
« et hier — les grandes joies se succèdent — hier
« j'ai capturé... M. de Bismark? Hélas non, pas

« même une patrouille prussienne — une poule
« qui errait, la malheureuse, sans propriétaire et
« sans gîte, dans la plaine entre Bagneux et le
« fort de Montrouge. J'ai eu la férocité de lui
« faire son affaire d'un coup de revolver à quinze
« pas et il s'agit maintenant de faire disparaître le
« corps de ma victime. En es-tu? J'y compte. Tu
« me verras je suis très chic! Aussi chic que les
« autres, Polonais, Garibaldiens ou Crètois. A de-
« main, ne tarde pas, nous serions déménagés!

« A toi,

« CHEVREUSE. »

« P. S. — J'oubliais de te donner mon adresse.
« Elle est compliquée. En pleins champs, en avant
« du fort de Montrouge et de la grange Ory. Der-
« rière une maison écroulée, à côté d'une grande
« roue de carrière. Sors par la porte d'Orléans,
« après le fort, tu demanderas les francs-tireurs
« Thibaudier. »

Gardel prit à peine le temps de déposer son fusil et d'embrasser Octavie.

— Enfin, dit-il, j'aurai peut-être la chance de découvrir quelque chose, je me sauve tout de suite pour ne pas manquer Chevreuse. Il faut encore que j'aille prendre un laissez-passer à la mairie, je n'ai que le temps!

Il s'en allait lorsque Mlle Gaudemar le rappela.

— Vous allez déjeuner à la campagne et vous

de murs ouverts par de grandes brèches et percés n'emportez pas votre plat, vous êtes presque un pique-assiettes, mon ami ! Tenez, dit-elle en fourrant de force dans la poche de sa vareuse un des pots de confiture rapportés de son pensionnat, tenez, c'est de la mirabelle, vos francs-tireurs doivent en manquer aux avant-postes ! Vous aurez du succès là-bas ! au revoir et bonne chance !

Gardel avait monté deux factions pendant la nuit et n'avait guère pu dormir, mais il ne sentait pas le fatigue. Après avoir pris un laissez-passer il gagna la porte d'Orléans à pied et s'engaga dans la campagne désolée.

Au sortir du Paris bruyant et remuant, après les remparts garnis de gardes nationaux, les bastions changés en petits camps, animés par les exercices, les patrouilles, les cuisines en plein air et les jeux de bouchon, par tout le mouvement et la gaieté de bataillons pour lesquels la guerre n'avait encore rien eu de bien sérieux, la tristesse et la désolation de la campagne ravagée apparaissaient saisissantes.

Le temps était sombre, pas un coin de bleu dans le ciel d'un gris uniforme, pas même un de ces nuages noirs qui sont une menace mais qui marchent et qui semblent vivre. La route s'enfonçait morne dans l'espace gris, bordée de troncs d'arbres coupés dont les squelettes pourrissaient dans les champs ; de loin en loin, après les ruines des glacis débarrassés de leurs bâtisses par l'incendie, des maisons abandonnées, des jardins dévastés entourés de meurtrières. Personne sur la route sauf un cavalier galopant vers le fort de Montrouge, dont la silhouette toute bosselée de talus semblait boucher l'horizon.

Près du fort la vie reprenait. Des soldats et des mobiles montaient la garde ou se rendaient à des corvées. Une grande cour de ferme était pleine d'artilleurs et de fantassins ; plus loin une douzaine de pièces de campagne attendaient tout attelées. Dans un petit chemin complètement obstrué d'arbres coupés, des mobiles s'étaient arrangés un campement, avec des cabanes de feuillages et des abris en planches. Des fumées de cuisines montaient et réchauffaient le cœur; cette fumée qui monte droit vers le ciel, ce n'est pas seulement la soupe qui se fait, c'est mieux que cela, quelque chose comme le symbole de l'espoir matériel survivant à tous les désastres.

Gardel sourit, cette fumée le réconfortait véritablement. Il était arrivé sur les glacis du fort de Montrouge, sur le côté faisant face à Bagneux; au delà, c'était le vide, quelques lignes de tranchées, les derniers avant-postes et l'ennemi. A ce moment la grande voix du fort, silencieux jusque-là, tonna au-dessus de sa tête. Une autre fumée monta blanche dans le ciel gris, Gardel la regarda et dans son esprit la mit en parallèle avec l'autre, cette fumée des pièces de marine du fort. C'était l'espoir moral, la grande espérance nationale qui s'élevait comme une prière vers le ciel.

Après avoir considéré quelque temps les coteaux en face du fort, ces coteaux silencieux mais formidables, Gardel se remit en marche. Où était Chevreuse? Il y avait dans la campagne en face bien des ruines de maisons occupées par les grand-gardes. Un factionnaire l'arrêta. On n'allait pas plus loin. Gardel parlementa.

— Les francs-tireurs? dit le soldat. Il y en a dans les maisons de Cachan à cinq cents mètres sur la gauche, allez voir si c'est les vôtres...

Des mobiles bourguignons, l'air fatigué, les mains dans les poches et le fusil en travers sur le sac, descendaient en chantant vers Arcueil:

> De la garde mobile
> Nous avons plein le dos,
> On n'est jamais tranquille,
> On ne boit que de l'eau!

Gardel les suivit par des ruelles conduisant au fond de la petite vallée où serpente la Bièvre. Là toujours des campements de mobiles. Les arches de l'aqueduc étaient murées ou barricadées. A travers les champs ou les jardins aux murs éventrés, Gardel gagna l'autre revers de la vallée et remonta la pente. En haut, une redoute armée de deux canons défendait l'aqueduc et plus haut encore la redoute des Hautes-Bruyères, un formidable ouvrage en terre jaune, occupait tout le plateau; de là le regard embrassait, jusqu'à la vieille tour de Montlhéry plantée sur les derniers renflements bleuâtres, un immense horizon, des villages, des villages et des villages, tous ennemis, tous bondés de Prussiens, tous crénelés, barricadés, garnis de milliers de canons tournés sur Paris.

Gardel remonta une ligne de tranchées qui courait en zigzags sur le flanc du coteau et descendait dans la vallée en avant des Hautes-Bruyères.

— J'arriverai au but en suivant ces tranchées, se dit-il, mes francs-tireurs doivent être par ici dans quelque poste...

— Les francs-tireurs? dirent les premiers soldats qu'il rencontra en train de déménager des planches d'une maison abandonnée pour confectionner des abris dans les tranchées, ils sont de l'autre côté des Hautes-Bruyères, en avant de Villejuif, tenez, demandez au capora' qui revient de Villejuif...

— Non, ils sont partis, fit le caporal interpellé, on les a envoyés sur la Marne, à Créteil, je crois...

Gardel s'arrêta. Il jouait de malheur, il allait encore falloir attendre une lettre de Chevreuse! Partis juste quand il arrivait!

— Partis ce matin? demanda-t-il pour l'acquit de sa conscience.

— Mais non, dit le caporal, il y a au moins huit jours.

— Ce ne sont pas les miens alors! Voyons, vous n'en connaissez pas d'autres dans les environs!

— Attendez, dit un soldat, j'ai été voir un pays aux mobiles de la Côte-d'Or, ils sont avec des francs-tireurs, descendez au fort de Montrouge.

— J'en viens !

— C'est par là, vous tournez le fort et vous marchez tout droit, comme qui dirait en pointe sur le clocher de Châtillon, n'allez pas trop loin par exemple ! On vous empêchera de passer d'ailleurs et ceux qui vous empêcheront, c'est les moblots de la Côte-d'Or... Les francs-tireurs sont tout à côté, entre Bagneux et Châtillon.

— C'est vrai, pensa Gardel, Chevreuse me parle de Bagneux, où avais-je la tête !

Il reprit rapidement le chemin déjà parcouru et retrouva le fort qui continuait à envoyer majestueusement à intervalles égaux quelques obus sur les coteaux en face. Comme l'avait dit le soldat, à cinq cents mètres de la route sur la droite du fort, des mobiles l'empêchèrent d'avancer.

— Où allez-vous? demanda un officier.

— Je vais voir quelqu'un aux francs-tireurs Thibaudier. Savez-vous où je puis les trouver? demanda Gardel.

— Dans les maisons là-bas, à deux cents mètres, répondit l'officier, suivez la tranchée surtout, si vous ne voulez pas recevoir une balle.

Gardel regarda dans la direction indiquée par l'officier, il aperçut la grande roue de carrière indiquée comme point de repère par Chevreuse.

— Enfin, dit-il, je les tiens !

Il s'avança rapidement dans la tranchée; à cent pas de distance un homme venait au-devant de lui, à certaine façon de se redresser Gardel reconnut Chevreuse.

— Eh bien, traînard ! cria Chevreuse qui l'avait aussi reconnu, est-ce qu'un convive qui possède du savoir-vivre se fait attendre comme ça ! Arrive donc, ma poule sera dure !

— Mon cher, il faut t'en prendre à toi-même, tu donnes des adresses bien incomplètes... Mais, voyons, comment vas-tu ? Très bien, je le vois, permets-moi de t'admirer.

— Admire, mon bonhomme, je t'ai fait venir pour ça ! Suis-je bien avec mes bottes et mon chapeau à plumes ? J'ai l'air d'un brigand, n'est-ce pas ?

— Tu es pittoresque ! Mais quel arsenal, un sabre, un revolver et un fusil en bandoulière, tu es officier et tu as un fusil ?

— Je suis lieutenant, et j'ai un fusil parce que je suis en même temps bon tireur ; quand l'occasion se présente, j'aime assez à faire parler la poudre ! Mais dépêchons-nous que je te fasse voir mon installation.

Le domicile de Chevreuse était établi dans les ruines d'une maison, à la pointe d'un angle de la tranchée. Il n'en restait guère de la pauvre maison, bien heureuse et bien joyeuse peut-être trois mois auparavant ! Un pignon et le côté de la façade tournée vers Bagneux, et c'était tout ; le toit ainsi que les planchers du premier étage et du grenier gisaient par terre, l'escalier pendait lamentablement. Au premier étage sur le pignon, les papiers de tentures étaient intacts, des gravures encadrées restaient accrochées proprement, il y avait encore deux petits vases en porcelaine sur la cheminée. En avant de la maison, un grand mur percé de meurtrières renforçait la tranchée, la porte cochère en bois était soutenue par des poutres et par un tas de pavés ; enfin, avec des troncs d'arbres et des tonneaux pleins de pierres, on avait obstrué une large brèche ouverte sur le mur en retour.

Au fond de la tranchée, avec les solives et les portes de la maison, les francs-tireurs s'étaient arrangé un petit poste. Chevreuse y fit entrer son ami, il y avait des matelas et de la paille pour la nuit. Au dehors, quelques hommes achevaient de manger la soupe et d'autres s'en allaient à la chasse aux légumes par les champs.

Une espèce de reserre adossée à la maison restait à peu près debout ; le toit s'était affaissé, mais on avait bouché les interstices de la muraille avec des planches et remplacé les tuiles manquant à la couverture par des bouchons de paille. C'était très habitable et même confortable. Chevreuse le déclara, il n'y pleuvait guère que par les grandes ondées.

Chevreuse avait établi là son domicile, c'était sa chambre à coucher et aussi sa salle à manger. Le couvert y était dressé, un capitaine et un autre lieutenant attendaient le convive retardataire avec le couvert mis sur un guéridon.

— Messieurs, je vous présente mon ami Gardel, homme jadis exact, mais que la guerre a détraqué sans doute,... mon cher, mes amis et collègues, le capitaine...

— Oh ! des cérémonies aux tranchées, dit le capitaine.

— Soit, pas de cérémonie, des lapins, voilà ce que je voulais dire ! Assieds-toi, Gardel.

— Mille excuses, messieurs, pour mon retard, dit Gardel en riant, mais votre domicile était assez difficile à trouver, j'ai un peu erré du côté des Hautes-Bruyères, où l'on m'avait signalé d'autres francs-tireurs...

— Allons, si la poule est trop dure par ta faute, dit Chevreuse, nous nous constituons en conseil de guerre et nous te condamnons à faire de la salle de police ; maintenant déjeunons, je sonne la cuisinière, Joséphine, servez !

Un grand franc-tireur barbu entra portant la fameuse poule sur un plat.

— Sera-t-elle succulente ? Est-elle maigre, est-elle grasse ? Voilà la question, dit Chevreuse, en s'armant de son couteau pour découper.

— Elle est grasse, lieutenant, dit le franc-tireur, une vraie poularde !

— J'en suis enchanté, j'y mets beaucoup d'amour-propre ; messieurs, mais c'est ma première prise... la coquine trouvait à se bien nourrir dans la plaine, elle avait de la chance !

— Ce satané Chevreuse qui voulait inviter tout

le bataillon pour manger sa prisonnière, fit le lieutenant, nous sommes déjà quatre, c'est plus que suffisant, heureusement que la fusillade de ce matin a empêché les autres de quitter leur poste !

— On s'est battu ce matin ? demanda Gardel.

— On a tiraillé comme tous les jours, un peu plus que tous les jours, parce qu'il y avait du brouillard et que, des deux côtés, on en a profité pour s'avancer entre les lignes.

— Grâce à ce brouillard, j'ai pu ajouter un superbe plat de pommes de terre frites à mon menu, dit Chevreuse; je guignais depuis quelques jours un jardin là-bas en avant de Bagneux, mais il n'y avait pas moyen d'y arriver : les postes prussiens sont à deux cents mètres derrière ces murs crénelés.

Par un petit créneau ouvert dans le mur de la resserre donnant sur la plaine, Chevreuse indiqua à son ami les clôtures des parcs et des jardins de Bagneux, courant en lignes irrégulières au bas du côteau à six ou huit cents mètres.

— Tu vois, dit-il, nous sommes très voisins avec messieurs les Prussiens; mais attendez, je vais boucher mon créneau pour qu'une balle ne vienne pas déranger notre déjeuner, ce serait bête !

Chevreuse prit un sac rempli de terre et l'enfonça dans l'ouverture du mur.

— Là, comme ça, pas de courants d'air ou de projectiles indiscrets ! Je disais donc à Gustave... Allons, Gardel, une cuisse? Capitaine, l'autre cuisse?

Gustave, à nous deux les ailes ! Je disais donc à Gustave : voilà un jardin qui doit receler bien des légumes et des fruits !

Chevreuse, exubérant et plein d'affectuosité, avait la manie d'appeler les gens par leur nom de baptême ; quand il avait pris deux bocks avec quelqu'un, il lui semblait que des liens fraternels l'attachaient pour la vie à ce quelqu'un, il possédait ainsi une foule d'amis intimes qu'il appelait Charles, Paul ou Eugène, mais de qui sans doute il eût été bien embarrassé de dire le nom de famille.

Gustave, c'était le lieutenant. Chevreuse et Gustave se tutoyaient déjà.

— Mais Gustave disait : Oui, mais c'est pour ces chinois de Prussiens ! Et je considérais toujours mon jardin avec des yeux en coulisse; vrai, je m'étonne que le magnétisme de mon regard ne l'ait pas fait se rapprocher de lui-même ! J'avais l'intention d'y aller la nuit, mais, la nuit, les Prussiens y mettent un poste qui rentre le matin dans leurs lignes. Ce matin, au brouillard, je pars avec six hommes, nous arrivons sans encombre; pas de Prussiens, ils venaient sans doute de rentrer chez eux ; je place un homme à la brèche donnant sur Bagneux pour surveiller l'ennemi et nous nous mettons à la besogne. Nous trouvons des choux, des carottes, des pommes de terre, moi je récoltais des pêches et des raisins ; nous étions déjà chargés lorsque tout à coup, pan, pan ! C'était mon factionnaire qui tirait. Les Prussiens avaient eu la même pensée que nous et il nous arrivait par Bagneux quelques maraudeurs. Mon factionnaire les avait laissés s'approcher et, au bon moment, une balle de chassepot dans le tas ! Les autres déguerpissent rapidement, mais voilà, des murs de Bagneux, tout près, les coups de fusils qui partent. On tire sur nous, nous nous amusons à répondre, puis, au bout d'un instant, nous apercevons une petite troupe qui se glisse de notre côté ; ils sont trop nombreux pour nous, d'ailleurs nous tenons l'objet de nos vœux, nos provisions ; le temps d'envoyer une prune aux Prussiens et de cueillir à la hâte une pêche ou deux, et en route ! Nous regagnons nos tranchées sans accident, pas de tués ni de blessés. La fusillade allumée par nous s'étend sur toute la ligne des hauteurs, nous l'entendons gagner la rive gauche vers Villejuif, crépiter sur la droite du côté de Châtillon et Clamart. Elle s'est éteinte peu à peu, en même temps que se dissipait le brouillard, mais elle peut reprendre d'un moment à l'autre... N'empêche, mon ami Gardel, qu'après le plat de pommes de terre frites, tu vas goûter des pêches et du raisin de Bagneux.

— Et moi qui vous avais apporté un pot de confitures, dit Gardel, en mettant sur la table le pot de confitures de Mlle Gaudemar, qu'il avait posé en entrant sur la table.

— Il ne sera pas de trop, nous avons tous de l'appétit, aux francs-tireurs ! Des confitures de famille, tu fais donc des confitures maintenant ?

— Non, on me les a données pour toi, ma voisine, tu sais...

— Quelle voisine, la jeune?

— Non, dit Gardel rougissant.

— Ah oui, mon ennemie intime, je la croyais à Amiens... elle est donc revenue pour le siège?

Gardel, pour détourner la conversation, se mit à parler de la guerre.

La poule allait être expédiée, le cuisinier de Chevreuse l'avait dit, c'était une vraie poularde. Une bonne odeur de friture qui se répandit dans la petite reserre annonça l'entrée des pommes de terre frites.

— Sacrebleu! mon parfum favori, la friture! que ça sent bon! dit Chevreuse, j'en retournerai certainement chercher, des pommes de terre!

A ce moment le fort de Montrouge se remit à tonner et un peu plus sourdement la redoute des Hautes-Bruyères fit entendre sa grande voix. La maison trembla, les vitres des quelques fenêtres encore accrochées à la façade résonnèrent.

— Allez, la musique! les forts ont aperçu quelques travailleurs sur les hauteurs! Jusqu'à présent, dit Chevreuse, les batteries que les Prussiens installent sur le plateau ont à peine répondu, mais il est probable qu'avant peu de jours le grand concert commencera.

— Pourquoi ne m'as-tu pas écrit plus tôt? demanda Gardel, tu m'as laissé sans nouvelles malgré ta promesse.

— Pourquoi? demande à Gustave, le temps m'a manqué ! nous allons d'abord en avant de Saint-Denis, nous nous installons dans une grande usine et nous commençons notre apprentissage ; — je parle seulement pour moi et Gustave, le capitaine étant un ancien — de notre usine, nous allons à Stains, premiers coups de fusil, de Stains au Bourget ; à peine installés au Bourget, on nous envoie à Bobigny, dans un village incendié qui brûlait encore... J'allais t'écrire de nous venir voir à Bobigny, je commençais à nous trouver pittoresques, nous étions campés avec des moblots parisiens dans l'église à moitié brûlée. Crac ! on nous fait déménager encore, nous passons de l'autre côté de Paris et depuis une huitaine nous garnissons les tranchées sous Bagneux !

> Ah qu'il fait donc bon,
> Qu'il fait donc bon,
> D'cueillir la fraise,
> Au bois de Bagneux...

chantonna le lieutenant Gustave.

— J'y ai été souvent ! soupira Chevreuse.

— Et moi donc ! s'écria Gustave.

— Et moi ! fit le capitaine.

— Vous êtes donc de Paris, capitaine ? demanda Gardel.

Chevreuse et le lieutenant Gustave éclatèrent de rire.

— Un peu, je crois, et il y retourne bien souvent, le capitaine, je le soupçonne fortement de trahir Bellone pour une déesse plus aimable...

— Tout à l'heure, Chevreuse a nommé le capitaine, et il m'avait semblé entendre un nom slave...

Chevreuse se mit à rire.

— J'ai dit le capitaine Serre-la-vis... Serre-la-vis ?

— J'avais entendu Serlavitz.

— Serre-la-vis est un surnom du capitaine, dit le lieutenant.

— Bien gagné ! dit Chevreuse.

— C'était à Stains, reprit le lieutenant, entre nous et l'ennemi, presque dans les lignes prussiennes, il restait quelques petits châteaux ou maisons de campagne abandonnées ou inoccupées ; le capitaine qui a du flair les regardait toujours : « Je suis sûr qu'il y a du champagne qui moisit là-dedans ! disait-il. »

— Parbleu, fit le capitaine, ce n'est pas difficile, voyez les maisons de Bagneux ou de Châtillon, je vous indiquerais d'ici celles dont la cave doit être restée bien garnie, avec des fioles antiques dans des caveaux murés... C'est un instinct... malheureusement c'est chez messieurs les Prussiens et ils ont du flair aussi !...

— Une nuit, poursuivit le lieutenant Gustave, le capitaine n'y tient plus. Il ne sera pas dit que nous aurons laissé du champagne aux Prussiens quand nous pouvons le boire nous-même ; nous partons à trois, le capitaine, moi, simple fourrier alors, et

Bullot, un grand gaillard, solide, avec des pattes énormes, tué malheureusement quelques jours après à Bobigny. C'était vrai, il y avait du champagne dans la première cave où le flair du capitaine nous conduit, mais il y avait aussi un Prussien occupé comme nous à la recherche des précieux liquides. Il avait rempli un panier de bouteilles, et il en avait décoiffé une, le gourmand. En même temps dans la rue nous entendons sonner des bottes prussiennes assez nombreuses. Que faire ? Le Prussien faisait toujours glou! glou! nous retirer bredouilles était dur ! — « Serre la vis », glisse le capitaine à l'oreille de Bullot. Bullot comprend, il étend ses longs bras, attrape le Prussien au cou... Les glouglous s'arrêtent instantanément, la bouteille se brise. Le bruit de bottes en haut devient plus fort. Bullot jette le Prussien qui gigotte sur son épaule, je prends le panier du Prussien, le capitaine enlève deux bouteilles et nous décampons.

— Vous voyez que ça n'a rien d'héroïque, dit le capitaine en riant.

— Et depuis ce temps le capitaine est devenu le capitaine *Serre-la-vis !* Un prisonnier et douze bouteilles de champagne, c'était gentil ! Il devrait bien nous en trouver autant un de ces jours !

Le capitaine Serre-la-vis ne répondit pas, il avait pris machinalement le pot de confitures apporté par Gardel et semblait s'absorber dans la contemplation du mot *Mirabelles* écrit par Octavie.

V

Depuis quelques instants, en même temps que la canonnade des forts, la fusillade venait de reprendre. Cette musique avait commencé par quelques coups lointains et maintenant les détonations éclataient fortes et nettes.

— Qu'est-ce que c'est ? dit Chevreuse en ouvrant son créneau, ces messieurs ne veulent pas nous laisser déjeuner tranquilles ? Oui, voilà tous les murs de Bagneux et de Châtillon qui s'allument. C'est bon, c'est bon, on va leur répondre. Allons, le café, messieurs !

Les convives de Chevreuse avalaient leur café debout sur la porte de la reserre.

— Ecoute, dit Chevreuse en posant le bras sur l'épaule de son ami, entends-tu ?

Des sifflements doux et stridents traversaient rapidement l'air.

— Les balles ! répondit Chevreuse à l'interrogation muette de son ami, c'est sur ma maison que l'on tire. Floc ! en voilà une qui s'aplatit sur mon mur !

Par le créneau, Gardel apercevait en face des lignes françaises les collines constituant le plateau de Châtillon célèbre depuis le commencement du siège. Juste devant le poste des francs-tireurs, après une première ligne de jardins et de parcs fermés de murs, le village de Bagneux massait ses maisons sur la pente du coteau. A gauche de l'église le drapeau des ambulances flottait sur une haute maison. Les grands jardins boisés s'en allaient rejoindre dans un vallonnement à droite les jardins du village de Châtillon, serré autour de la petite église et couronné par des masses de verdure au-dessus desquelles un moulin étalait ses grandes ailes immobiles.

Les villages en apparence abandonnés, muets tout à l'heure et comme figés dans un silence de sépulcre, semblent se réveiller et s'animer. On ne voit personne, rien que de la fumée montant en flocons au-dessus des arbres, et de tout petits et fugitifs éclairs rouges s'allumant le long des murs.

Les francs-tireurs sortaient de leur poste et se rapprochaient des créneaux, il y en eut un qui monta sur le toit de la reserre de Chevreuse et qui, abrité par un pan de mur, assis commodément sur une solive, le fusil entre les jambes, se mit à surveiller les jardins en face. Chevreuse, la lorgnette à la main, regardait par une ouverture.

Tout à coup deux coups de fusil éclatèrent. Le franc-tireur du toit venait de tirer et avec lui un de ses camarades posté dans les décombres derrière la maison.

— Sur quoi tirez-vous? demanda Chevreuse au franc-tireur perché au-dessus de la reserre.

— Sur la maison de briques là-bas, répondit le franc-tireur, les Prussiens ont une cour à traverser pour gagner leurs tranchées et je les vois passer.

— Bon, je vois aussi, dit Chevreuse.

Et armant son chassepot, il tira rapidement par son créneau.

— Tu vois, cria Chevreuse à Gardel, je t'ai fait faire une promenade intéressante?

— Oui, oui, dit Gardel, ça devient tout à fait intéressant, pourvu que je rentre complet dans Paris, je n'aurai qu'à me louer de ta réception... A propos, vous avez ici d'anciens Crètois, tu m'as dit?

— Et des Garibaldiens aussi, mais le capitaine est un ancien de Crète, n'est-ce pas, capitaine?

— Hé? demanda le capitaine qui monté sur les pavés barricadant la porte cochère regardait par-dessus le cadre massif de la porte.

— Vous revenez de la Crète? dit Chevreuse.

— Pas directement, mais j'en reviens, répondit le capitaine.

— Vous avez combattu les Turcs, capitaine? demanda Gardel, dans quelle partie de l'île opériez-vous?

— Drôle de guerre et drôle de pays! fit le capitaine descendant de son tas de pavés, il y avait des bandes d'insurgés un peu par toute l'île, mais dans la montagne seulement, moi j'étais avec quelques Français et une bande de Sparkiotes dans les monts Aspravoura; les Turcs ne montaient pas nous chercher, c'était nous qui descendions de temps en temps pour escarmoucher avec eux. Mais rien de sérieux, nous passions notre vie à nous ennuyer dans les villages de la montagne...

— Vous y êtes resté longtemps, capitaine? demanda Chevreuse apportant un fauteuil devant un créneau et s'installant, le chassepot à portée de la main.

— Un peu plus de dix-huit mois.

— Fichtre! Il y avait bien quelques petites Crétoises?

Le capitaine se mit à rire.

— Il y avait des Crétoises, mais il y avait surtout une petite Albanaise qui fut ma part de prise dans une expédition.

— Je vous reconnais là, capitaine, maintenant je m'explique la longueur de votre campagne. Hélas! ici nous n'avons pas de pareilles prises à espérer. Etait-elle aimable?

— Mais, assez, dit le capitaine, elle était gentille. Nous avions pillé un village turc et l'habitation d'un pacha quelconque dans une expédition qui ressemblait un peu plus à du brigandage qu'à de la vraie guerre; mes hommes emmenaient les bestiaux dans la montagne et je surveillais l'opération, lorsque j'aperçus dans la villa de mon pacha deux Sparkiotes en train de maltraiter cette Albanaise pour lui enlever, je crois, quelques bijoux. Je suis intervenu... et à partir de ce moment-là, je ne me suis plus ennuyé autant dans nos rochers.

— Avez-vous connu, dit Gardel se rapprochant du capitaine, pendant votre séjour en Crête...

— Voilà le brouillard qui reparaît, fit Chevreuse, attention, les Prussiens vont faire comme ce matin et s'approcher de nos lignes...

Les coups de fusil éclataient dans les environs du poste des francs-tireurs avec plus d'intensité.

— Veux-tu faire comme nous, Gardel? dit Chevreuse, nous aurons bien un chassepot à te prêter...

— Je n'ai pas souvent essayé mon adresse; mais enfin, nous verrons... je voulais vous demander, capitaine...

— Ah! oui, dit Chevreuse, et cette Albanaise, capitaine? Qu'en avez-vous fait?

— Mon Albanaise! les Turcs me l'ont reprise! Elle est restée sept mois dans la montagne, puis un beau jour, pendant que nous étions à escarmoucher en plaine, une colonne turque s'est aventurée jusqu'au village que nous occupions, l'a brûlé et m'a emporté mon Albanaise...

— C'est assez commode pour les ruptures dans ce pays-là, fit Chevreuse, on s'en va d'un côté, les Turcs viennent de l'autre et l'affaire est faite, pas de scènes, pas de larmes! oh! l'Orient, voilà un pays pratique.

— Et l'Albanaise partie, l'ennui est revenu, hélas ! Elle était charmante, la pauvre Zulma ; — elle s'appelait d'un diable de nom bizarre qui ressemblait à un roucoulement, pour plus de commodité je l'avais traduit en Zulma. — Oh ! tout de suite elle avait pris philosophiquement son parti, et même elle me préféra bien vite à son pacha, soit dit sans fatuité. Par exemple, nous avions une bien pauvre conversation, elle parlait turc et moi français, ce qui fait que nous n'aurions guère pu nous disputer même si l'idée nous en était venue, mais elle chantait de jolies chansons turques ou albanaises, dont je ne comprenais pas un traître mot, mais où je me plaisais à mettre beaucoup plus de poésie qu'il n'y en avait peut-être réellement... Il y a quelque part dans le gynécée d'un Turc à Candie, à la Canée ou à Constantinople, une Albanaise qui pense quelquefois à moi et qui ne se doute certainement pas de ce que je fais en ce moment.

— On tiraille bien, dit Chevreuse en écoutant, c'est du côté de la ferme où nous avons le reste du bataillon.

— Des coups de fusil dans le brouillard, beaucoup de bruit pour rien, dit philosophiquement le capitaine, je vais y aller voir... Pour en revenir à la Crète, voyez-vous, quand je me suis retrouvé seul dans les rochers et les bois de châtaigniers avec mes montagnards, je me suis terriblement ennuyé, d'autant plus que l'insurrection ne pouvait aboutir et que les amis quittaient l'un après l'autre... Un beau jour, après une expédition manquée, je me suis trouvé jeté hors de la montagne avec six hommes seulement, traqué par les Turcs et sans autre abri qu'une vieille tour carrée sur des rochers au bord de la mer. Mes palikares connaissant le pays disparurent un à un, et ma foi je compris qu'il était temps d'abandonner la partie, d'autant plus que j'avais reçu précédemment certaine lettre m'apprenant qu'on m'attendait ailleurs...

— Ah ! ah ! une autre Albanaise !

— De Paris celle-là, bien de Paris ! Je pensais bien ne pas la revoir, mais j'ai eu la chance de trouver, juste au moment où j'attendais les Turcs, une barque de pêche qui m'a tiré de ma tour où j'étais pris comme dans une souricière et qui m'a conduit au Pirée où j'ai pris tranquillement le bateau pour Marseille.

— Capitaine, fit Gardel, je vous demandais tout à l'heure si vous aviez connu en Crète...

— Les quelques Français restés là-bas me croyaient bel et bien mort et m'ont pris pour un revenant quand je les ai revus dernièrement... Vous me demandiez, monsieur, reprit le capitaine en se tournant vers Gardel, si j'avais connu là-bas?...

— Le capitaine Gometz est-il là ? cria un franc-tireur accourant dans la tranchée.

— Voilà, fit le capitaine se levant, qu'est-ce qu'il y a?

— Capitaine, c'est le commandant qui m'envoie vous chercher, nous avons des hommes qui sont partis chercher des légumes dans les champs, ils se sont avancés trop loin et doivent être cernés dans un jardin du côté de Vanves, le commandant vous demande pour aller les dégager.

— Marchez, je vous suis.

Par bonheur, Chevreuse, l'œil au créneau, assourdi par les détonations qui éclataient de tous côtés, était trop occupé pour s'apercevoir du trouble de son ami. Gardel avait reçu comme un coup de massue sur la tête ; étourdi, l'air égaré, comprenant à peine, il regardait le capitaine s'en aller.

— C'est bien le capitaine Gometz? demanda-t-il enfin.

— Oui, répondit Chevreuse, un bon type, n'est-ce pas, un peu toqué, mais un luron ! J'aime ces gaillards-là, moi.

Gardel atterré s'était laissé tomber sur une chaise rembourrée tirée des débris de la maison. Pendant que les francs-tireurs autour de lui tiraillaient dans le brouillard, il réfléchissait. Ainsi Octavie n'était pas veuve, ainsi son mari vivait et cet odieux mari, c'était le capitaine de Chevreuse, à qui justement il venait demander des renseignements sur sa fausse mort. Et il venait de déjeuner gaiement avec cet homme, de lui serrer la main. S'il ne s'était pas trahi, s'il n'avait pas éveillé ses soupçons, c'était par miracle, parce que la fusillade avait entrecoupé la conversation.

Octavie n'était pas veuve, ainsi plus de mariage à espérer, plus d'avenir possible ! La situation, de délicate et difficile, devenait inextricable, il n'y avait plus aucun moyen d'en sortir maintenant que le mari vivait, qu'il était revenu et qu'un jour peut-être il allait se dresser menaçant devant eux !

— Tu ne dis plus rien ? fit Chevreuse ; est-ce que la musique que nous faisons là ne te plaît pas ?

— Quelle musique ? dit Gardel, regardant son ami sans comprendre.

— Est-il distrait ! Mais, mon bonhomme, tu es étonnant, tu as des absences inouïes, on te tire des coups de canon et de fusil sous le nez à t'emporter les oreilles et tu penses à autre chose. Gardel, tu es amoureux !

Chevreuse enfonça son chapeau de feutre à plumes noires sur la tête et se campa devant son ami, la main droite appuyée sur son chassepot.

— Tu es amoureux ! Et pour de bon encore ! Méfie-toi, c'est dangereux. Fais plutôt comme moi et comme le capitaine Gometz ! Tu l'as entendu, le capitaine Gometz, nous sommes toujours amoureux aussi, nous, mais en détail, avec profusion et dilution, ce qui rend ce poison à peu près inoffensif.

Gardel ne répondit pas et baissa la tête d'un air accablé.

— Ah ça ! tout à l'heure tu plaisantais avec nous et maintenant tu t'éteins, c'est donc sérieux, la musique ne te plaît pas ?

Gardel, sans regarder son ami, se redressa, fronça le sourcil et frappa du poing sur sa chaise.

— Allons, ne te fâche pas, je te demande si tu n'es pas malade, je ne te dis pas que tu as peur...

— Je ne me fâche pas, dit Gardel, qu'est-ce que tu disais? Peur! tiens, prête-moi ton fusil, tu vas voir!

Gardel prit le fusil de Chevreuse et avant que son ami eut pu le retenir, il grimpa sur les pavés entassés derrière la porte cochère, s'assit à califourchon sur le petit toit, surmontant la porte, entièrement à découvert, et déchargea son arme dans la direction de Bagneux.

— Tiens, recharge-le-moi, dit-il en passant le chassepot à Chevreuse, je ne connais pas le système, ma compagnie n'a encore que des fusils à capsule.

— Vas-tu descendre tout de suite! s'écria Chevreuse, es-tu fou? Tu vas attraper une de ces balles qui passent au-dessus de nous en sifflant. Ecoute, tiens, c'est pour toi! Je ne te comprends plus, tout à l'heure tu étais trop calme, et maintenant voilà que tu tires sur Bagneux d'un air furieux et rageur!

Un franc-tireur avait pris Gardel par le bras et le forçait à quitter son poste dangereux.

— Si tu veux canarder un peu les Prussiens, fais comme nous, mets-toi derrière le mur à un créneau!

— Bah ! dans ce brouillard, on ne distingue rien, l'ennemi ne me voyait pas.

— Oui, mais on tire sur le feu les uns des autres, il est inutile de risquer de sa peau un centimètre de plus qu'il ne faut. Mets-toi aux créneaux si tu veux.

— Non, je m'en vais, dit Gardel, les portes ferment à cinq heures, il est temps de rentrer, au revoir !

Il serra la main de Chevreuse et reprit le chemin se dirigeant vers le fort de Montrouge.

— Décidément, tu es de mauvaise humeur, lui cria Chevreuse, cela t'a pris bien vite. Enfin !... au revoir !

Gardel marchait sans tourner la tête, absorbé dans ses réflexions. Triste retour. La campagne dévastée lui parut plus morne, plus désolée que le matin. En arrière des lignes occupées par les troupes, le silence reprenait, coupé de courtes sonneries dans le lointain et traversé par un sourd coup de canon de temps en temps.

VI

Le retour de Gardel était attendu avec impatience; Octavie et M{^{lle}} Gaudemar le guettaient depuis longtemps par la fenêtre, lorsque enfin elles le reconnurent à l'entrée de la rue.

Gardel en chemin s'était résolu à cacher au moins une partie de la vérité à Octavie. Assez mal portante depuis le retour de Bretagne, elle semblait depuis quelques jours un peu plus souffrante encore, il fallait la ménager, plus tard il verrait à prendre une détermination.

Malgré ses efforts pour dissimuler son trouble, les deux femmes virent bien à sa mine, dès son entrée, qu'il ne revenait pas satisfait de son excursion.

— Eh bien? dirent-elles en le voyant s'asseoir d'un air fatigué.

— Eh bien, me voilà revenu, c'était bien loin! J'ai failli au retour passer l'heure de la fermeture des portes. J'ai fait la dernière partie de la route en courant; on levait les ponts-levis, il était temps !

— Vous avez trouvé votre ami Chevreuse? demanda Mlle Gaudemar.

— Oui, Chevreuse est superbe avec son chapeau à plumes et son équipement fripé, abîmé déjà par un mois et demi de campagne.

— Et avez-vous vu ce que vous désiriez voir?

— Oh! beaucoup plus! fit Gardel.

Octavie le regarda avec des yeux inquiets, le ton étrange de Gardel l'effrayait.

— J'ai vu beaucoup de francs-tireurs, se hâta de dire Gardel, et parmi eux un capitaine de retour de Crète, mais je n'ai pu obtenir aucun renseignement, il ne sait rien de la mort de ce Gometz...

— Il n'a pu rien dire?

— Non... et je ne sais que penser maintenant!

— Ainsi pas le moindre renseignement nouveau sur la mort de Gometz? Ce capitaine ne sait rien!

— Pas le moindre indice, et dame, ce capitaine devait être pourtant bien renseigné... Je commence même à douter maintenant...

— Allons, allons! dit Mlle Gaudemar, voyant le visage d'Octavie devenir d'une pâleur livide, n'en parlons plus! Parce que nous ne sommes pas plus avancés qu'hier, il ne faut nous désoler! Allons, je vais à ma cuisine, Gardel... je dois vous en avertir, vous trouverez le dîner médiocre, notre rosbif de cheval sera dur, j'en suis très contrariée, mais il n'y a pas de ma faute; demandez à Octavie si je n'y ai pas mis tous mes soins!

Dès que Mlle Gaudemar fut partie, Octavie jeta

les deux bras autour du cou de Gardel et appuya sa figure en larmes sur son épaule.

— Mon ami, dit-elle, je suis certaine que tu ne m'as pas dit la vérité. J'ai tout deviné à ton air hésitant... Tu sais quelque chose, avoue-le, la nouvelle était fausse, Gometz n'est pas mort ?

— Mais non, je ne sais rien, dit Gardel, rien, rien, j'ai des doutes seulement, des craintes...

— Il est vivant et tu le sais, je le lis dans tes yeux ! Oh ! n'essaie pas de dire non ! Et justement, j'ai, moi aussi, mon ami, quelque chose de nouveau à t'apprendre.

Gardel lui prit les mains.

— Quoi donc, mon Dieu ?

— Quelque chose... qu'il m'eût été bien doux de te dire en d'autres circonstances..., et que je ne puis avouer aujourd'hui qu'en pleurant, hélas !

— Tu m'effrayes ! Est-ce que ?...

— Oui ! balbutia Octavie à son oreille.

— Tu serais...

— Oui, je suis enceinte !

Gardel la serra dans ses bras et fit un effort violent pour reprendre son calme.

— Eh bien, tant mieux ! Ne pleure pas, ma bien chère, ne pleure pas ! Tant mieux ! C'est un motif de plus pour nous aimer et pour lutter si besoin est ! Qu'il vienne maintenant, ce Gometz, qu'il vienne ?

— Il est vivant, n'est-ce pas ?

— Je l'ai vu !

— Mon Dieu !

— Je l'ai vu, c'est le capitaine de Chevreuse ! J'ai déjeuné avec lui et c'est lui-même qui m'a raconté dans quelles circonstances il avait quitté Candie et comment le bruit de sa mort s'était répandu... Il est toujours le même, l'homme de désordre d'autrefois...

— Et il ne sait rien ?

— Heureusement j'ai appris son nom à temps, au moment même où j'allais l'interroger directement. Sois tranquille, je n'ai rien dit, il ne peut se douter de rien. Vivons donc et ne nous désolons pas, nous n'en avons plus le droit maintenant !

Le même soir, pendant que Gardel racontait sa visite aux francs-tireurs et qu'Octavie lui disait son nouveau et cher secret, pendant que Gardel et Mlle Gaudemar essayaient en vain de faire revenir un sourire sur les lèvres de la jeune femme, là-bas, au campement de Chevreuse sous Bagneux, on s'occupait d'eux.

Gometz, le capitaine de Chevreuse, était venu rejoindre les deux lieutenants dans la reserre ruinée qui servait de logis à Chevreuse. La fusillade avait cessé complètement, les forts étaient muets. Avec la nuit un profond silence s'était étendu sur la plaine sillonnée de tranchées, couverte de ruines abritant des avant-postes, et sur les villages ennemis fermés, barricadés et remplis d'hommes.

Les francs-tireurs dînaient. Le dîner ne valait pas le déjeuner, Chevreuse n'avait pas capturé de poule. On se rattrapa sur le dessert, les fruits rapportés du jardin de Bagneux et le pot de confitures apporté par Gardel.

— Dites donc, Chevreuse, fit le capitaine en se remettant comme au déjeuner à considérer avec attention le mot *Mirabelles* écrit par Octavie, il n'est pas marié, votre ami, je vous l'ai entendu dire, n'est-ce pas ?

— Non, il n'est pas marié.

— Je suppose que ce n'est pas lui qui les fait, ses confitures ?

— Non, on les lui a données.

— Une voisine, je crois, vous l'avez dit, n'est-ce pas ? Vous la connaissez ?

— Parbleu, fit Chevreuse, elle demeure sur le palier de Gardel, je la connais très bien et depuis longtemps! Je l'ai bien souvent fait enrager et elle ne m'en veut pas, puisqu'elle a donné ces confitures à mon intention...

— Eh ! eh ! Elle est jeune ?

— Jeune? fit Chevreuse en riant, pas précisément, cinquante et quelques cinq ou six printemps! Aussi n'est-ce pas de celle-là que j'accuse Gardel d'être amoureux... Car il est tout drôle, mon ami, depuis quelque temps, depuis l'année dernière, il est devenu mystérieux et il a des distractions. Vous n'avez pas remarqué tout à l'heure encore ?... il avait des renseignements à vous demander sur je ne sais quel Crétois et il est parti sans vous en parler...

— C'est curieux ! murmura le capitaine, je croyais pourtant bien reconnaître l'écriture...

— C'est donc cela que vous devenez rêveur devant ce pot de confitures ! Je le dirai à Mlle Gaudemar quand je la verrai !

— Mlle Gaudemar, s'écria le capitaine, une artiste ? J'y suis, c'est bien ça, je ne me trompais pas, c'est l'écriture d'Octavie.

— Comment ?

— Vous ne pouvez pas me comprendre, je ne parle pas de Mlle Gaudemar, je parle d'une autre, mais si je me rappelle bien, vous avez parlé à votre ami d'une voisine plus jeune que Mlle Gaudemar ?

— Une amie de Mlle Gaudemar qui demeure presque avec elle.

— Une dame de vingt-cinq ou vingt-six ans, grande, blonde ?

— Oui, une jeune veuve, je l'ai aperçue quelquefois seulement, triste, l'air penché... j'ai su son nom...

— Mme... Gometz ? dit le capitaine en hésitant.

— Gometz, non, dit Chevreuse étonné, attendez donc, son nom me revient, Mme Castellan !

— C'est bien cela ! Mme Castellan ! son nom à elle !

— Sapristi ! fit Chevreuse, qu'est-ce que vous dites, capitaine ! Mme Castellan, Mme Gometz, cette dame serait...

— C'est ma femme !

— Vous êtes marié, vous ? ce n'est pas possible !

— Je... l'ai été !

Chevreuse et le capitaine se regardèrent en gardant le silence. Chevreuse rougit tout à coup, éclairé par cette soudaine révélation, il commençait à deviner, la vérité se faisait jour à travers les obscurités. Il comprenait enfin tout, la réserve de Gardel, le mystère dont il s'enveloppait, ses questions sur les aventuriers revenant de Crète et sa mine tout à fait étrange quand il apprit le nom du capitaine Gometz.

Le capitaine s'était levé.

— Allons, bonsoir, dit-il en serrant la main de Chevreuse, j'ai besoin de prendre l'air, je vais marcher dehors.

— Triple imbécile que je suis ! s'écria Chevreuse en faisant sauter d'un coup de poing le guéridon à peu près invalide qui lui servait de table, qu'ai-je été lui raconter !... Mais qui diable pouvait se douter ? *Serre-la-vis* marié ! Bon garçon, mais risque tout, noceur et rouleur ! Cet insurgé crétois marié ! C'est invraisemblable ! Je ne m'étonne plus si l'amie de Mlle Gaudemar avait l'air si triste, Gometz devait faire un étrange mari ! Et je lui ai dit, je crois, que Gardel était amoureux de sa femme, je l'ai donné à entendre du moins ! Quel imbécile j'ai été !... Le diable m'emporte ! Il faut que je prévienne Gardel, si je me suis trompé il en rira avec moi, et j'opère une réconciliation, celle de ce cerveau brûlé de Gometz avec la pauvre petite Mme Castellan si triste, si penchée... Elle pleure tous les jours évidemment... pleure-t-elle sa mort ? Hum ! Nous verrons, elle pleurera peut-être davantage de le savoir vivant; dans tous les cas, Gardel sera prévenu !

Chevreuse fuma quelques cigarettes en se promenant avec l'autre lieutenant dans la portion des lignes confiées à leur garde, devant les ruines de la maison, silhouette bizarre aux proportions fantastiques que rendait plus fantastique encore la grande roue de carrière dressée sur les décombres.

Il faisait frais, il rentra bientôt dans sa reserre et se coucha sur un matelas étendu sur des planches.

Son premier soin le lendemain fut de se rendre au logement du commandant Thibaudier pour lui demander une permission pour Paris. Justement la nuit avait été tranquille et rien ne menaçait pour la journée, la permission fut accordée sans difficulté. Chevreuse partit immédiatement. En route il réfléchit et se moqua de ses appréhensions.

— Je suis fou et bien romanesque en vérité ! Qu'ai-je été chercher là ? Gardel amoureux de Mme Gometz, Gardel rival de Gometz ! Parbleu ! ce qui m'a troublé, c'est l'invraisemblable nouvelle que le capitaine *Serre-la-vis* avait pu jamais être l'époux en légitime mariage d'une dame quelconque ! C'est renversant ! Il a dû lui en faire voir de grises à la pauvre dame ! Bon garçon, mais fichu mari ! Quant à Gardel, c'est très probablement Mlle Gaudemar qui l'a chargé de demander aux Crétois du bataillon des renseignements sur le mari en rupture de ban de sa jeune amie et le hasard a voulu qu'il s'adressât justement au nommé Gometz.

Chevreuse dut sonner très fort chez Gardel pour faire venir son ami. En le voyant, à ses coups de sonnette, sortir du logement occupé par Mlle Gaudemar et Mme Castellan, il reprit ses doutes.

Gardel parut inquiet à sa vue.

— Toi à Paris! dit-il, comment se fait-il?

— Mon cher, c'est bien simple, le temps est à la tranquillité aujourd'hui du côté des forts, j'en ai profité pour venir prendre l'air de Paris et voir les amis. Je commence par toi, Gardel, mon ami, j'ai des aveux à te faire, je t'apporte ma tête; si la faute que j'ai commise est grave, tu la prendras, si elle ne l'est pas, tu riras avec moi... mais j'ai bien peur d'avoir fait des bêtises!

— Qu'est-ce que tu as fait? demanda Gardel, de plus en plus inquiet.

— J'ai été bavard, j'ai été indiscret, j'ai été inconsidéré, j'ai peur d'avoir été traître même, sans le vouloir et sans m'en douter. Dis-moi, la rencontre du capitaine Gometz t'a-t-elle été agréable? La révélation de son nom a paru te faire un certain effet... Bon ou mauvais? Tu ne dis rien, c'est cela, mauvais plutôt...

— Ah! il s'agit de Gometz?

— Oui, tu avais une mine étrange en nous quittant et lui aussi m'a paru préoccupé hier soir, ce qui n'est pas dans ses habitudes !... Tu te rappelles le pot de confitures que tu nous as laissé, il y avait dessus le mot *Mirabelles* écrit d'une certaine écriture...

Gardel pâlit.

— Cette écriture semblait l'intéresser... Il m'a interrogé, alors j'ai été bavard, j'ai été inconsidéré, j'ai été imprudent, j'ai parlé de Mlle Gaudemar, le nom l'a fait bondir, j'ai parlé de Mme Castellan, il a bondi de plus belle, et m'a appris que Mme Castellan, ta voisine, était... Mme Gometz !

— Tu te trompes et je vais tout te dire, s'écria Gardel, Mme Castellan, ce n'est pas Mme Gometz, c'est Mme Gardel !

— Aïe ! fit Chevreuse.

— Et elle restera Mme Gardel, je te le jure, malgré tous les Gometz du monde ! ah, il reparaît, eh bien, nous verrons ! Elle se croyait veuve ; ce Gometz parti, disparu, roulant en Orient, passait pour mort depuis deux ans, on avait reçu l'avis de sa mort en Crète... d'ailleurs tu l'as entendu lui-même nous expliquer hier comment la nouvelle avait pu se répandre... C'était une certitude, elle se croyait donc libre et nous serions mariés depuis six mois s'il n'avait fallu pour cela un acte de décès régulier de son premier mari !

— Je ne savais rien, mon pauvre ami, c'est ma seule excuse si j'ai parlé...

— Je ne t'en veux pas, tu ne pouvais pas te douter... Mais qu'as-tu dit ?

— Hélas ! tout ou à peu près, et j'ai laissé deviner le reste... Je viens aujourd'hui pour te prévenir...

— Je te remercie ! Je vais réfléchir, je vais songer aux mesures à prendre... Quelle situation ! Pour moi ce n'est rien, mais pour elle ! pour elle déjà malade !

Chevreuse très contristé laissa son ami. Bientôt cependant il chassa ses inquiétudes et se retrouva léger comme auparavant.

— Bah ! le mal que fait le hasard, le hasard le répare, tout s'arrangera ! tout s'arrange !

Et puisqu'il était à Paris, il résolut d'en profiter pour se donner quelques distractions bien méritées après les longues journées et les longues nuits passées aux avant-postes.

VII

Quelques jours après la visite de Chevreuse, Gardel prit un parti. Octavie n'allait pas mieux, les cruelles émotions des jours passés l'avaient bien abattue et elle tremblait à chaque instant de voir arriver Gometz. Gardel avait beau lui dire que c'était impossible, lui affirmer que Chevreuse n'avait pas donné leur adresse et lui démontrer que cet homme, disparu depuis des années et traînant un peu partout son existence accidentée, ne songeait certainement pas à se représenter devant sa victime, la pauvre jeune femme ne vivait plus.

Après avoir tenu conseil avec Mlle Gaudemar, Gardel résolut de déménager. Il revenait à la résolution prise pour le retour de Bretagne, et non réalisée à cause de la guerre. Mais en raison de la complication qui venait de surgir avec ses menaces et ses dangers, il voulait changer tout à fait de quartier, trouver loin du centre un asile bien caché où tous deux pourraient attendre les événements. La situation d'Octavie commandait bien des ménagements, il lui fallait la tranquillité et la sécurité.

Instinctivement, Gometz se trouvant au sud de Paris, Gardel songea au nord. Il erra toute une journée dans les quartiers excentriques, de la porte de Vincennes à Belleville, parmi les solitudes, les terrains vagues et les cultures maraîchères. Enfin, du côté de Bagnolet, à moitié chemin entre les remparts et le Père-Lachaise, il trouva ce qu'il cherchait : une petite maison au fond d'un jardin de campagne, une ancienne maison de petit cultivateur du temps peu lointain où Charonne était encore un village.

C'était isolé, c'était calme : deux pièces au rez-de-chaussée, deux petites chambres au premier étage, une cour avec un vieux puits et un jardin abandonné plein de groseilliers et de fleurs sauvages. Le jardin, fermé de haies de sureau, tenait de chaque côté à des champs de maraîchers. C'était une vraie trouvaille, ce dernier coin de campagne enclavé dans Paris. Tout autour presque la solitude, des jardins, des sentiers, des ruelles courant entre des haies ou des rangées de vieux peupliers. Il y avait même non loin de là un ruisseau traversé par un pont d'une arche disparaissant sous un fouillis de branchages, et enfin une ferme, non pas une ferme de nourrisseur, mais une vraie ferme rustique, la dernière de Paris, vide et abandonnée, avec ses bâtiments délabrés, ses étables et sa grange à demi ruinées, l'air vaincu et lamentable. Des affiches sur les vieilles planches grises de sa grande porte pendaient par lambeaux ; elles annonçaient la vente de ce dernier débris de campagne dévoré par le monstrueux Paris, à la requête des héritiers d'un dernier propriétaire, qualifié de *messire* devant des noms et des prénoms archaïques, en son vivant chanoine d'une cathédrale de vieille ville normande.

C'était le passé et la ruine. Heureusement c'était aussi la solitude. Gardel loua sa maison et paya d'avance au propriétaire étonné.

Le déménagement s'opéra vite. Quelques meubles d'Octavie furent glissés parmi ceux de Gardel, Mlle Gaudemar garda le reste.

Pour éviter tous les commentaires que la coïncidence de son départ avec celui de Gardel n'eût pas manqué de faire naître, Octavie prit quelques précautions. Pendant quelque temps les gens de la maison la crurent malade et enfermée chez elle, puis elle revint une ou deux fois et redisparut ensuite. Enfin plus d'un mois après ce déménagement, Mlle Gaudemar annonça qu'elle était installée près d'une tante malade et qu'elle ne reviendrait probablement plus.

Dans la petite maison de Charonne, Octavie et Gardel avaient retrouvé le calme. Ils étaient si loin de tout qu'ils pouvaient se croire hors de Paris. Octavie allait mieux, elle se sentait plus forte, plus vaillante et plus disposée à prendre son parti des événements et à leur faire tête avec courage. Gometz vivait, soit, mais peu importait, vivant ou mort, c'était toujours l'ennemi, elle ne souhaitait qu'une chose, ne plus entendre parler de lui.

Pourvu qu'elle pût rester aux bras de Gardel, elle serait heureuse, rien ni personne n'aurait jamais le pouvoir de l'en arracher pour la rendre à ce misérable mari.

Gardel avait pu se faire rayer des cadres de la garde nationale de son ancien quartier, et il s'était fait inscrire dans un bataillon de Charonne. Tous les trois ou quatre jours il montait au bastion pour vingt-quatre heures ; à part une heure ou deux d'exercice tous les jours, le reste du temps il était libre.

L'automne était superbe. La nature imperturbablement éclairait de ses plus beaux soleils les dévastations de la guerre. Gardel se promenait avec Octavie et explorait son nouveau quartier ; malgré les incertitudes de l'avenir, malgré le siège qui suspendait tout, il s'était mis au travail, avec d'autant plus de courage qu'il se sentait de plus lourdes responsabilités.

Que de chocs pour l'œil d'un artiste dans le grand bouleversement ! Tout était transformé, la rue n'avait plus ses vulgarités, et dans la campagne, jadis banale, tout le formidable décor de la guerre s'étalait, tantôt simplement pittoresque, tantôt grandiose, avec la menace tragique de l'Inconnu.

Tous les jours Mlle Gaudemar arrivait. Elle avait une bonne lieue de chemin à faire, tant en omnibus qu'à pied, n'importe, elle avait résolu de ne pas manquer un jour. Elle arrivait le matin et partait le soir.

Les difficultés de la vie augmentèrent en novembre. Le rationnement était établi depuis longtemps et la quantité de vivres allouée, déjà minime, allait encore diminuer. Il commençait, le temps de la nourriture invraisemblable, des côtelettes de chien, des civets de chats, des *pâtés de rempart*, confectionnés avec des rats et des souris, et des inventions plus bizarres encore, comme le *brouet national*, pâtée extravagante, ou les *tablettes d'osséine*, bouillie gluante d'os fondus.

Octavie était encore quelquefois souffrante, Mlle Gaudemar ne voulait pas lui laisser les fatigues de l'approvisionnement, les longues heures à passer debout à la porte du boucher ou du boulanger, les stations sous la pluie, les bousculades ou les disputes de femmes, les altercations pour défendre sa place. Elle trichait même et apportait sa ration de vivres prise dans son quartier pour la reprendre encore à Charonne, mais malgré ce procédé coupable, l'abondance était loin de régner dans la maison, et il fallait s'ingénier à trouver des suppléments. Ce fut le temps du succès pour les confitures du pensionnat d'Amiens; mais, hélas! on avait beau les ménager, elle touchaient à leur fin et après elles il faudrait recourir à celles de l'épicier, aux confitures artificielles en mauvaise gélatine colorée.

La grande préoccupation de Mlle Gaudemar était

l'infortuné chat Saugrenu qui maigrissait visiblement. Elle avait commencé par l'apporter avec elle dans son panier, mais la locomotion ne paraissant pas du goût de cet animal casanier, il miaulait dans le panier et troublait l'omnibus, *qui l'écoutait avec un œil d'envie,* ainsi que le disait Mlle Gaudemar. D'un autre côté, quand le panier contenait déjà des bifteacks de cheval, on ne pouvait y enfermer encore Saugrenu pour l'exposer à la tentation.

Le laisser chez Gardel était difficile, il n'était pas habitué à la maison, puis il y avait des jardins, il serait toujours dehors jusqu'au jour où il tomberait dans les pièges d'un assiégé indélicat. Mlle Gaudemar, avant de partir de chez elle, était donc obligée de l'enfermer avec soin dans sa cuisine et de le laisser livré à ses réflexions solitaires devant une maigre pâtée.

Les journées cependant passaient très vite, tant d'événements se succédaient, tant de choses nouvelles occupaient l'esprit! Pour la plupart des Parisiens, en sûreté derrière les remparts et les forts, abrités contre les périls et les misères de la vraie guerre, réservés aux soldats et aux mobiles, la vie obsidionale n'était pas triste. L'aspect des rues était gai même, jusqu'à la nuit du moins ; c'était comme un dimanche éternel : du mouvement, du bruit, du clairon, du tambour, des passages de bataillons, des assemblées de compagnies pour les appels, la solde, l'exercice ou le jeu de bouchon. Ce qui ennuyait Gardel, c'était de monter aux remparts avec sa compagnie ; les gardes nationaux charonnais entonnaient à pleine voix et pour marquer le pas des chansons très peu distinguées et comme justement il marchait en tête derrière les tambours, il lui semblait qu'il endossait vis-à-vis des passants et passantes la responsabilité de ces poésies fort libres.

Cependant on n'avait pas entendu parler de Gometz. Chevreuse venait quelquefois à Paris ; il avait besoin de se retremper de temps en temps au quartier Latin, il n'était pas fâché de se faire admirer dans son uniforme qui devenait de plus en plus pittoresque et qui, suivant son expression, se culottait remarquablement. Il eût bien voulu voir Gardel, mais, à l'ancien domicile de son ami, on ne connaissait pas son adresse nouvelle. Un jour enfin il réussit à trouver Mlle Gaudemar comme celle-ci, retardée par les difficultés de l'approvisionnement, se préparait seulement à partir.

Il essaya vainement d'attendrir Mlle Gaudemar pour obtenir l'adresse de son ami, mais elle se montra inflexible.

— Ecoutez, lui dit-il, vous n'avez pas besoin de faire du mystère avec moi, vous savez bien que Gardel m'a tout dit...

— Vous le verrez plus tard, répondit Mlle Gaudemar, quand tous ces événements seront passés, mais jusqu'à nouvel ordre, je ne vous dirai rien, vous êtes trop indiscret !

— Comment, mademoiselle, vous m'en voulez encore ! Vous savez bien qu'il n'y a pas de ma faute, pouvais-je me douter que l'ennemi de mon ami Gardel était mon ami Gometz ?

— Et celui-là, votre ami Gometz, est-il toujours votre capitaine ? les balles prussiennes ne l'ont pas plus touché que les balles turques ? Je n'en doute pas, car les hommes comme lui sont invulnérables !

— Quelle femme rageuse et méchante vous faites ! Je vous assure que Gometz n'est pas si noir que vous le pensez ! C'est un bon garçon au fond.

— Oui, oui, tout au fond, tout au fond ! que fait-il maintenant ?

— Son service de capitaine, mais froidement, sans ardeur... Plaisanterie à part, depuis la visite de Gardel, il est comme retourné, vrai, je ne le reconnais plus, il ne parle plus, il est morose, sombre même, on nous l'a changé...

— Que vous dit-il ?

— Le lendemain de la visite de Gardel, après notre conversation et la révélation du secret, ou plutôt des secrets, il a essayé de me faire parler... j'ai essayé à revenir sur ce que malheureusement j'avais pu dire, j'ai plaisanté, mais il m'a arrêté tout de suite. Oh ! il m'a bien retourné pendant cette journée-là, questionnant, cherchant, revenant par des chemins détournés à la question, mais tout à fait inutilement, je me gardais ! Depuis, plus une allusion, plus une question, plus un mot...

— Très bien !

— Oui mais... et voilà ce dont je voulais prévenir Gardel, c'est qu'il est très préoccupé, très sombre et qu'il a l'air de méditer je ne sais quoi... Voyons, donnez-moi l'adresse de Gardel ?

— Inutile, nous verrons plus tard... Vous m'avez prévenue, je le préviendrai.

— Dites-lui qu'il est à Paris, car pendant quelque temps il va pouvoir venir tous les jours, nous ne sommes plus sous Bagneux...

— Vous n'êtes plus aux avant-postes ?

— Nous avons été un peu étrillés une de ces dernières nuits, à une alerte de la grange Ory. Ma chère mademoiselle Gaudemar, tel que vous me voyez, j'ai eu l'avantage de recevoir une balle... oui, dans mon manteau roulé en bandoulière, ce qui m'a fait moins de mal que dans le corps ; elle aurait pu me perforer, grâce au manteau roulé, elle m'a seulement fait l'effet d'un énorme coup de poing... mais nous avons perdu une trentaine d'hommes sans parler des blessés, et on nous a envoyé nous reposer dans un endroit plus tranquille, derrière la Marne. Justement je voulais dire à Gardel comme nous étions gentiment campés !

— La belle idée ! pensez-vous pas qu'il ira vous voir maintenant, pour se retrouver avec Gometz !

— C'est juste !

Chevreuse prit congé de Mlle Gaudemar en la chargeant de toutes ses amitiés pour Gardel, et comme il était libre il s'en fut à la recherche de quelques distractions.

VIII

La principale des distractions de l'assiégé Chevreuse se nommait Lydia. C'était une chanteuse de café-concert échouée au moment du siège, faute d'autre engagement, dans un beuglant du quartier Latin. Il l'avait vue pour la première fois dans les premiers jours de septembre, debout dans un fiacre chantant à pleine voix la *Marseillaise* au milieu de la foule enfiévrée du boulevard Saint-Michel. Elle lui avait plu par l'énergie de son coup de voix, par l'ampleur de son geste, par l'éclat de ses yeux un peu durs, brillant sous d'épais sourcils noirs dans une figure un peu fatiguée. Cette énergie et cette ampleur de geste, elle les mettait aussi dans son beuglant, à d'autres chansons que la *Marseillaise*. Après l'hymne patriotique : *Allons, enfants de la Patrie*, elle vibrait avec une voix forte et pleine dans des chansons de Thérésa ou de Perrin :

> Eh bonjour, mon ami Chantru,
> Viens donc que j'te paie un'chopine,
> J'peux bien prendre un ou deux sous,
> Sur ceux que m'envoya Catherine !
> Nourrice sur lieux voilà ce qu'elle est...

Chevreuse s'en allait donc à la recherche de Lydia, mais comme en sa qualité de flâneur il ne pouvait s'empêcher de zigzaguer, de s'attarder à courir des pointes, même sur le chemin du plaisir, il explora en route les cafés du boulevard Saint-Michel à la recherche des camarades. Il trouvait de temps en temps un ami, mobile ou garde national, une amie ennuyée par les événements et déplorant le marasme du quartier. Comme à la fin il s'échappait des bras du dernier ami pour courir chez Lydia, il fit une petite pointe par la rue Racine vers le café Henry ; il n'était pas fâché de se montrer aux endroits fréquentés par lui autrefois, dans tous ses avantages nouveaux, avec son uniforme de franc-tireur défraîchi mais embelli par deux mois de campagne.

Dans un coin du café solitaire un homme achevait de déjeuner. Chevreuse poussa un cri de surprise, cet homme était son ami Blaes qu'il n'avait pas vu depuis son élection au grade de commandant dans un bataillon de Belleville ; mais c'était Blaes sans uniforme, en simple civil, sans même le képi, emblème de guerre, que les civils les plus dédaigneux de la garde nationale arboraient pour se mettre à la mode.

— Comment, c'est toi? fit Chevreuse.

— C'est moi, répondit laconiquement Blaes, qui semblait triste.

— En pékin !

— Je leur ai flanqué ma démission !...

Blaes en peu de mots remplis d'une âpre ironie expliqua son affaire ; après quelques dissentiments avec le comité central de la garde nationale fédérée, ennuyé par des discussions avec les meneurs du comité, phraseurs prétentieux tacticiens bavards jouant au général ou au conventionnel en mission aux armées, dégoûté de son bataillon que menaient des braillards imbéciles, il avait par coup de tête envoyé promener le comité et le bataillon. Se souvenant alors qu'avant de faire du journalisme et de la révolution, avant de mener une troupe de Bellevillois sur le chemin de la gloire ou aux environs, il avait été étudiant en médecine, Blaes venait d'entrer dans les ambulances de la presse et s'apprêtait à rejoindre le lendemain une ambulance volante établie à Nogent-sur-Marne.

Chevreuse poussa un cri de joie.

— Nogent ! mais nous serons proches voisins, quelle chance ! je suis à l'île de Beauté, sous Nogent, gentiment installés... mais tu vas venir avec moi, tu entreras aujourd'hui au lieu de demain à ton ambulance.

Blaes ne fit pas d'objections. Il était silencieux et sombre. Encore un crochet. Ce nouveau chemin qu'il prenait était-il le bon ?

L'œil perdu dans le vague, il laissait parler Chevreuse, sans avoir l'air de l'entendre.

Chevreuse déjeunait tout en parlant, causant, riant, mangeant, racontant ses aventures sans même se demander si Blaes écoutait. Il emmena ensuite Blaes, l'installa à la porte d'un café en lui demandant dix minutes. Blaes toujours songeur se laissait faire.

Chevreuse n'oubliait pas Lydia. Tout dernièrement il avait promis de lui faire admirer son campement aux avant-postes ; le moment était venu, il allait pouvoir même lui offrir l'hospitalité, presque une villégiature, dans une jolie petite villa abandonnée où il avait trouvé à s'abriter.

Tout alla comme le désirait Chevreuse, il trouva Mlle Lydia et la décida en dix minutes à l'accompagner. Blaes ne fut pas trop surpris de la voir arriver, il connaissait Chevreuse. On partit après que le beau franc-tireur eut d'un dernier regard exploré le café pour voir s'il n'y avait pas encore quelqu'un à emmener, car Chevreuse n'aimait pas la solitude, il avait toujours besoin de parler, de fraterniser, de s'épancher, fût-ce dans le sein du premier venu, et il était homme à recruter des camarades pour ne pas s'en aller seul à un rendez-vous d'amour.

On prit le chemin de fer de Vincennes, le dernier qui fut resté aux Parisiens, une ligne rencontrant la frontière à Nogent.

Que de parties de canot jadis sur cette Marne dont une rive seulement est restée française ! Partout des soldats et des mobiles, des fourgons et des caissons d'artillerie, des barricades et des canons en batterie sur les terrasses. Par des chemins en pente à travers des jardins dévastés, dont les murs éventrés portaient des flèches rouges pour indiquer la route aux soldats, Chevreuse descendait vers l'île de Beauté, habitée avant le siège par une colonie d'artistes dramatiques et de petites dames.

Chevreuse était dans son domaine, l'île de Beauté appartenait aux francs-tireurs. Son ami Gustave, l'autre lieutenant, rencontré sur le petit pont rattachant l'île à la terre ferme, ouvrit de grands yeux à la vue de Lydia. Chevreuse lui donna un coup de coude.

— Nous sommes des troupes irrégulières, lui dit-il, et après tout si le père Thibaudier fait la mine, est-ce que nous ne pouvons pas recevoir des parentes inquiètes sur notre petite santé?...

— Parbleu, dit Gustave, seulement je voudrais en recevoir aussi !

— Chut ! tu entendras sa voix ! Ce soir, nous offrirons un concert dans notre gourbi, j'ai un piano... il a passé quelque temps en plein air dans un jardin, mais je l'ai fait remonter chez moi, il n'est qu'enrhumé... Pourvu que vous soyez indulgents, tout ira bien !

Chevreuse faisait faire le tour de sa propriété, comme il disait à ses visiteurs. — D'un bout à l'autre de l'île jusqu'à la pointe dominée par le viaduc, se dressant amputé d'une arche à chaque extrémité, blafard et triste dans le ciel gris, — des tranchées boueuses couraient le long des berges, couronnées de gabions avec créneaux et meurtrières, et reliées par des coupures transversales à travers les arbres des jardins dépouillés de leurs feuilles.

Il avait plu, on pataugeait dans les tranchées creusées presque en contrebas de la Marne, n'importe, l'île était extraordinairement pittoresque. De loin en loin, dans des guérites confectionnées avec des armoires, dans des maisonnettes carrées, percées de meurtrières, des factionnaires surveillaient la rive prussienne, silencieuse et mélancolique. D'autres abris fabriqués avec des tables de chêne sculpté recouvertes de terre de trois côtés, avec des persiennes, des portes ou bien des débris de canots, bordaient la tranchée. Des francs-tireurs dormaient là-dessous ou fumaient leurs pipes, une escouade revenait de la distribution des vivres et dans les jardins des feux s'allumaient pour la soupe.

Chevreuse arrivait à la petite maison dans laquelle il avait établi son campement, au-dessus d'un ancien débarcadère de canotiers, lorsque sur le seuil veuf de sa porte enlevée pour couvrir un abri, ou pour faire cuire du cheval, apparut le capitaine Gometz. Ainsi que l'avait dit Chevreuse à Mlle Gaudemar, il avait réellement la mine soucieuse et sombre.

— Bon, voilà Gometz, fit le lieutenant Gustave.
— Bah ! dit Chevreuse, il n'a nulle sévérité pour la fantaisie, je l'inviterai à la soirée que je vais donner. — Eh bien ! qu'est-ce qu'il y a ? ajouta-t-il,

en se retournant vers Lydia qui s'était arrêtée brusquement.

Lydia ne répondit pas. Debout au milieu de la tranchée, un pied en avant, tenant ses jupes rassemblées d'une main et de l'autre s'appuyant sur son parapluie, elle regardait Gometz de ses yeux noirs et hardis, avec les sourcils froncés et comme une expression de défi dans toute sa personne.

Gometz aussi s'était arrêté, la mine stupéfaite, et la regardait.

— Lydia ! dit-il, rompant enfin un silence embarrassant.

— Bonjour, fit Lydia d'une voix sèche.

— Vous vous connaissez ? dit Chevreuse, stupéfait à son tour.

— Beaucoup ! répondit la chanteuse de la même voix brève.

— Dois-je dire trop ? murmura Gometz s'approchant de Lydia qui conservait la même attitude et le regardait toujours en face.

— Ça ne serait pas galant, mon cher ! fit-elle en éclatant de rire.

— Ne ris pas ! ne ris pas ! dit Gometz les dents serrées.

— Si ! d'ailleurs la rencontre est originale, je pensais bien que vous deviez être quelque part à guerroyer, seulement je ne pensais pas que ce fût à Paris... Mais enfin, qu'est-ce que vous me voulez ?... me faire une scène devant ces messieurs ?...

— Allons plus loin ! Je ne veux pas faire de

scène, mais j'ai au moins droit à des explications.

— Des droits! vous exagérez! mais je ne chicanerai pas sur les mots, expliquons-nous, soit!

— Vous permettez! dit Gometz en passant devant Chevreuse.

Chevreuse, tout déconcerté, fit entrer Blaes et le lieutenant Gustave dans le jardin et s'assit avec eux sur un vieux banc.

— Mon cher, fit Gustave, voilà une aventure fâcheuse, je crains fort pour notre soirée... comprends-tu quelque chose à cette affaire?

— Qu'est-ce que ça veut dire? dit Blaes, ton capitaine connaît ta chanteuse?

— C'est-à-dire que je comprends très bien, répondit Chevreuse, la chose me semble parfaitement claire. Lydia est une ancienne du capitaine, parbleu, ils vont se chamailler!... c'est assez désagréable pour moi par exemple!

A travers les branches dégarnies de feuilles, Chevreuse et ses amis apercevaient Gometz et Lydia marchant dans la tranchée et parlant avec force gestes et des éclats de voix. Ils ne pouvaient aller très loin, car au bout de la tranchée il y avait un jardin plein de francs-tireurs et dans la tranchée même un factionnaire sous un abri. Ils marchaient jusqu'au factionnaire et revenaient sur leur pas du côté du campement de Chevreuse. Gometz parlait avec animation, croisant les bras, s'arrêtant à tout instant et arrêtant Lydia.

— Entrons chez moi, dit Chevreuse à ses amis,

ne les gênons pas, d'ailleurs nous les surveillerons par les persiennes.

Chevreuse envoya promener une chaise d'un coup de pied, il était furieux de la rencontre qui dérangeait la petite partie projetée. Une scène ! Lydia allait être d'une humeur massacrante, tout à l'heure, après l'algarade de Gometz et c'était lui qui en pâtirait !

Gometz et Lydia continuaient leurs allées et venues dans la tranchée. Chevreuse les regardait à travers les lames d'une persienne, il se frappa le front tout à coup.

— Sacrebleu ! s'écria-t-il, ne nous a-t-il pas un jour parlé d'une chanteuse ?

— Mais oui, répondit Gustave, une chanteuse qui lui avait fait mener une existence assez agitée et qu'il avait été retrouver à Marseille en quittant la Crète, après son aventure chez les Candiotes, après son Albanaise...

— Eh bien, Lydia est chanteuse !

— Diable !

Au bout de quelque temps d'une conversation toujours animée, Lydia s'assit sur une table à l'entrée d'une tranchée transversale et Gometz revint vers la maison de Chevreuse.

— Diable ! diable ! diable ! répéta Gustave.

Gometz était rouge, mais il avait l'air toujours sombre.

— Ecoutez-donc, dit-il à Chevreuse, j'ai deux mots à vous dire...

Chevreuse n'avait pas songé à abandonner son poste derrière la persienne. Il y laissa Gustave avec Blaes et suivit le capitaine.

— Mon cher ami, dit Gometz qui semblait gêné, vous devez être surpris.

— Dame, un peu ! dit Chevreuse.

— Mais vous avez compris sans doute ?

— Je crois avoir compris, Lydia serait.....

— Je vous ai raconté comment j'ai quitté la Crète, comment j'ai échappé aux Turcs... j'allais à Marseille rejoindre une femme que je ne pensais pas revoir jamais, une femme qui avait eu sur ma destinée une influence,—bonne ou mauvaise, là n'est pas la question, mettons une grande influence—une femme de qui j'avais eu bien à me plaindre, qui m'avait fait souffrir et pour qui, hélas ! j'avais fait souffrir... une autre personne ! je vous ai conté ma vie... vous devez deviner... cette femme, c'était Lydia !

— Je m'en doutais.

— Vous comprenez alors ! Elle reparaît aujourd'hui dans ma vie... dans un moment où justement j'ai l'âme troublée pour d'autres raisons... Je la retrouve ! c'est le destin !

— Bien, je devine, mon idylle est flambée ! Quel désastre !... Enfin, je comprends qu'il ne me reste qu'à m'incliner devant des droits antérieurs aux miens !

— Que voulez-vous, c'est Lydia ! Si vous saviez quelle vie orageuse elle m'a faite, que de fois déjà je l'ai quittée, après des scènes, des tourmentes et que de fois elle m'a reconquis !... C'est Lydia ! Elle me prend, me quitte, me reprend, je la maudis et je la regrette, je l'exècre pendant des mois et je n'ai pas la force de m'en détacher complètement !... quel étrange imbécile que l'homme !

Gometz essayait de sourire, mais il gardait toujours son air sombre.

— Allons, il faut un peu de philosophie ! vous voyez que j'en ai, moi, dit Chevreuse, pour en finir avec cette explication embarrassante, au revoir, capitaine, et meilleure chance !

Le capitaine s'en alla rejoindre Lydia qui assise droite sans bouger laissait son regard errer dans le vague par-dessus les gabions de la tranchée. Puis tous deux disparurent sous les arbres.

— Sacrebleu ! murmura Chevreuse, il était écrit que je le reconcilierais avec quelqu'un, ce ne pouvait être avec sa femme, c'est avec Lydia ! C'est ennuyeux pour moi !... Enfin !...

Et il rentra dans la maison, où ses amis abrités par la persienne regardaient s'en aller le capitaine et la chanteuse. Blaes et le lieutenant Gustave éclatèrent de rire à la vue de sa mine déconfite. Chevreuse les regarda un instant, puis fit comme eux. Ses chagrins ne duraient jamais longtemps, en quelques minutes il fut consolé et se mit à se moquer philosophiquement de sa déconvenue avec ses amis.

IX

La neige couvrait d'un épais manteau blanc la maison de Gardel et son jardin. La triste neige de 70, linceul de tant d'espérances. Sous ce ciel livide, Paris était tout blanc ; le même manteau glacé s'étendait sur les rues, les remparts et les casemates, les tranchées et les forts, sur la morne campagne saccagée, sur les villages prussiens hérissés de canons, sur les barricades des défenseurs et les batteries des assiégeants.

La neige partout, blanchissant et glaçant les longues queues de femmes aux portes des boucheries et les pauvres soldats tiraillant dans les tranchées, amortissant tous les bruits, même les roulements du canon.

Dans la rue de Bagnolet, derrière un convoi d'artillerie montant au fort de Rosny, traîné par des chevaux maigres dont le poil non coupé depuis l'hiver, avait poussé, un homme et une femme avançaient péniblement à travers les flaques boueuses et les sillons tracés dans les tas de neige.

L'homme, un officier de francs-tireurs botté jusqu'aux genoux, était le bon compagnon Chevreuse. La femme, grande et forte, masculine de mouvements, chaudement vêtue, coiffée d'une capeline rouge, c'était Mlle Gaudemar. Du panier qu'elle portait à la main avec précaution s'échappaient parfois des miaulements plaintifs qui faisaient retourner les passants.

— Savez-vous qui vous me rappelez, sans comparaison? dit Chevreuse se retournant vers Mlle Gaudemar, à un miaulement plus prolongé, vous me rappelez la femme au perroquet, vous savez, qui se promène toujours avec un perroquet sur la main...

— Soit, dit Mlle Gaudemar, riez tant que vous voudrez, mais j'aime mieux ressembler à la femme du perroquet qu'à la mère Michel! J'ai tiré jusqu'à présent mon pauvre Saugrenu de tous les périls, je veux continuer!

Mlle Gaudemar n'osait plus quitter Saugrenu maintenant. Tant de chats infortunés transformés en gibier avaient connu les horreurs de la casserole où ils avaient pu fraterniser d'ailleurs avec leurs camarades de l'espèce canine.

— Ma foi aujourd'hui je n'avais pas à craindre qu'il me dévorât mes provisions, reprit Mlle Gaudemar, je l'ai emporté dans mon panier... Silence, Saugrenu, nous arrivons... Monsieur Chevreuse, puisque vous déjeunez avec nous, vous ferez maigre chère, je n'ai que des harengs salés, mais par bonheur, mon boucher m'a laissé tricher, j'en ai plus que mon compte !

— Que voulez-vous ! dit Chevreuse, tant pis pour les pique-assiettes !

— Par exemple, nous nous rattraperons sur le dessert... j'ai de l'excellent pain d'épices, il est un peu sec, mais vous avez des dents ! ah ! un instant, attendez, je vois quelque chose à ajouter au dessert...

Mlle Gaudemar laissa Chevreuse au milieu de la chaussée et se précipita dans une boutique. Aux bocaux de la devanture Chevreuse reconnut une pharmacie. Il s'arrêta intrigué. Mlle Gaudemar resta quelques minutes chez le pharmacien, on lui enveloppa quelques petits paquets qu'elle glissa dans son panier en entre-bâillant délicatement le couvercle.

— Vous allez faire un vrai festin, dit Mlle Gaudemar en rejoignant son compagnon, vous verrez quand vous serez à table, — Là, maintenant, nous sommes arrivés, nous prenons la première rue à gauche.

Chevreuse n'avait obtenu de voir Gardel qu'après des négociations très laborieuses avec Mlle Gaudemar, mais enfin celle-ci, après en avoir conféré avec Gardel et Octavie, s'était décidée à l'amener elle-même.

Les ruelles conduisant à la maison de Gardel avaient un demi-pied de neige ; nul chemin tracé, les passants étaient rares, des pas enfoncés dans la neige dessinaient une petite rigole au milieu des sentiers, le long des haies couvertes d'un habit de neige hérissé de pointes et crevassé par place.

— C'est ici, dit Mlle Gaudemar en ouvrant la barrière d'un jardin devant Chevreuse surpris.

Au bruit de leurs voix, la porte d'une petite maison bâtie sur le côté du jardin s'ouvrit et Gardel parut sur le seuil.

— Eh! mais, dit Chevreuse après avoir serré la main de son ami, c'est un campement aussi!...

— Campement de paysagiste, répondit Gardel, nous sommes très bien ici... Entre, nous avons du feu, ce qui commence à être du luxe à Paris...

Chevreuse salua Octavie, qui pour se donner une contenance embrassait Mlle Gaudemar.

— Allons! fit Mlle Gaudemar pour couper court aux premiers moments d'embarras, il se fait tard, nous vous laissons causer, messieurs, et nous nous occupons du déjeuner.

— Qu'avez-vous acheté chez le pharmacien? dit Chevreuse, voyons, mademoiselle, ne me laissez pas languir!

Déjà Saugrenu avait été mis en liberté et s'était installé devant le poêle en personne de la maison.

Mlle Gaudemar vida son panier, tirant avec soin un grand nombre de petits paquets.

— Voilà le menu, dit-elle, harengs salés, pain d'épices et pâtes variées: guimauve, liken et jujube! Hein! n'était-ce pas une bonne idée, une véritable illumination de génie qui m'est venue devant les bocaux de pharmacien.

— Bravo! dessert pharmaceutique, hygiénique et nourrissant! honneur à l'ingénieuse Mlle Gaudemar!

Gardel riait.

— Si tu savais, dit-il, à quel point Mlle Gaudemar pousse l'ingéniosité! toujours du nouveau, toujours elle médite, elle invente, elle compose des mets extraordinaires!

— J'ai abandonné les beaux arts, dit Mlle Gaudemar, il faut bien que j'emploie mon génie à quelque chose! Maintenant nous allons étudier la *Cuisinière bourgeoise* pour savoir ce qu'on peut faire de ces harengs.

Chevreuse l'arrêta.

— Attendez, mademoiselle, me prenez-vous pour un pingre? Sachez que j'apporte quelque chose pour le festin.

Sous son manteau, Chevreuse avait les poches de sa vareuse gonflées; comme Mlle Gaudemar, il en tira un certain nombre de petits paquets : un sac de riz, quelques oignons, un morceau de lard, et enfin des pommes de terre enveloppées de papier de soie.

— Je regrette, dit-il à Gardel, de n'avoir pas attrapé une poule comme le jour où tu es venu me voir, mais les poules se font rares et voilà tout ce que j'ai trouvé de mieux et de plus succulent !

— Mais c'est superbe, s'écria Mlle Gaudemar, nous allons déjeuner comme Lucullus lui-même.

— Le riz et le lard viennent des provisions du bataillon, quant aux pommes de terre et aux oignons, c'est un produit du maraudage.

— Si tu veux toujours te montrer aussi généreux, dit Gardel, viens le plus souvent que tu pourras !

Pendant que les deux femmes s'occupaient de préparer le déjeuner dans la pièce d'entrée servant de salle à manger et de cuisine, Gardel fit passer son ami dans la seconde où il avait tant bien que mal casé ses toiles, ses chevalets et son mobilier d'atelier.

— Tu travailles ! s'écria Chevreuse à la vue d'une petite toile franchement peinte posée sur un chevalet.

— Au bruit du canon des forts du Nord et du plateau d'Avron qu'on entend d'ici parfaitement, comme tu dois t'en apercevoir toi-même, répondit Gardel.

— En effet, on l'entend aussi bien qu'à Nogent ! et tu peux travailler !

— Ne faut-il pas faire quelque chose entre deux gardes ? moi, simple garde national, simple guerrier citoyen, je ne suis aux pas avant-postes, je monte la garde tout bonnement, assez loin du danger. Notre service n'a eu rien d'héroïque jusqu'à présent, des gardes aux boucheries, à la mairie, aux remparts, mais les compagnies de guerre du bataillon vont recevoir des chassepots incessamment et l'on nous enverra peut-être rejoindre les mobiles...

En attendant je vais passer vingt-quatre heures tous les trois jours au bastion, je souffle dans mes doigts en montant la garde, et la nuit j'écoute rouler les obus, je regarde le feu des forts illuminer le ciel. En rentrant j'essaie de peindre... Ceci comme tu vois est une esquisse, une idée de tableau qui m'est venue à ma dernière faction avant-hier, vers trois heures du matin.

— Un bastion sous la neige ?

— C'est cela ; dans la nuit éclairée par la neige elle-même, la lividité du bastion blafard sous le ciel noir s'étendant avec une grandeur sinistre. La neige à tous ses états, piétinée et boueuse par endroits, d'un gris sale à côté, nette et vierge plus loin, avec des traînées de givre, des lignes de pas, avec des plaques livides, des boursouflements sur les talus et les casemates, des lignes blanches sur les canons, la neige partout, — j'y retournerai faire une étude ?... Hé, mon ami, tu ne dois pas t'étonner, il me faut travailler sérieusement, je me sens de lourdes responsabilités ! ne faut-il pas songer à l'avenir ? Tout projet, tout espoir doit être suspendu maintenant, mais après la tempête la vie reprendra son cours ! Mais parlons de toi !... Tu es toujours à Nogent ? Tu as trois galons à ta vareuse, tu es capitaine ?

— Oui, je commande la compagnie maintenant.

— Gometz ?

— En commande une autre... je n'en suis pas fâché, nous étions brouillés, ainsi que je le disais à Mlle Gaudemar, Gometz est toujours sombre et particulièrement irascible maintenant. Mlle Gaudemar t'a raconté l'affaire ?

— La rencontre de sa chanteuse ? oui !

— La rencontre amenée par moi, ce qui m'a brouillé avec lui, car il m'en veut. Il est jaloux ; quand par hasard il est forcé de me parler, une sourde irritation se devine à travers ses paroles, sa jalousie perce, il est jaloux, honteux, et furieux de sa jalousie !

— Mais cette Lydia, où est-elle ?

— Lydia ? il lui a trouvé un logement à Nogent, où il m'a semblé qu'elle s'ennuyait considérablement, car je l'ai revue, rencontrée plutôt... Lydia, c'est son vieux péché, il y retourne toujours ; c'est pour elle et à cause d'elle qu'il a tout gâché, qu'il a quitté la France, qu'il est allé en Crète, qu'il en est revenu ! De près, de loin, malgré brouilles et tromperies, malgré scènes et querelles, elle le tient et le reprend toujours... Ainsi je la rencontre au quartier Latin, tombée faute d'engagement dans un bouibouis, je l'amène à Nogent, elle le revoit et le reconquiert tout de suite, malgré une terrible brouille d'un an, bien qu'elle l'eut outrageusement trompé et que trois mois juste après son retour de Crète et la réconciliation elle l'eut planté là sans dire gare, pour suivre je ne sais qui, un boursicotier juif de Marseille !... Pour le moment je sais qu'ils se querellent déjà gentiment. Ce sont deux caractères emportés, violents, mais Lydia est la plus forte ! Si tu avais vu ses sourcils noirs et l'éclair de ses yeux quand ils se sont trouvés face à face, dans la tranchée de l'île de Beauté ! Lui a sursauté, il a pâli, rougi, tandis qu'elle n'a pas bronché et vous l'a regardé en face, droit dans les yeux ! Lydia, c'est une domptueuse !

Mlle Gaudemar, ouvrant la porte, interrompit Chevreuse, le déjeuner était prêt dans la salle à manger, une vraie cuisine de campagne avec sa haute cheminée, ses poutres saillantes et ses fenêtres à petits carreaux. On eût pu se croire bien loin de Paris, dans quelque vrai village. Par les fenêtres, le jardin apparaissait tout blanc, un carré de neige immaculée, semé de gros bouquets de givre formés par des groseillers ; dans le fond des peupliers étincelaient et les oiseaux voletaient çà et là, piquant la neige à coups de bec. Une belle journée d'hiver ; un rayon de soleil perçant à travers le brouillard illuminait tout, ramenant avec lui comme un rayon d'espérance et de gaieté que le grondement du canon, auquel on avait eu le temps de s'habituer, ne parvenait pas à dissiper.

C'était, grâce à l'ingéniosité de Mlle Gaudemar et à la munificence du convive, un vrai festin que ce déjeuner. Beaucoup de plats et encore plus de desserts ; outre le pain d'épices et les pâtes pectorales, Mlle Gaudemar avait sorti un pot de confitures, un des derniers de la provision rapportée d'Amiens par elle.

A part Octavie, toujours un peu souffrante et reprise par ses mélancolies passées, tout le monde se montra fort gai et fit bonne fête aux plats composés par Mlle Gaudemar. Chevreuse avait beaucoup de choses à raconter, c'était maintenant un vieux soldat, il avait à dérouler les mille souvenirs de ses trois mois de campagne et d'aventures, les escarmouches, les maraudes, — très chapardeurs les francs-tireurs, de vrais Africains sous ce rapport — les tiraillades dans les tranchées, les nuits d'embuscade, les réveils brusques et les alertes, les misères et les drôleries, les attaques, les grandes sorties....

— Et Blaes? nous oublions Blaes? demanda Gardel quand Chevreuse eut tout raconté.

Gardel avait toujours eu un faible pour son ami Blaes, nature de poète, aigrie et ravagée par de furieux désirs de fortune, par des ambitions impatientes, personnalité double, composé d'un garçon bon, franc et joyeux par moments, aimant la vie, le rire et l'expansion, et d'un être froid, envieux, rageur, disposé à se jeter dans les chemins difficiles et à marcher sur quiconque lui barrerait le passage.

— Blaes? dit Chevreuse, je ne l'ai pas revu depuis Champigny, son ambulance est partie, il doit être pour le moment du côté du Bourget.

TROISIÈME PARTIE

I

— Ce que tu as de mieux à faire, mon cher Gardel, dit Blaes en entraînant son ami dans un coin de son bureau, puisque tu n'es pas des nôtres, c'est de filer, c'est de quitter Paris et de t'en aller bien loin, le temps de laisser Versailles et la Commune débrouiller leurs affaires.

— Impossible, je le voudrais bien pourtant, mais c'est impossible, pour trente-six bonnes raisons, d'abord tes amis les fédérés ne laissent pas sortir les hommes au-dessous de quarante ans !

— Ça, ce n'est rien, je te procurerai un laissez-passer.

— Il y a d'autres raisons... mais Chevreuse ne t'a-t-il pas dit ?

— Oui, Chevreuse m'a tout raconté ! souhaite notre triomphe, nous établissons le divorce.

— Gardez-vous d'en parler, vous empêcheriez vos futurs vainqueurs de l'établir !... Tu as vu des situations analogues à la nôtre, mais en apparence seulement, car si nous ne sommes pas mariés, nous, c'est qu'un obstacle réellement infranchissable s'est dressé devant nous... la situation se modifiera peut-être un jour sans que la consécration officielle puisse rien ajouter aux sentiments de tendresse profonde et durable qui nous unissent, elle et moi... Enfin, la raison pour laquelle je suis forcé de rester à Paris, c'est que ma femme est malade, les émotions du siège et les souffrances morales de toutes sortes l'ont abattue... et puis...

Gardel hésitait.

— Et puis ?

— Et puis, avant peu, nous aurons un enfant !

— Aïe ! fit Blaes.

— Oui, il débute mal ; hélas ! il vient à la vie en des moments difficiles, comme une difficulté de plus ! tu comprends qu'il ne nous est guère possible de partir ! Et à tout cela s'ajoute encore un autre motif qui à lui seul en vaut bien d'autres, c'est que l'argent se fait rare !

Cette conversation avait lieu dans les bureaux du *Tocsin*, journal révolutionnaire dirigé par Blaes.

Les mauvais jours avaient passé, les jours mauvais étaient venus. Après les misères et la faim des derniers temps du siège, après la signature de la paix, l'espoir renaissant comme une aube de printemps, la Commune était survenue, la révolte honteuse, sanglante, l'explosion de la chaudière parisienne surchauffée.

Blaes avait quitté son ambulance après le siège, et, revenant sur les dégoûts éprouvés, il était rentré dans la mêlée avec son journal comme arme de combat. A la toute-puissance des comités, des meneurs de quartiers et des grands meneurs de comités centraux, s'ajoutait la toute-puissance du journal audacieux et brutal, pastichant les feuilles de 93, frappant fort, sans scrupules, sur les cerveaux ignares ou détraqués. Blaes croyait l'heure bonne, la minute venue des coups d'audace. S'il ne brusquait pas la fortune, cette fois, c'était fini... C'était l'occasion tant cherchée, tant appelée. Et, brûlant tous ses vaisseaux, coupant tous les ponts derrière lui, il s'était lancé dans la sombre et laide aventure, sans illusions aucune sur rien, ni sur personne, comptant uniquement sur le grand faiseur d'hommes, sur le grand débrouilleur d'événements et de fortunes, sa Toute-Puissance le Hasard.

Il était Membre de la Commune, redouté et populaire pour la brutale violence de ses articles dans son journal et de ses discours à l'hôtel de ville.

— Veux-tu un grade ? Veux-tu une place ? reprit Blaes, je te fais nommer ce que tu voudras.

— Grand merci ! Je suis Versaillais, autant que je suis, et, malgré tout, ton ami au fond du cœur. Ni un coup de plume, ni un coup de fusil pour la Commune.

— Mais tu es garde national ?

— J'ai rendu mon fusil en février.

— Au moindre ennui réclame-toi de moi ! dit Blaes ; tiens, en attendant, voici une carte d'ambulancier, si on t'inquiète, montre-la...

— Merci, mais des moments difficiles peuvent venir pour toi comme pour moi, car enfin, voyons, toi, homme intelligent, tu ne crois pas au succès.

Les deux amis gardèrent un instant le silence.

— Le succès ! dit Blaes en se promenant de long en large, le sort en décidera. Moi, veux-tu que je te dise, au fond j'ai tout ça, mes hommes, mes amis et moi-même, en horreur et mépris... oui, pendant le siège j'ai eu un moment de faiblesse et j'ai tout lâché, mais la faiblesse est surmontée... maintenant tant pis, je ferme les yeux et je fonce la tête en avant à travers ma destinée, tant pis pour qui se trouvera devant moi, je marche et je marcherai sur tous, amis ou ennemis ! Eh parbleu, ça ne va pas tout seul et il y a des difficultés, mais un obstacle peut être aussi un marche-pied, il ne s'agit que de monter dessus !

L'œil de Blaes devint plus ironique.

— Après tout, crois-tu donc vraiment à quelque chose, reprit-il ? dis-le, et je pourrai te démolir l'une après l'autre toutes tes croyances. L'amitié sincère, incurable naïf, sache que c'est le sentiment qui nous attache aux gens dont nous avons besoin ! L'amour ? la liberté ? la justice ? Toutes ces fadaises ne tiennent plus... Écoute, voici ma bible actuellement : l'ami sûr, la femme fidèle, les jouissances de la vie, la force, la puissance, tout cela se condense dans l'Argent, soleil du monde! l'Argent, principe vital, essence de toutes choses ! Comme les végétaux se tournent vers le soleil, nous nous tournons vers l'argent et l'aspirons par tous les pores.

— Eh ! mon ami, je n'en demande pas tant ! les éléments du bonheur sont d'ordre intérieur et non extérieur ; tout homme les porte en soi, s'il ne les sent pas, il est inutile de les chercher ailleurs !...

— Sois modeste en tes vœux, si c'est ta nature, moi je n'ai pas ta discrétion. Et puis, vois-tu, on ne vit et on ne meurt qu'une fois, hors, je tiens à soigner le temps de mon court passage sur cette terre ! je joue et je sais ce que je risque ; si je gagne tant mieux, si je perds tant pis, je paierai ! je suis net et franc, tu le vois, je ne fais pas de phrases et je ne te dis pas de bêtises, je réserve ça pour l'hôtel de ville ou pour le journal...

— La partie ne me plaît pas.

— A ton aise ; quand j'aurai l'argent, parbleu, mon camarade ! j'aurai tout ! Dans le combat pour la vie, dans la grande guerre universelle, pour la conquête de l'argent, on a le droit de chercher le poste le plus favorable, le chemin qui mène plus directement au but, n'est-ce pas ? Tu crois encore à l'Art, à la fois but et moyen, toi, grande bête, tête pleine et ventre creux ! Moi, pour le moment, je fais de la politique, c'est plus sale, mais c'est plus lucratif ! je ferai de l'art plus tard, je ne laisserai chanter le poëte — et tu verras quels beaux vers ! — que seulement, entends-tu bien, seulement lorsque l'homme aura le ventre plein, — s'il n'a pas douze balles dedans auparavant !

— Oui, Blaes, tu fais de la politique, mais la besogne te dégoûte, et tu la fais brutalement pour en avoir plus vite fini. C'est là ton erreur ; ceux qui parviennent par la politique, vois-tu, sont ceux-là que la besogne ne dégoûte pas, qui la font par goût et prudemment ! — Oui, ceux-là parviennent à tout, mais j'ai peur que ta manière ne soit pas la bonne !

— Nous verrons bien ! allons, au revoir, nigaud... ou trop prudent !

— Au revoir, malade ! dit Gardel.

Gardel remonta chez lui peiné, il aimait réellement Blaes, qui lui semblait la victime d'une maladie. Sa fringale d'argent, sa volonté de parvenir n'importe comment, tous ses désirs surexcités allaient le buter à des obstacles qui ne lui serviraient pas de marchepied.

Gardel et Octavie habitaient encore là-bas, à Charonne, dans la petite maison où ils avaient passé le siège ; maintenant le jardin, sorti des neiges et des boues de l'hiver, se montrait vert et fleuri, plein d'herbes folles et de fleurs des champs ; les arbres et les haies des sentiers avaient des feuilles, dans lesquelles très joyeusement chantaient des familles d'oiseaux. La santé d'Octavie était languissante, c'est à peine si le printemps et le soleil exerçaient sur elle leur douce influence. Tant de soucis et tant de craintes l'assaillaient encore après les douleurs du siège ! Une accalmie était survenue qui n'avait guère duré ; la révolution communale éclatant, la situation était devenue tout à coup aussi grave qu'aux plus mauvais moments.

Que d'angoisses dans les derniers jours ! En décembre, pendant les grands froids de ce particulièrement cruel hiver, quelques jours après que Chevreuse était venu les voir, Gardel était parti pour le rempart avec l'intention de profiter de sa journée de garde pour faire une étude de son bastion sous la neige. Levé à l'aurore, il avait endossé sur sa vareuse un pardessus, pris une couverture en bandoulière et glissé une boîte de couleurs dans sa musette. Et après avoir bu un verre de vin chaud, il était sorti dans la neige, la bretelle du fusil sur l'épaule, pour gagner le rendez-vous de sa compagnie.

Il était tranquille sur Octavie, Mlle Gaudemar s'était décidée à rester, on lui avait arrangé un lit dans la pièce servant d'atelier à Gardel et elle allait camper avec ses amis jusqu'à la fin du siège.

— Ce n'est pas pour vous d'ailleurs, avait-elle dit en réponse aux remerciements de Gardel, c'est pour Saugrenu qui s'ennuie quand je le laisse seul là-bas, et que les allées et venues contrarient.

En avant pour le bastion, après la station devant le cabaret où gradés et non gradés trinquaient fraternellement, et en avant le tambour et la chanson trop libre des gardes nationaux pataugeant dans la neige fondue sous les pas!

Gardel n'avait pas de faction à monter en arrivant; après avoir déposé son fusil dans le baraquement, il prit sa boîte, et, assis sur un gabion, au coin d'une embrasure où il avait marqué sa place, il commença une étude pour le tableau projeté.

Il faisait froid, un froid humide, pénétrant. Le ciel était bas et gris, presque noir, il fallait souffler sur ses doigts pour tenir le pinceau, mais Gardel craignait un dégel qui changerait son effet, il tenait à finir son étude. Il resta trois heures dans la neige, les pieds peu à peu mouillés et engourdis, jusqu'au moment où, l'étude terminée, il put l'emporter et s'en aller déjeuner chez lui. Ce jour-là, malgré le grog chaud préparé par Octavie, il ne put se réchauffer. De retour au bastion, il passa une mauvaise nuit; il avait une heure de faction à faire à trois heures du matin; malgré la peau de mouton que les factionnaires se repassaient, il se sentit dès qu'il fut dehors transpercé par la bise glaciale. Il frissonnait et cependant sa tête brûlait, il marchait, marchait, claquant les dents, la tête basse, les sourcils froncés, s'efforçant de dominer le mal. Quand on releva les factionnaires, il rentra au baraquement étourdi, dans une sorte de rêve. Il y avait deux baraquements dans le bastion, pour deux compagnies, mais les hommes en brûlaient un, morceau par morceau, pour chauffer l'autre. Gardel ne retrouva point sa place sur le lit de camp, il dut rester assis par terre pendant tout le temps de la nuit.

Enfin la compagnie descendit de garde. Haletant, gelé jusqu'aux moelles et brûlant de fièvre, Gardel, rentré chez lui, ne put que se jeter sur son lit. Mlle Gaudemar avait couru chercher un médecin. Fluxion de poitrine! Quand le médecin eut prononcé ce mot, Octavie, malade elle-même et couchée, se trouva subitement guérie et vaillante. Malgré sa situation, jour et nuit pendant quelque temps, elle fut au chevet de Gardel, luttant avec Mlle Gaudemar, qui voulait prendre pour elle toute la tâche. Forte, active, énergique, elle ne broncha pas une minute devant le mal, Mlle Gaudemar ne la reconnaissait pas et ne l'appelait plus madame Sang-de-Navet.

Gardel par bonheur, après la grosse fièvre des premiers jours, réagit énergiquement et se cramponna de toutes ses forces; le mal dominé, il fut bientôt en voie de rétablissement.

Les dernières semaines du siège venaient, semaines de désastres, semaines de privations. Mlle Gaudemar ne quitta pas ses amis, elle tint jusqu'au bout avec eux. Luttant pour la nourriture, comme elle disait, et déployant des trésors d'imagination et d'éloquence pour découvrir ou obtenir des vivres suffisants et en tirer parti malgré leur très médiocre ou plutôt tout à fait mauvaise qualité. Ce fut un duel épique avec la *Cuisinière Bourgeoise*. Enfin on en sortit vainqueur. On était maigre mais vivant. Saugrenu, très porté sur sa bouche autrefois, avait dû se résigner à mettre un frein à ses passions gastronomiques ; à la fin du siège il n'était plus ni gourmand ni gourmet et s'accommodait de tout, de morue et de hareng fumé, de trempettes au vin sucré et de chocolat à l'eau.

Quand il refit dans le panier de sa maîtresse le voyage de la rue Bonaparte pour réintégrer ses foyers, on eut de la peine à le reconnaître ; le chat honnête et placide, bedonnant dans sa belle fourrure blanche, revenait avec une maigreur de matou de gouttière et une espèce d'allure déhanchée qu'on ne lui connaissait pas et qu'il avait pris à Charonne dans les courses à travers champs et jardins, lorsque, lancé, loin de la surveillance et de la protection de sa maîtresse, à la chasse aux oiseaux et aux mulots, il devait ruser, avoir l'œil alerte, déployer une fertilité de stratagèmes, une souplesse et une agilité extraordinaire, pour prendre son gibier et n'être pas pris lui-même par des affamés qui l'eussent volontiers mis à la casserole.

L'argent s'était fait très rare chez Gardel à la fin du siège. Dans l'intervalle, entre le siège et la Commune, il réussit à vendre à un marchand sa *Noce Bretonne*. Un monsieur qui achetait de la peinture, oiseau rare en mars 71 ! Il est vrai qu'il ne la payait pas cher, un certain nombre de pièces de cinq francs qui parurent un trésor à Gardel et à Octavie. Une pièce de cinq francs en ce temps de pénurie, après les jours de famine où il avait fallu vivre avec les trente sous du garde national, avait droit à tous les respects. Et puis cet argent, c'était le premier gain, le retour au bon travail, le recommencement de la vie.

Puis la révolution communale avait éclaté, l'attaque d'épilepsie politique la plus violente depuis 93 commençait.

Qu'est-ce que la civilisation ? Un édifice de pièces et de morceaux sujet à des craquements. L'édifice craque, mais il y a tant d'étais que ce ne peut être que pour un temps, moment difficile pendant lequel la brutalité et la férocité natives de l'homme reparaissent.

Et les angoisses reprenaient pour Octavie qui craignait de voir Gardel forcé de reprendre son rang dans son bataillon de la garde nationale. Le quartier par bonheur était peu habité ; les jardiniers et maraîchers du voisinage n'étaient point de farouches fédérés, ils s'étaient remis à leurs salades et à leurs choux et ne demandaient pas à marcher sur Versailles comme les bataillons des grands faubourgs populaciers. Gardel n'avait pas peur, avec du sang-froid et de l'intelligence on peut espérer de se tirer d'affaire dans ces grandes bagarres. Il était résolu à attendre, dans la petite maison, retraite sûre, à l'abri de toute indiscrétion, les deux grandes choses désirées ardemment, la fin de la guerre civile et la délivrance d'Octavie. Après on verrait. Nulle résolution ne pouvait être prise avant que tout fut fini. Personne, sauf Blaes et Chevreuse, ne connaissait leur asile. Mlle Gaudemar venait de temps en temps passer une journée avec ses amis, en laissant, maintenant qu'il n'y avait plus de dangers pour lui, Saugrenu à la maison. Quand le moment de la délivrance approcherait, elle reviendrait près d'Octavie comme aux mauvais jours du siège.

Grâce à la carte d'ambulancier remise par Blaes et à une carte de civisme que celui-ci avait envoyée depuis, Gardel était tranquille. Si on tentait de le réintégrer dans sa compagnie, il pourrait se défendre.

Chevreuse était venu trois fois voir son ami depuis la fin du siège. La première fois, c'était quelques jours avant le 18 Mars. Chevreuse n'était plus franc-tireur, il refaisait un peu de journalisme dans une feuille très écarlate et il attendait les événements, tout désorienté, tout ennuyé du retour à la vie tranquille. Les distractions des avant-postes, l'imprévu, les dangers même, tout cela lui manquait.

La seconde fois il arriva rayonnant. Il avait de grandes et magnifiques bottes, un uniforme à revers rouges et un sabre de cavalerie. Il était devenu officier d'un corps de marins de la Commune en formation. Il ne resta que cinq minutes cette fois-là et il partit ; il allait à Belleville chercher un certain nombre de volontaires, de jeunes enragés, des risque-tout du pavé de Paris. Quand il revint la troisième fois, vers la fin d'avril, nouvel avatar, il avait changé de peau, il était devenu aide de camp d'un général quelconque, couvé par les clubs et soudainement éclos dans toute sa gloire au soleil du 18 Mars. L'uniforme restait à peu près le même, les revers rouges étaient un peu plus grands, et il avait ajouté des éperons à ses superbes bottes.

L'enthousiasme avait baissé. Chevreuse confia tout bas à son ami que tout ça commençait à le dégoûter. Il traitait même assez cavalièrement son général et les citoyens membres de la Commune. Encore quelques jours et il leur jetait sa démission à la tête, ce qui était une façon de parler, car il se contenterait d'envoyer promener le général et de ne pas reparaître à son quartier général.

— Et à propos de généraux, dit-il à Gardel en l'entraînant à part, tu sais que j'ai revu Gometz !

— Ah ! il est général ? fit Gardel, assombri tout de suite au seul nom de l'ennemi.

— Non, il n'est que commandant ; on lui a donné à commander les compagnies de guerre d'un bataillon de purs, des gens de par ici, même, ou de Ménilmontant, je te le dis afin que tu sois prévenu...

— Je te remercie.

— Mais je ne crois pas qu'il rentre souvent dans Paris, il est à Neuilly avec son bataillon de purs, et il restera, sinon à Neuilly, du moins hors Paris, jusqu'à la fin. Tu sais, je connais un peu les coulisses de cette guerre, on a quelque peine à faire sortir les bataillons, mais une fois qu'ils ont franchi la porte et qu'ils sont là-bas, on les garde ! Gometz est en première ligne, dans un endroit où ça chauffe, j'y suis allé avec mon général et les citoyens de sa suite plus ou moins malandrins... Je voudrais que tu voies ça, quand nous traversons la foule, place Vendôme, quelle cavalcade ! nous sommes là des gaillards de tous poils et de tous pays, des Italiens, des Hongrois, des Polonais, des Bellevillois et même un nègre, un Turco qui n'abandonne pas son chassepot, même à cheval, et qui galope accroupi sur sa selle en poussant des cris furibonds... Et l'imbécillité, tu ne t'en doutes pas ! l'autre jour je trottais vers Neuilly, on m'a pris, je crois, pour Garibaldi, car on criait : Vive Garibaldi, sur mon passage ! Et je saluais ! Et on criait !... A Neuilly, Gometz m'a parlé, j'en ai été surpris d'abord, car nous nous étions quittés tout à fait en froid, à cause de Lydia, tu sais ?

— Oui, sa chanteuse !...

— Eh bien, il paraît que Lydia a encore fait une de ces fugues dont elle a l'habitude. Il l'a perdue. Il me questionnait pour voir par hasard si je savais quelque chose... Allons, je m'en vais, au revoir, surtout ne te laisse pas fourrer dans un bataillon...

— Sois tranquille ! Et toi, quitte-moi donc ces gens-là bien vite !

— Oui, ma foi, encore quelques jours, et je lâche la mascarade.

— N'attends pas trop longtemps, la déroute viendra et tu te croiras obligé de rester avec tes malandrins, comme tu dis !

Octavie après le départ de Chevreuse ne dit rien, mais Gardel comprit à sa pâleur qu'elle avait entendu ce que son ami avait dit de Gometz.

Les journées passèrent et Gardel ne vit plus revenir Chevreuse.

II

Une belle nuit, Gardel et Octavie furent réveillés en sursaut par un furieux bruit de tambours. Octavie, prise d'un tremblement nerveux, se serra près de Gardel, et tous deux, les yeux grands ouverts dans l'obscurité, ils écoutèrent.

Deux tambours, qui faisaient du vacarme comme huit, marchaient dans la rue, battant un rappel effroyable ; ils passèrent devant la maison, faisant trembler les carreaux et peu à peu le bruit s'éloigna ; mais du côté de la rue de Charonne et plus loin, dans le fond de Paris, assourdis par la distance, d'autres roulements s'entendaient.

— C'est la générale ! dit tout bas Gardel.

— Écoute ! les cloches maintenant, le tocsin ! fit Octavie éperdue.

En effet, à de lointaines églises, le tocsin sonnait. L'oreille prévenue, s'affinant par l'attention et la volonté, percevait maintenant cent rappels de tambours, des sonneries de cloches arrivant par bouffées et au-dessous de tous ces bruits, comme de confuses rumeurs.

— Eh bien ! tant mieux ! s'écria Gardel, c'est la délivrance, voici enfin les Versaillais !

Toute la nuit les rumeurs grondèrent en augmentant et Octavie resta frissonnante. Au jour, Gardel s'en alla aux nouvelles.

Il ne revint qu'à midi. Oui, les Versaillais étaient entrés et déjà ils tenaient une bonne partie de Paris. Gardel s'était avancé un peu loin, il avait voulu voir et savoir. Partout des hommes, des femmes et des enfants travaillaient activement à la construction des barricades. « Citoyen, un pavé ! » Il fallait, sans barguigner, mettre un pavé à chacune en passant. Des bataillons se réunissaient et la générale enragée de la nuit retentissait partout. Aux Halles, il se trouva au milieu des débris de bataillons revenant de Passy et de Neuilly, des hommes éreintés, couverts de poussière, ahuris et comme hébétés par la surprise.

Il questionna, poussé malgré lui par une pensée qu'il se reprochait, pour s'informer de Gometz. Aucun de ces hommes ne put rien dire.

Le canon grondait, c'était le canon versaillais qui tonnait dans les Champs-Elysées, et le grand bastion Gaillard de la place de la Concorde qui répondait. Gardel passa de l'autre côté de l'eau pour tâcher de savoir si Chevreuse était à l'abri, mais il repassa bien vite la Seine, on venait de l'avertir qu'on allait peut-être couper les ponts. Il était temps : derrière lui les gardes nationaux barrèrent le Pont-Neuf et empêchèrent de passer.

Effrayé à la pensée qu'il avait failli laisser Octavie seule, il remonta bien vite vers la petite maison de Charonne ; mais les barricades se multipliaient, les rues s'obstruaient, il fallut mettre bien des pavés, contribuer à dresser des obstacles, à élever des forteresses contre ceux qu'il appelait de tous ses vœux. Il dut aussi faire bien des détours pour éviter des compagnies de garde nationale et des rassemblements où le passant non armé était regardé d'un œil menaçant, questionné même et interpellé par les femmes surtout, plus furieuses que les hommes. La carte d'ambulance de Blaës servit plusieurs fois à le tirer d'entre les mains des gardes nationaux soupçonneux.

Il mit beaucoup de temps à faire la route et il n'arriva chez lui qu'à midi, au moment où Octavie en larmes désespérait de le voir revenir.

— Tu ne sortiras plus ! promets-moi que tu ne sortiras plus ! gémit-elle en l'étreignant après un premier cri de joie. On est venu tout à l'heure te chercher de ton ancienne compagnie, j'ai été vaillante, j'ai menti, je leur ai dit que tu étais parti à ton ambulance ! Pourvu qu'ils ne reviennent pas, mon Dieu ! J'étais heureuse, quand ils sont venus, de te savoir dehors, et quand ils sont partis, je suis retombée dans les transes de ne pas t'avoir là près de moi ! Des dangers partout maintenant !

— Bah ! nous aurons peut-être un moment difficile à passer, mais nous nous en tirerons ! Ne crains rien, sois brave, puisque après tout nous allons rester cachés, nous tenir tranquilles ici !...

Trois journées et trois nuits se passèrent. Journées longues, pesantes, pleines d'angoisses, nuits plus longues encore. Dans le quartier l'immense branlebas continuait, tambours, clairons, rumeurs, passages de compagnies, construction de barricades. La grande voix du canon tonnant de tous côtés, les premiers obus arrivant on ne savait d'où, un roulement continu, une sorte de ronflement régulier avec des assoupissements parfois et des reprises furieuses et au loin le crépitement strident de la fusillade. La nuit, une immense lueur embrasait l'horizon. Tout Paris semblait brûler. Gardel pénétra la nuit dans un jardin voisin et grimpa sur un arbre; dans l'espace découvert devant lui, une nappe de feu semblait glisser, s'étendre, des tourbillons de fumée couvraient des quartiers entiers, et des tours, des monuments apparaissaient et disparaissaient dans les jets de flammes.

Sur les hauteurs du Père-Lachaise, des éclairs déchiraient l'obscurité, suivis de détonations épouvantables; les batteries établies là par les fédérés tiraient sur Paris en flammes.

Au matin, Gardel et Octavie se regardaient sans mot dire dans leur petite maison qui tremblait de la base au faîte, lorsque tout à coup on heurta brutalement à la porte.

— Holà, eh ! citoyen ! dit une voix, est-ce qu'on reste chez soi quand les autres sont à la barricade, allons, ouvrez un peu plus vite que ça, s'il vous plaît !

C'était la péripétie qui approchait, le moment difficile prévu par Gardel.

Octavie l'avait saisi entre les bras, l'air égaré. Gardel regardait autour de lui. Se cacher ? Fuir ? Comment ? Dès qu'il mettrait le pied dans le jardin, on le verrait par-dessus la haie.

— Allons donc, le citoyen, allons donc ! crièrent quelques voix, il ne va pas nous faire poser devant sa cassine, celui-là, quand il pleut des obus !

Gardel se dégagea des bras d'Octavie.

— N'ayons pas l'air de leur résister, dit-il, et parlementons ! Au pis aller, quand ils m'emmèneraient, je trouverai bien moyen de leur échapper.

Il ouvrit la porte aux gardes nationaux qui commençaient à la secouer avec les crosses de leurs fusils.

Octavie s'était précipitée devant Gardel.

— Que voulez-vous, messieurs ? s'écria-t-elle.

— Parbleu, citoyenne, dit un des gardes, quand les camarades se font casser les os, tout le monde doit y aller, je ne connais que ça ! On nous colle aux barricades pendant que des feignants restent à se goberger dans leur fauteuil ; nous venons chercher les feignants.

— Oui, dit un autre, tout le monde aux flingots ! D'abord, le citoyen était de la compagnie pendant le siège, pourquoi nous a-t-il lâchés ?

— Parce que mon mari est entré dans les ambulances, il a un peu étudié la médecine, dit Octavie, puisant dans le danger une assurance qui était loin de son cœur.

— Pourquoi n'est-il pas à son ambulance?

— Parce que mon ambulance est, à cette heure, entre les mains des Versaillais, dit Gardel.

— Eh bien! alors, c'est bon, dit un sergent en prenant le bras de Gardel, venez avec nous.

— Allons, lâchez-moi, je vous suivrai.

Octavie s'était laissée tomber sur une chaise.

— N'ayez donc pas peur, lui dit un des gardes, il n'y a pas de danger, nos barricades ne sont pas attaquées, nous avons de bonnes nouvelles par un officier qui est venu de la mairie du IIe, les Versaillais sont éreintés. Dans Paris, on dit qu'ils sont cernés sur les boulevards, ils ne viendront jamais jusqu'ici... Ecoutez le Père-Lachaise qui tape sur eux!

Le garde national achevait à peine qu'un sifflement horriblement strident déchira l'air et qu'une détonation accompagnée d'une épouvantable secousse ébranla la maison. Un obus venait de tomber dans le jardin sur la margelle du puits, un éclat enfonça une fenêtre et troua le plafond, toutes les vitres de la maison se brisèrent.

— La réponse au Père-Lachaise, dit le sergent, allons, pressons-nous, ça chauffe!

— Croyez-vous que je puis laisser ma femme, qui est déjà malade, comme vous voyez, répondit Gardel qui soutenait Octavie entre ses bras, exposée aux obus dans cette maison de carton? je vais la conduire à l'abri chez des amis, et je vous rejoins.

Octavie avec beaucoup de présence d'esprit se fit plus lourde entre ses bras et poussa quelques gémissements.

Le sergent grommela.

— Il a raison, dit un garde, pressé de s'en aller, il ne peut pas laisser sa femme comme ça... Gare tout à l'heure qu'il n'y ait un petit citoyen de plus à conduire à la barricade !

Tous se mirent à rire. Gardel sourit pour les contenter.

— Allons, en route, dit le sergent et ne nous faites pas poser ! vous savez, dans votre intérêt, attention, il y a des ordres de la Commune contre les réfractaires ! Ça n'est pas long !

Les gardes nationaux rasés contre les haies détalèrent avec rapidité du côté de la rue de Charonne. Dès qu'ils eurent disparu, Gardel regarda Octavie.

— Allons-nous-en vite ! lui dit celle-ci, ils peuvent revenir et les obus aussi !... Je suis forte, marchons !

— Mais où aller ? s'écria Gardel ; tombant sur une chaise.

— N'importe où, Dieu nous protégera, nous trouverons un asile ! Ici, nous somme trop seuls, il se semble qu'au milieu de la foule le danger est moins grand...

— Mais partout nous nous heurterons à des barricades gardées !

— On nous laissera passer ! les gardes nationaux ont des femmes aussi, pourront-ils arrêter le mari d'une femme dans l'état où je suis ?... J'exagérerai, tu verras ! dit Octavie, s'efforçant de sourire en se suspendant au cou de Gardel.

Les sourcils froncés, Gardel réfléchissait. Il se frappa le front.

— Tâchons d'arriver à la maison de la tante de Chevreuse, dit-il.

Octavie était déjà prête.

— Que pouvons-nous emporter ? dit-elle ! Rien ! Partons ! partons vite !

Le fracas des canons continuait, les ronflements sinistres venaient de partout, du Père-Lachaise et d'autres batteries à droite et à gauche. Octavie jeta un châle sur ses épaules, Gardel y ajouta une couverture et partit avec elle, en prenant à peine le temps de fermer sa porte. Rapidement, sans parler, sans tourner la tête, ils s'enfoncèrent dans les ruelles désertes.

Gardel, anxieux, se demandait si pour échapper à un danger ils n'allaient pas se jeter dans un pire, ils descendaient dans les quartiers populeux où la bataille pouvait être longue et rude. Les troupes, après avoir pris rapidement une bonne portion de Paris, devaient se heurter à des difficultés, car leurs progrès se ralentissaient, il s'en rendait bien compte. La victoire n'était qu'une affaire de temps, Gardel n'en doutait pas, mais par quelles angoisses auraient-ils à passer avant la délivrance finale ?

Ils étaient arrivés à la rue de Puébla sans mauvaises rencontres. Quelques fuyards descendant instinctivement comme eux du côté des quartiers populeux ou des gardes nationaux isolés. Ils ne firent que traverser la rue de Puébla. Une troupe de gardes nationaux passait en courant; à 50 mètres une demi-douzaine de grosses pièces, en batterie derrière une grande maison, tiraient par bordées sur Paris par-dessus les toits de Ménilontant et plus loin des tourbillons de fumée annonçaient d'autre batteries.

Octavie, très forte en partant, sentait sa volonté faiblir. Ses dents claquaient, ses jambes flageolaient.

— Du courage, lui dit Gardel en la soutenant, nous sommes à moitié chemin.

Il allait un peu au hasard, prenant les petites rues de préférence pour éviter les barricades. Les gardes nationaux devenaient plus nombreux, des compagnies passaient, les femmes sur le pas des portes s'interrogeaient, poussant des cris et rentrant bien vite quand un obus éclatait dans une rue voisine. Elles paraissaient furieuses, plus que les hommes, à la mine morne et fatiguée, et elles montraient le poing à Paris.

Malgré ses détours, Gardel finit par se heurter aux barricades. Mais à la vue d'Octavie soutenue presque défaillante entre ses bras, on ne lui dit rien. Gardel sentait qu'il s'égarait, ils revenaient sur leurs pas, ils tournaient comme dans un cercle, repassant par des rues déjà parcourues. Il cherchait à se rappeler, mais il ne connaissait guère le quartier et toutes ces rues coupées, ces barricades, les cris, les obus, l'angoisse qui lui étreignait le cœur, tout cela troublait ses souvenirs. Il demanda la rue des Vignettes, des gens troublés lui répondirent de travers. Ils en étaient loin ! Tout à coup, dans un carrefour fermé part trois petites barricades désertes, il sentit qu'Octavie tombait, elle fermait les yeux, ses jambes tremblaient et pliaient. Il l'assit sur un tas de pavés et désespéré regarda autour de lui. Que faire ? que devenir ?

Les maisons avaient l'aspect sinistre, toutes les persiennes étaient ouvertes, les fenêtres sans rideaux, et sur tous les carreaux, des bandes de papier, précaution prise pour les empêcher de se briser ; dans le haut de la rue aboutissant à la pente de la grande rue de Belleville, deux obus arrivèrent coup sur coup dans les étages supérieurs des maisons et des débris tombèrent à grand fracas sur le trottoir.

Le cœur de Gardel se fondit dans un accès de désespoir, il sentit comme l'écrasement de tous ses rêves d'avenir ; allaient-ils donc mourir là, finir de cette fin stupide, elle, si maltraitée déjà par le sort injuste, lui, si plein de robustes espoirs. victime de l'effroyable explosion du farouche et criminel Paris ?... Paris, monstreux abcès de la France, crevant dans des flots de sang ! Gardel dans ce moment si critique sourit tout à coup, il songeait à Ravenel, le vieux bohême, victime et ennemi de Paris. Que disait-il, à cette heure, celui-là, devant les incendies? Brûle, ville infâme, croule, patrie de l'absinthe et de toutes les folies ridicules ou furieuses, empoisonneuse des corps, des esprits et des âmes !...

Ce ne fut qu'un instant, Gardel passa la main sur son front, il avait retrouvé un invincible espoir et toute son énergie.

Des gens traversaient la rue en courant, la tête basse, avec des matelas sur les épaules.

— A moi! cria-t-il, je vous en prie, à moi!

Les gens s'éloignèrent trop effarés pour l'entendre et disparurent dans une maison, mais un homme qui passait la tête avec précaution par la porte entrebâillée de cette maison, à une vingtaine de mètres, avait vu Gardel et après un moment d'hésitation accourait près de lui.

— Je vous en prie, dit Gardel, nous avons quitté notre maison bombardée pour aller chez des amis, mais nous n'y arriverons jamais, voyez dans quel état se trouve ma femme... Aidez-nous à trouver un asile !

— Venez toujours là-bas, monsieur, il ne fait pas bon dans la rue, repartit l'homme.

Octavie se releva avec peine et, soutenue d'un côté par Gardel, de l'autre par l'homme, elle put marcher vers la maison.

— Mauvais, mauvais, murmurait l'homme, votre dame est dans une position intéressante, les émotions ça ne vaut rien, dans ces états-là!... fichu temps! Comment ça va-t-il finir! Ecoutez les obus! dépêchons-nous!

Il avait l'air d'un brave homme, ou eût dit un petit vieux guilleret de province. Gardel résolut de se confier à lui.

— Pouvez-vous nous donner asile? demanda-t-il.

— Croyez-vous que je vais vous laisser dehors, dites donc, hein? on ne mettrait pas un huissier à la porte par ce temps-ci!

L'homme se mit à rire de sa plaisanterie.

— C'est pas la place qui manque, allez, j'en ai des logements vides!... là, entrez toujours dans la loge et asseyez-vous, ma petite dame, je suis le concierge et pour le moment le patron de la boîte, vu que le propriétaire a filé, rapport à ces messieurs de la Commune...

Dans une petite loge étroite et sombre, éclairée par une seule fenêtre devant laquelle se trouvait une table de tailleur, Octavie se laissa tomber sur une chaise.

— Aïe! aïe! aïe! fichu temps! dit le petit tailleur, avec un accent alsacien très prononcé, je vais vous faire un verre d'eau sucrée, hein, ça vous remettra! Constance! Constance! où est le sucre? oui, je t'en fiche, ma femme est à la cave, elle s'installe, vous savez, ça commence à bombarder raide par ici, il y a eu ce matin une blanchisseuse qui a été coupée en deux net, oui, monsieur, chez elle, tranquillement, et c'est pas fini!...

Il baissa la tête tout en tournant une cuiller dans un verre d'eau,

— Ils sont au Chateau-d'Eau, le faubourg est attaqué! Ça va être dur incessamment par ici, tous ceux qui se battent rappliquent de notre côté! Si vous voulez monter dans les mansardes en haut, vous verrez Paris, un joli feu d'artifice. Gare tout à l'heure! Enfin! Dans tous les cas, nos caves sont solides, il y a déjà du monde, si vous voulez vous y installer le temps que ça bombardera?...

— Merci! dit Gardel, nous avons pu nous sauver avec un peu d'argent, nous serons reconnaissants.

— Bah! bah! ne parlons pas de ça, s'il vous plaît! Bing! entendez-vous, encore un obus qui nous arrive et les autres qui passent, pfuit! pfuit! moi je vous conseille la cave...

— Oui, oui! dit Octavie, qui tressaillait à chaque explosion, rapprochée ou lointaine.

— Venez toujours voir, dit le concierge allumant une petite lampe à essence, nous ferons bail si ça vous convient, vous aurez tout un caveau à vous tout seuls, là, je ne peux pas mieux dire!

Octavie, appuyée sur le bras de Gardel suivit le concierge dans la cave ouvrant par une petite porte sous l'escalier. Il y avait déjà du monde, on entendait parler dans le fond et des lumières brillaient. La lampe du concierge éclaira une grande cave voûtée divisée en compartiments fermés par des planches; dans quelques-uns de ces compartiments des gens organisaient un petit campement, mettant de côté quelques débris de tonneaux non brûlés pendant le siège et des tas de bouteilles vides, pour faire de la place aux matelas roulés par terre. Gardel aperçut en passant des gens qui mangeaient sur une petite table de cuisine; ceux-ci avaient descendu des chaises, des assiettes, des livres et jusqu'à un petit serin jaune voletant dans une cage.

Tout au fond, le concierge s'arrêta dans un petit caveau vide.

— Tenez, là, votre dame sera très bien, dit-il, c'est abrité, c'est sous les bâtiments du fond ; le soupirail donne sur la cour, rien à craindre ! Et vous voyez, il n'y a jamais eu que du charbon de terre, c'est noir, mais ça n'est pas sale... Ecoutez, je peux vous donner deux matelas... c'est les matelas de mon garçon, il est parti pour son sort en juillet dernier, mais j'ai toujours sa chambre au cinquième.

— Merci, dit Gardel, serrant la main du brave homme.

— Venez avec moi chercher les matelas, madame va rester pour garder la place, parce que voyez-vous, on sait que nos caves sont bonnes et l'on vient s'y mettre à l'abri...

Octavie s'assit dans un coin sur un cuvier et Gardel remonta derrière le concierge.

— Vous savez, dit le petit homme en montant au cinquième dans la maison déserte, si j'ai un conseil à vous donner une fois en bas, c'est de ne plus bouger, il ne faut pas vous faire voir, vous n'avez pas l'âge pour être tranquille, vous, ici tous les hommes sont je ne sais où avec leurs compagnies ; il en est revenu un ou deux qui se cachent, si vous ne voulez pas aller aux barricades, il faut faire de même... Et méfiez-vous des femmes, celles dont les hommes ne sont pas revenus sont comme des enragées !

— Je ne bougerai pas, fit Gardel.

— Et ne dites rien, faut de la méfiance, moi je ne dis rien !...

Gardel par la fenêtre de la mansarde jeta un rapide coup d'œil sur les toits de Paris enveloppés et comme baignés par des ondes tournoyantes de fumée rousses, noires ou blanches.

— Tenez, là-bas, les toits de la caserne du Château-d'Eau, voyez-vous la fumée blanche qui monte, c'est la fusillade au bas du faubourg ! sacristi, ils sont arrêtés là !... Il y en a des barricades et des gardes nationaux dans le faubourg et au boulevard extérieur, et des marins et des Enfants perdus, je suis bien aise que mon garçon ne soit pas là...

— Où est-il ? demanda Gardel.

— A la campagne, répondit évasivement le petit tailleur.

Les deux hommes prirent chacun un matelas et redescendirent rapidement. Dans le caveau, Octavie pleurait, Gardel remarqua avec inquiétude la pâleur de sa figure contractée par la souffrance.

L'installation fut bientôt terminée, les matelas roulés par terre, Octavie put s'asseoir plus commodément ; le concierge descendit une chaise pour Gardel et lui laissa la lampe à essence.

— Là, maintenant, dit-il en fermant la porte, vous êtes chez vous, ne vous faites pas trop voir par les autres à côté, on ne sait jamais, faut de la méfiance dans ce bas monde ! A propos ! Et des provisions, je suppose que vous n'en avez pas sur vous, hein ? La bourgeoise ne va pas bouger de la cave, mais moi je fais la cuisine en haut, je vous apporterai votre part de la soupe...

Gardel tira de l'argent de sa poche.

— Bon ! bon ! je m'établis, je fonde un restaurant, quoi !... nous compterons après... nous serons peut-être tous escoffiés, ça simplifierait joliment le règlement, hé ! Bah ! n'ayez pas peur, madame, c'est pour rire, ce que j'en dis ! ça s'arrangera, en attendant, je vais tâcher de trouver du pain chez le boulanger. C'est tout près et j'aurai l'œil aux obus... Vous n'avez pas à me remercier faut que je sorte pour mon tabac, ainsi !... je trouverai bien un bureau ouvert du côté des barricades, n'est-ce pas, on ne se bat pas sans tabac !

III

La journée, la nuit et la journée du lendemain se passèrent assez tranquillement pour les réfugiés de la cave, c'est-à-dire aussi tranquillement que les journées et les nuits peuvent se passer en temps de bombardement ; dès lors qu'on ne reçoit pas d'obus, on se déclare heureux et satisfait de l'abri, si incommode qu'il soit. Gardel et Octavie vivaient dans l'attente fiévreuse des événements ils parlaient très peu. Gardel essayait de remonter le courage d'Octavie, mais il était profondément inquiet de sa pâleur et de son air de souffrance.

Toujours des éclatements d'obus dans les environs et toujours le ronflement de la canonnade. Des batteries espacées sur les buttes de Belleville tiraient constamment sur Paris par bordées. Les maisons tremblaient. Cela ressemblait à de grands coups de vent, à des trombes passant à intervalles rapprochés au-dessus des toits.

De temps en temps des alertes, des cris dans la rue, des disputes de femmes dans le couloir de la maison, et des fuites précipitées aux explosions d'obus.

La cave peu à peu se remplissait de monde. Tous les locataires étaient descendus demander l'hospitalité. Tous les caveaux étaient occupés; des gens même avaient regardé dans le caveau de Gardel pour s'y installer aussi, mais la vue de la dame malade couchée sur les matelas les avait fait reculer.

Toute la journée les refugiés bavardèrent par groupes, on se visitait de caveau à caveau, on entendait des chuchotements dans tous les coins de la cave obscure; des enfants pleuraient et toujours des femmes se disputaient, traitant les Versaillais de gueux, de lâches, et rapportant, d'une simple excursion dans le corridor, des nouvelles de succès extraordinaires des fédérés, avec détails à l'appui.

Comme l'avait dit l'honnête petit tailleur, le père Walter avec un accent alsacien très marqué, les femmes étaient *enrachées*. Les quelques hommes qui se trouvaient là, plus ou moins exempts ou échappés de la garde nationale, mettaient une certaine réserve dans leurs paroles, et attendaient les événements pleins d'inquiétude, mais les femmes se répandaient en clameurs et en imprécations féroces. Elles annonçaient à tout instant des perquisitions dans les caves et dans les maisons pour la chasse aux réfractaires. On témoignait au père Walter une véritable hostilité, on le traitait de

Versaillais ou de Prussien à cause de son accent. On lui reprochait surtout l'absence de son fils le soldat, qui devait être avec Versailles en train de tirer sur *ses frères* au lieu de les défendre.

— Mon garçon est à la campagne, je vous dis, il est revenu de Prusse tout *malate*! Eh bien oui, je suis content qu'il ne soit pas ici, je peux pas dire le contraire quand c'est vrai. Il est très loin, en congé de convalescence !

Les femmes l'appelaient vieux jésuite et recommençaient leurs histoires de Versaillais et de chouans cernés dans Paris et forcés de mettre bas les armes.

Le petit tailleur restait très calme et fumait philosophiquement sa pipe sous les menaces des mégères; il continuait d'aller et venir de la loge à la cave, surveillant la rue et soignant sa femme que la peur empêchait de bouger du coin de la cave où elle s'était blottie et qui faisait de grands signes de croix à chaque obus.

— Tout ça, disait-il à Gardel, c'est parce que j'ai trop parlé, j'ai pas pu m'empêcher. D'abord, c'est vrai, des garçons qui ont été à la guerre qui se sont bien battus, qui ont souffert de la misère là-bas, et puis ils reviennent, et dans leur pays, on leur tire des coups de canon, des coups de fusils, et les papas les attendent et ceux que les Prussiens n'ont pas pu tuer, c'est des Français qui les tuent !... Je ne dis plus rien, je laisse chanter les femmes, mais à chaque coup de canon, j'ai bien le droit de dire en mon à part : Mon Dieu ! faites comme si vous aviez Jésus-Christ, votre garçon, caporal dans les chasseurs à pied, faites que ce boulet ne soit pas pour les chasseurs, ni les suivants non plus !

Le soir du deuxième jour, Gardel, qui n'avait pas fermé l'œil de la nuit précédente, s'endormit. Les criailleries et les chuchotements diminuaient dans tous les caveaux, les explosions d'obus et le roulement de la canonnade continuaient, traversés par les grandes rafales des batteries fédérées.

Il faisait froid dans cette cave, une fraîcheur glaciale tombait sur les épaules; Gardel et Octavie s'étaient enveloppés dans le châle et la couverture heureusement emportés dans leur fuite. Gardel dormit d'un seul trait jusque vers trois heures du matin. De sourds gémissements l'éveillèrent à demi. Il les entendait confusément comme dans un rêve et ne bougeait pas.

Tout à coup il bondit. C'était Octavie qui gémissait.

Une idée terrible lui traversa l'esprit. Depuis deux jours cette idée le hantait, il ne pouvait détacher son regard plein d'inquiétude du visage pâli et creusé d'Octavie. L'enfant qu'ils n'attendaient que dans deux ou trois semaines allait-il naître à la vie à cette heure terrible, dans la bourrasque sanglante de l'écrasement de la Commune ?

— Qu'as-tu, ma bien chérie ? s'exclama-t-il plein d'épouvante.

— Ce n'est rien, rien, dit tout bas Octavie en

cachant sa tête dans la poitrine de Gardel, je souffre un peu... voilà tout!

— Tu souffres! Mon Dieu! est-ce que?...

— Non! non! s'écria Octavie, non, ce n'est pas cela, ce ne peut être cela, ce serait trop horrible! Ce sont les émotions de ces derniers jours... ce ne sera rien, je vais mieux.

Elle ferma les yeux et se tut, la bouche serrée. Gardel resta penché sur elle à l'observer, torturé par l'anxiété. La figure d'Octavie avait repris un peu de calme, sa respiration était plus tranquille, elle faisait des efforts pour s'endormir, mais au bout d'une heure, des petits tressaillements nerveux agitèrent son visage et elle rouvrit les yeux.

— Tu souffres?

— Un peu encore, gémit-elle, ce ne sera rien...

Gardel s'était levé et tournait effaré dans son caveau.

— Mon Dieu! mon Dieu! que faire? que faire?

Un gémissement d'Octavie l'arrêta comme il se frappait le front aux planches. Il se pencha sur son triste lit improvisé. Elle entoura son cou de ses deux bras brûlants.

— Eh bien oui, lui dit-elle tout bas, la bouche sur sa joue, oui, oui, c'est bien cela, c'est le moment...

— Mon Dieu!

— Voyons, sois fort, je prends mal mon temps, n'est-ce pas? Pardonne-moi! Sois fort!...

— Où trouver un médecin en ce moment, la

bataille se rapproche, on entend la fusillade maintenant... n'importe ! du courage, ma chérie, il nous faut trouver du secours !

Gardel embrassa rapidement Octavie et s'élança hors du caveau.

La cave était obscure ; compartiments et caveau central, tout était plein, il y avait bien une trentaine de réfugiés parmi lesquels beaucoup d'enfants ; il fallait des précautions pour passer entre les matelas et ne pas tomber sur les dormeurs. Des gens se réveillèrent

— Qu'est-ce qu'il y a ? dit d'une voix effrayée une femme qui se dressa brusquement sur un matelas.

— Ne craignez rien, répondit Gardel, je sors, je vais chercher du secours pour la dame du fond qui est prise des premières douleurs...

— Mon Dieu, la pauvre femme !

Gardel était déjà dans l'escalier, il ouvrit à tâtons la porte de la loge.

Le tailleur sommeillait sur une chaise, il se leva au bruit.

— Hein ! qu'est-ce qu'il y a ? demanda-t-il

— C'est moi, dit Gardel, ce que je craignais arrive, ma femme souffre, comprenez-vous, c'est le moment...

— Ah sacristi ! ah sacristi ! fit le père Walter en cherchant des allumettes, vous êtes sûr ?

— Hélas oui, ce sont les premières douleurs !...

Le petit tailleur avait allumé une lampe et se grattait sa tête ébouriffée.

— Comment faire ? comment faire ?

— Pouvez-vous m'indiquer la demeure d'un médecin ou d'une sage-femme, je vais courir !

— Mon pauvre monsieur, c'est un fichu moment, la rue est pleine de gardes nationaux... vous ne passerez pas, vous serez pris ! Vous n'avez pas entendu, cette nuit ?

— Non.

— La bataille se rapproche, le faubourg du Temple est pris, il est arrivé un tas de malheureux échappés de la barricade de la rue Saint-Maur, je leur ai parlé, ils sont aux trois quarts fous, le bas du faubourg brûle, ils vont maintenant se défendre dans Belleville...

— Que voulez-vous ! Il faut pourtant que je trouve du secours !

— D'abord vous ne trouverez pas un médecin, ils sont tous aux ambulances.

Gardel s'arrachait les cheveux.

— Ecoutez, il y a une sage-femme rue de Belleville, pas bien loin, vous ne pouvez pas y aller, vous, restez là, et je vais y courir !

— Non, dites-moi l'adresse, j'y vais...

— Vous n'arriveriez pas, je vous dis, on vous prendrait pour les barricades, moi, je suis vieux, je ne cours aucun danger ! laissez-moi faire, j'irai plus vite que vous !

Gardel serra les mains du brave homme.

— Patientez et surtout faites patienter la pauvre dame, je me dépêche...

Le père Walter disparut dans la rue. Gardel jeta un coup d'œil par la porte entr'ouverte, il aperçut dans la nuit des ombres mouvantes et des scintillements de fusils. A deux pas, dans le noir de la rue, des hommes, assis sur le trottoir, mangeaient en silence.

Gardel retourna anxieux auprès d'Octavie. Elle n'était plus seule, des femmes l'entouraient et parlaient tout bas en la regardant. Gardel en reconnut parmi elles qui s'étaient montrées particulièrement hostiles au réfractaire. Maintenant, poussées par l'instinct mystérieux du sexe, elles arrivaient, adoucies, prises de sympathie, offrant leurs services et leurs soins, ne voyant plus l'ennemie, mais la femme en proie à la grande souffrance féminine.

Octavie gémissait sourdement. Elle répondait à peine aux encouragements des femmes, elle fermait les yeux, les rouvrait, promenait son regard effrayé autour du caveau et les refermait ; de temps en temps, elle poussait une plainte plus aiguë et serrait les dents. Elle se levait, marchait dans le caveau et venait retomber sur ses matelas à chaque douleur, pour se relever encore et recommencer la marche éperdue, saccadée.

Les femmes parlaient entre elles et commençaient des préparatifs.

— Dites donc, monsieur, dit au bout d'une demi-heure une femme effrayée, je connais ça, faudrait se dépêcher.

— Le citoyen Walter ne revient pas vite avec la sage-femme, dit une autre.

— Même que la mère Walter est inquiète, elle est allée voir à la porte.

En effet, la femme du brave concierge venait de remonter.

Gardel était à genoux devant le lit de misère d'Octavie, il se releva.

— J'y vais, dit-il résolument, il faudra bien que je trouve quelqu'un, sage-femme ou médecin.

— Ne me quitte pas! dit Octavie en lui meurtrissant les poignets avec une force qu'il ne lui connaissait pas.

— Il le faut pourtant...

— Le voilà! le voilà! cria une voix dans l'escalier.

Octavie poussa un soupir et desserra son étreinte. Gardel se releva et fut d'un bond dans l'escalier.

En haut des ombres s'agitaient, des gardes nationaux et des femmes.

— Par ici, dit la voix du petit tailleur le citoyen Walter, descendez, la pauvre femme est dans la cave, comme toute la maison...

— Vite! vite! dit Gardel.

— Voilà! voilà!

Une femme s'avançait, suivie par des gardes nationaux; un homme, un officier, autant qu'on en pouvait juger au scintillement d'un fourreau de sabre, restait au bout du couloir.

Gardel aperçut la bonne figure du petit tailleur alsacien.

— Sans l'officier là-bas, lui dit Walter, je n'aurais pas eu la sage-femme, elle était dans sa cave aussi et j'avais beau dire, elle refusait absolument de sortir par crainte des obus, lorsque j'ai eu l'idée de m'adresser à des gardes nationaux couchés derrière une barricade juste devant sa porte. L'officier m'a donné quatre hommes pour la réquisitionner et il a bien fallu venir.

— Merci ! cria de loin Gardel à l'officier en s'élançant dans la cave.

— Dites donc, le concierge, dit l'officier, avancez un peu, qu'est-ce qu'il y a derrière cette barricade-là, au carrefour ? c'est une impasse ?

Dans l'escalier de la cave, Gardel eut comme l'idée vague qu'il connaissait cette voix, mais il n'avait guère le temps de s'arrêter.

— Oui, répondit le concierge à l'officier.

— C'est fermé dans le fond ? pas de passage ?

— Non.

— Et ici, faites-moi voir la cour.

Le concierge guida l'officier dans la cour, le jour naissait, on commençait à voir clair au loin La fusillade un peu assoupie pendant la nuit se réveillait tout à fait et les batteries versaillaises de Montmartre recommençaient leur feu.

— Il n'y a pas de jardins ? pas de passages communiquant avec les rues plus bas? continua l'officier. Bon ! Et dans les maisons voisines ? C'est bien, merci ! Quand nous serons forcés là-bas, nous viendrons ici, l'endroit est bon...

L'officier partit à grands pas. Il chercha des yeux les quatre hommes qui l'avaient accompagné, ils avaient disparu.

— Ils sont repartis ? demanda-t-il au concierge.
— Probablement, citoyen, répondit celui-ci.

Les gardes nationaux, peu désireux de retourner à la barricade, étaient descendus dans la cave derrière la sage-femme. Là ils avaient trouvé un coin, s'y étaient silencieusement blottis et, sans doute écrasés de fatigue, ils dormaient déjà couchés sur le sol.

La sage-femme était dans le caveau d'Octavie. Elle avait pris son parti du dérangement et, se sentant à l'abri dans la cave, elle s'occupait de sa malade sans mauvaise grâce. Elle avait fait sortir les femmes, n'en gardant que deux pour l'aider.

Octavie ne marchait plus; étendue sur le lit, elle reposait les yeux fermés, sa figure paraissant plus calme. Gardel eut un instant d'espoir. Si ce n'était qu'une fausse alerte, si l'enfant attendu en ce monde bouleversé pouvait attendre quelques jours, le temps de laisser terminer la bataille !

La sage-femme lut clairement sa pensée dans ses yeux.

— Non, non, mon pauvre monsieur, c'est bien le moment, il y a comme ça des intervalles de tranquillité, mais vous allez voir avant peu, les douleurs vont reprendre de plus belle, n'est-ce pas, ma chère dame? Hein! il est bien pressé, ce gaillard-là, pour nous arriver comme ça au beau milieu d'une pareille bagarre!

Les sourcils d'Octavie se froncèrent, un cri de souffrance s'échappa de ses lèvres.

— Tant mieux! tant mieux! dit la sage-femme, ce sera plus vite fini! Ecoutez le canon! il faut bien qu'il y en ait qui naissent quand, à l'heure qu'il est, il y en a tant qui meurent!

IV

Octavie ne souffrit pas trop longtemps heureusement. A neuf heures du matin, dans la cave froide et humide, pleine de gens aux visages blêmes, avec des misères, des inquiétudes et des terreurs dans tous les coins sombres, un petit Gardel vigoureux et bien constitué était né ; ses premiers vagissements — cette première voix de l'enfant qui met tant de joie au cœur des mères et des pères quand ils l'entendent tout à coup dans la chambre bien close et bien chaude — alternaient avec les explosions d'obus et les bordées des batteries des Buttes qui se suivaient et se pressaient comme haletantes. Octavie épuisée dormait malgré le bruit, elle avait maintenant un sourire sur les lèvres.

La sage-femme était satisfaite, elle lavait l'enfant et l'enveloppait, à défaut de langes, avec ce que l'on avait pu trouver. Gardel, heureux, laissant errer son regard d'Octavie à son fils, n'entendait même pas le canon, ni les rumeurs inquiètes des autres réfugiés.

C'était le samedi, la bataille durait depuis le

dimanche soir. Ce jour-là, sans que Gardel y fît trop attention d'abord, la situation peu à peu s'aggrava. Les obus arrivèrent en plus grand nombre et avec une sorte de régularité ; il y eut de nombreuses alertes, des gens, on ne savait où, criaient au feu. Il y eut dans les maisons voisines des commencements d'incendie allumés par les obus. Les pompiers auxiliaires du poste du théâtre de Belleville accouraient et éteignaient.

L'après-midi un fracas épouvantable retentit dans la maison même, un obus venait de défoncer le mur au quatrième étage et de réduire deux planchers en miettes. Aussitôt cris effroyables et descente échevelée des femmes qui malgré le danger remontaient sans cesse pour bavarder dans le couloir d'entrée.

Le père Walter et quelques hommes se précipitèrent et avec des seaux d'eau, préparés heureusement dans l'escalier, ils eurent vite raison de l'incendie.

L'enfant que le vacarme avait réveillé se reprit à vagir ; la sage-femme le prit, l'examina, déclara encore qu'il était superbe, bien qu'il fût venu dans un triste moment, le petit bombardé, et le remit à Octavie qui put le presser sur son cœur et lui tendre un sein gonflé de lait, — cette première joie, compensation de tant de douleurs, — avec le sourire ineffable des mères devant l'être mystérieux né d'elles, participant à toutes leurs pensées, à toute leur vie depuis si longtemps, doux objet de tant de préoccupations, de tant de désirs, de tant d'espoirs et qu'elles connaissent enfin.

Gardel aussi souriait en regardant Octavie, pâlie et creusée par la souffrance, mais comme transfigurée et plus forte. Il avait le sentiment que le moment difficile approchait, mais il se préparait à l'affronter et il avait le ferme espoir de se tirer de l'affreuse conflagration dans laquelle on se sentait enveloppé.

Octavie rêvait et se berçait elle-même en berçant son fils. Elle avait un peu de fièvre, certainement elle n'entendait pas le fracas de la bataille rugissant au dehors et peu à peu se rapprochant, montant dans le quartier comme un torrent déchaîné de sang et de flammes, qui battait déjà les premiers tas de pavés et les premières maisons des hauteurs de Belleville.

Plus le bruit de la fusillade grandissait et se rapprochait, plus Gardel sentait grandir son espoir. Enfin ! le dénouement arrivait. Le quartier, dernier refuge des bandes fédérées, devait être enveloppé, l'obus de tout à l'heure était arrivé dans la maison presque de face, c'est-à-dire non pas de Paris ni de Montmartre, mais des remparts.

— Vous avez bien de la chance, ma chère dame, on vous soigne, je ne songe pas à m'en aller, je vous prie de le croire, et je vais rester à votre chevet tant que vous voudrez !

C'était la sage-femme qui parlait à Octavie dans un instant où celle-ci s'était un peu réveillée pour écouter les vagissements de l'enfant. Et la sage-femme bordait le lit improvisé dans la cave, ramenait les couvertures sur les bras de l'accouchée, veillait à ce que la mère ni l'enfant ne prissent pas froid dans la cave humide.

Cependant les quatre gardes nationaux qui pendant la nuit avaient réquisitionné la sage-femme étaient restés là, toujours dormant ou causant tout bas dans leur coin noir. Dans la journée un autre s'était glissé à côté d'eux, sans que l'on se fût pour ainsi dire aperçu de son entrée.

Peu à peu le silence se faisait dans la cave, les femmes elles-mêmes parlaient moins, quelques-unes avaient les yeux hagards, les maris n'étaient pas rentrés. La canonnade diminuait, les batteries des buttes et celles du Père-Lachaise que l'on pouvait apercevoir des étages supérieurs de la maison étaient muettes, les grandes rafales ne soufflaient plus par-dessus les toits.

A un moment, vers neuf heures du soir, le père Walter descendit précipitamment dans la cave.

— Allons, les hommes, dit-il, vite, lavez-vous les mains. Vous savez, je connais ça, j'ai vu Juin 48, les soldats regardent aux mains.

Les cinq gardes nationaux et tous les hommes de la cave grimpèrent bien vite dans la cour et se pressèrent autour de la pompe. Gardel les suivit, la nuit tombait, l'obscurité descendait au fond de cette cour enfermée entre de grands bâtiments, personne ne soufflait mot, c'était sinistre.

— Il y a du nouveau ? demanda-t-il au père Walter.

— Je crois que c'est la fin, écoutez ces coups de canon rapprochés, c'est la barricade du bas de la rue de Belleville qui tire, la rue Ménilmontant aussi est attaquée, la troupe n'a plus que le morceau du boulevard extérieur à avaler, et elle est ici...

— Enfin ! murmura Gardel entre ses dents.

— Chut ! ne dites rien !

Une vieille femme était montée dans son logement au troisième étage, elle redescendit bientôt avec un paquet de vêtements sur les bras. Elle entraîna les gardes nationaux dans un hangar.

— Tenez, dit-elle, les yeux dilatés par la fièvre et brillant dans l'obscurité, j'ai trois garçons là-bas, voilà leurs vêtements, mettez-les, ils n'en auront peut-être plus besoin, eux !

Les gardes nationaux, toujours silencieux, l'air atterré, se déshabillèrent dans le hangar, et passèrent les cottes, les gilets, les vieilles hardes apportées par la pauvre femme.

Le petit tailleur faisait un paquet des vareuses et des pantalons à bandes rouges.

— Les cartouches et les fusils, maintenant, il faut nous débarrasser de tout ça... Ayez un peu l'œil à la rue...

— Il n'y a personne, dit un des hommes passant la tête avec précaution et il ne fait plus clair...

— Portons ça tout de suite à la rue !

Les uniformes, les cartouchières, les sabres et les fusils furent bientôt jetés dans un renfoncement noir, le père Walter et l'homme qui l'avait aidé rentrèrent bien vite.

— Maintenant, dit le concierge, ne bougez plus.

Il achevait à peine que des coups de fusil éclatèrent tout près dans la rue et que les pas précipités d'une troupe d'hommes retentirent sur le pavé. On entendait des voix furieuses et des appels, puis la porte de la maison que le tailleur venait de fermer s'ouvrit brusquement.

Cinq ou six hommes se précipitèrent dans le couloir. Des figures hâves, terreuses, convulsées, roulant des yeux hagards, des uniformes déchirés, couverts de poussière. C'étaient des fédérés. Ils haletaient. Des crosses de fusils frappaient à terre avec un sinistre bruit. Ces fusils aussi, salis et poussiéreux avaient un air de bêtes traquées. Parmi les capotes bleues ou marron des gardes, il y avait un marin de la Commune, en vareuse à ceinture rouge et en béret. Celui-là tenait le vieux petit tailleur à la gorge et il hurlait des mots qui ne pouvaient sortir de son gosier.

— On a tiré sur nous par derrière. Ça vient d'ici !

— Faut brûler la cambuse !

— Personne n'a tiré, dit le père Walter, il n'y a pas un fusil dans la maison.

— Tu viens de les jeter ! vieux gredin ! On vous a vus !

— Silence ! Allez-vous me laisser passer ! cria une voix.

Un homme à képi galonné, le revolver à la main, se faisait jour à travers les gardes nationaux. Le père Walter reconnut l'officier de la nuit précédente, celui qui avait réquisitionné la sage-femme ; il s'échappa des mains du marin et courut à lui.

— Qu'est-ce qu'il y a ? dit l'officier.

— Nous sommes vendus, il y a des Versaillais partout ! hurlèrent des voix.

— On nous a tiré dans le dos, ça venait de la maison !

— Faut faire une perquisition !

— C'est des réfractaires ! à la barricade !

— Au mur !

— C'est ici que je suis venu la nuit dernière, n'est-ce pas ? dit l'officier, je vous reconnais, j'ai visité la maison...

— Oui, monsieur, oui, citoyen, vous êtes venu pour la dame en couches, la pauvre dame qui a mis un enfant au monde dans la cave, vous m'avez aidé à trouver la sage-femme...

En ce moment, des éclats de voix sortirent de la cave, des femmes vociféraient, des enfants pleuraient.

— Non, je me tairai pas ! que les vieux restent, soit ! mais pas les jeunes, nos maris sont aux barricades, à nous, pourquoi qu'il n'y est pas, celui-là ?

— Oui ! oui ! Les nôtres aussi ont des enfants, ils sont tout de même là-bas à nous défendre.

Deux femmes, les lèvres blanches de fureur, montaient de la cave en criant :

— Commandant, dit le père Walter, je vous jure qu'il n'y a en bas que des femmes, des vieux, et puis le mari de la dame accouchée ; on peut bien le laisser, celui-là !

Le père Walter ne mentait pas ; les cinq gardes réfugiés et rhabillés avaient au premier bruit grimpé jusqu'au dernier étage de la maison.

— Il n'y a plus de commandant, dit le marin, chacun vend sa peau maintenant et tout le monde y va !

L'officier empoigna le marin.

— A la barricade ou je te brûle ! cria-t-il, filez dehors, je vais voir moi-même ce qu'il y a dans la cave !

L'officier descendit dans la cave sur les talons du tailleur. Sur les dernières marches, Gardel, pâle et les lèvres serrées, les attendait.

Tous deux en même temps, Gardel et l'officier, tressaillirent et se reculèrent. A la lumière de la lampe que tenait le père Walter, ils s'étaient reconnus. L'officier, le commandant des insurgés d'en haut, des vaincus furieux et hagards, c'était Gometz, le mari d'Octavie !

Ses yeux injectés de sang allaient de Gardel, qui se dressait devant lui et lui barrait le passage, au fond de la cave sombre, où des figures remuaient confusément; ses sourcils se contractaient, un travail se faisait dans son esprit, les paroles du concierge lui revenaient... Cet homme, debout devant lui, frémissant comme lui, c'était l'ami de Chevreuse, le visiteur des tranchées de Bagneux, c'était, ainsi qu'on venait de le dire, le mari de l'accouchée, donc l'accouchée, ce devait être Octavie, sa femme légitime à lui, Gometz, la femme abandonnée jadis!

Tous deux, face à face, se regardèrent en silence pendant quelques secondes. Gardel avait croisé les bras et barrait résolument l'entrée de la cave.

— Eh bien, oui! dit-il enfin, c'est moi, et je vous reconnais aussi, vous êtes Gometz! Que venez-vous faire ici et que voulez-vous?

— Et vous, dit Gometz, les dents serrées, vous êtes Gardel, je vous connais par ce que j'ai tiré de votre ami Chevreuse et mieux encore par ce qu'il n'a pas voulu dire et que j'ai deviné! Octavie est là, n'est-ce pas, ne niez pas, elle est là, et c'est pour elle...

— Oui, Octavie est ici, là-bas, dans ce caveau, elle repose, elle dort avec notre enfant entre les bras, et je vous engage à parler bas, si vous ne voulez pas achever ce que vous avez si bien commencé autrefois, et la tuer par votre seule présence, par votre seule vue!

Gometz ferma les poings et ses lèvres se crispèrent.

— Votre enfant! dit-il les dents serrées, d'une

voix à peine distincte, votre enfant ! ainsi le secours que vous n'auriez pu trouver sans moi, c'est moi qui vous l'ai amené.

— Si c'est vous, ne le regrettez pas, c'est peut-être la seule bonne action que vous ayez jamais commise, tant mieux si cela peut compenser une faible partie du mal que vous lui avez fait, à elle, tant mieux, c'est le sort qui l'a voulu !

— Ne me bravez pas ! Songez-y ! Vous êtes entre mes mains, j'ai derrière moi des hommes qui ne sont pas disposés à la douceur pour les réfractaires, écoutez-là les haut qui s'impatientent...

— Oui, je sais que nous sommes pour quelques heures encore entre les mains de vos bandes affolées par la défaite... mais ce n'est plus pour longtemps, entendez-vous le feu des Versaillais qui se rapproche ?

— Vous l'avez dit, nous sommes affolés, désespérés, nous sommes cernés dans ce coin où nous allons mourir, songez à ce que, dans une telle situation, nous pouvons faire ?

— Et bien, sachez ceci, dit Gardel, se rapprochant de Gometz et lui parlant les yeux dans les yeux, vous pourrez me prendre, m'entraîner à la barricade, mais ce ne sera pas un soldat que vous aurez, ce sera un ennemi de plus ! si vous me forcez à prendre un fusil, aucune de mes balles n'ira aux Versaillais, que j'attends, que j'appelle, mais la première sera pour vous, je vous le jure ! Ah ! essayez un peu d'avancer...

Octavie sera bien veuve, cette fois, je la laisserai seule, seule avec mon enfant, mais au moins elle sera certaine de ne plus vous voir reparaître...

— Elle me hait bien !

— Pas assez ! dit Gardel farouche, pas assez pour tous les chagrins que vous avez causés, pour toutes les larmes que vous avez fait couler, pour toutes les douleurs dont vous l'avez abreuvée dans les mauvais jours de sa vie, dans les jours où vous étiez là... Elle vous croyait mort, elle vous avait pardonné, vous reparaissez, elle doit vous haïr !

— Ne l'avez-vous pas consolée ? murmura Gometz d'une voix amère, vous, son...

— Ne prononcez pas ce mot ! Elle est ma femme et je suis son mari, le vrai, le seul devant Dieu ! Ne l'avez-vous pas abandonnée jadis, après lui avoir infligé bien des tortures ? Vous êtes parti, c'était d'ailleurs le meilleur pour elle, vous êtes parti en Crète, on vous a cru mort...

— Et je ne le suis pas suffisamment à votre gré et au sien ?

— Elle se croyait veuve et libre ; par malheur le boulet qu'elle avait traîné la tenait encore enchaînée, nous ne pouvions nous marier faute d'une constatation régulière de votre décès... et c'est alors que je suis allé au campement sous Bagneux, avec l'espoir d'obtenir des anciens insurgés de Crète, dont m'avait parlé Chevreuse, des renseignements précis sur votre mort...

— J'ai eu des torts, soit, je le reconnais, mais savez-vous tout ce que la passion stupide, irréfléchie, coupable soit, mais la passion !... savez-vous ce que la passion peut faire d'un homme ? Savez-vous jusqu'où elle peut le mener ? Vous n'avez pas connu ces entraînements forcenés, tant mieux pour vous, car un jour arrive cependant où l'aveuglement se dissipe, où l'homme revenu de ses folies mesure le mal qu'il a causé...

— Ne discutons pas, dit Gardel, et ne prenez pas la peine de me conter vos remords si vous en avez ! Je n'ai rien à entendre, rien à vous dire ! Mais n'avancez pas, n'approchez pas d'Octavie que votre vue en un pareil moment tuerait probablement ! Je suis son mari, le seul vrai, le seul légitime, et je la défendrai et je défendrai notre enfant !

En ce moment, au fond de la cave, un faible vagissement s'éleva. L'enfant de Gardel se réveillait, la mère aussi allait probablement sortir de son assoupissement fiévreux et accablé.

Les gens de la cave qui s'étaient enfoncés dans les recoins obscurs, au moment de l'alerte, tendaient l'oreille. Des têtes inquiètes sortaient de l'ombre et tâchaient d'entendre ce que pouvaient se dire les deux hommes, debout et menaçants l'un devant l'autre; tous deux parlaient bas, quelques mots seuls arrivaient à peine à l'oreille des réfugiés, mais les gestes violents disaient assez leur colère.

En haut le vacarme qui avait cessé un instant

reprenait. On glapissait, on criait, on se bousculait et les crosses de fusils sonnaient furieusement sur le pavé. Des voix de femmes perçaient le tumulte. Des pas lourds résonnèrent dans l'escalier. Gardel serra les dents et se tint prêt à tout.

— Adieu ! fit tout à coup Gometz en remontant précipitamment les premières marches de l'escalier.

Encore un peu, la cave était envahie, l'escalier était plein de gardes nationaux furieux.

— Arrière ! cria Gometz en les repoussant violemment, mille tonnerres ! m'entendez-vous ! que tout le monde remonte, que tout le monde sorte ! Je vous dis qu'il n'y a pas de réfractaires dans cette cave, il n'y a que des femmes et des enfants ! Aux barricades !...

Gardel resta quelques minutes au bas de l'escalier, appuyé au mur de la cave. Les fédérés criaient encore et se disputaient, enfin le bruit cessa dans la maison, il entendit pousser violemment la porte et des pas pressés d'hommes courir dans la direction de la rue de Belleville.

Lorsqu'il eut réussi à calmer son émotion, il retraversa la cave et rentra dans le caveau dont il ferma la porte. Octavie était réveillée et elle écoutait inquiète les bruits de la rue, mais elle n'avait heureusement rien entendu de la scène de la cave et elle ne savait rien.

La sage-femme, terrifiée par le tumulte de la maison, s'occupait de l'enfant pour tromper sa peur.

— Tout va bien, dit tout bas Gardel, les troupes attaquent Belleville, nous ne tarderons pas à être délivrés ! Soyons calmes et attendons !

Le brave concierge descendit un instant après et vint au caveau.

— Eh bien ? dit-il à l'oreille de Gardel, j'ai eu bien peur pour vous, comment vous en êtes-vous tiré ?

— Assez bien, comme vous voyez, et vous ?

— J'avais réussi à les calmer, je leur avais donné du pain et de l'eau-de-vie, mais les deux ou trois mégères de femmes ont recommencé leurs criailleries ; parce que leurs maris sont aux barricades, il faut y traîner tout le monde et mettre tout à feu et à sang ! Elles sont folles, ne bougez pas, je retourne là-haut pour veiller à ce qu'elles ne nous mettent pas encore dans l'embarras !

V

La dernière nuit s'achève. C'est la fin. La canonnade s'est éteinte tout à fait. Personne ne dort dans la cave, sauf l'enfant, l'être radieux à peine tombé du ciel, le pauvre innocent, ignorant des horreurs et des crimes de ce monde où il arrive.

Et voilà maintenant que le crépitement de la fusillade s'entend distinctement; cela paraît venir du côté de Charonne, peu à peu ce crépitement gagne, s'avance, court, se prolonge de tous les côtés et, on le sent bien, enveloppe le quartier. C'est un petit bruit sec, qui monte, qui descend, qui roule. De temps en temps, encore un coup de canon, un coup sourd, grave et lugubre, qui retentit dans les poitrines et fait sauter les cœurs.

Ce dernier et unique canon, tirant à longs intervalles, le dernier de tant de gueules scélérates de bronze et d'acier déchaînées depuis huit jours et bâillonnées maintenant, c'est le canon de la grande barricade de la rue de Belleville. Ces coups sourds, qui semblent l'appel suprême d'un navire en détresse, sont les derniers spasmes de l'insurrection expirante, c'est la Commune qui sombre.

Râlez, canons de la révolte, crachez dans les sursauts de l'agonie vos dernières bouchées de mitraille, la grande tragédie est finie, le morceau d'Apocalypse est achevé !

Dans la cave, tout le monde se tait et prête l'oreille, tous les cœurs battent, les uns d'espoir, les autres de crainte. Les bouches sèches se refusent à parler, les mains tremblent. Les fédérés habillés par la vieille femme redescendent dans la cave pour se serrer au milieu des autres réfugiés.

Voici que les premiers et pâles rayons du jour glissent par les soupiraux de la cave donnant sur la cour. Dans la rue, au-dessus, on entend des troupes d'hommes marcher et piétiner, mais pas un cri, pas un mot; le silence, sans le pétillement des coups de fusil, serait absolu.

Gardel, surexcité par l'attente, par l'insomnie, par l'imminence de l'arrivée des troupes, n'y tenait plus et marchait fiévreusement dans la cave. Dès qu'une faible et blafarde lumière parut aux soupiraux, il se hâta de monter rejoindre le petit tailleur qui arpentait, aussi agité que lui, le couloir de la maison.

Tous deux se serrèrent la main sans proférer une parole et la porte ouverte, ils regardèrent avec précaution. La rue était encore sombre, dans le ciel pâle les dernières étoiles brillaient encore, plus sereines et plus éloignées à ce qu'il semblait à cette heure indécise, mais le haut des maisons commençait à s'éclairer. Jonchée de fusils, de sacs, de képis, de sabres, de bidons, la rue semblait un champ de bataille ; des gardes nationaux couraient en jetant leurs équipements, leurs cartouches, d'autres sous une porte se déshabillaient comme avaient fait, la veille, les cinq hommes de la maison.

Les coups de fusil roulaient toujours dans le bas de la rue de Belleville et du côté de Ménilmontant, mais le feu semblait moins nourri. La débandade finale commençait. A toute minute, des bandes de fuyards débouchaient de la rue de Belleville et des petites rues cachées par la barricade à trois côtés du carrefour Tourtille. Les gardes nationaux du voisinage étaient en grande partie rentrés pendant la nuit, quelques-uns de ceux de la maison avaient reparu, descendant des postes du haut de Belleville, et parmi eux les maris des femmes furieuses qui avaient voulu livrer Gardel aux fédérés. On avait des nouvelles, les compagnies de garde à la porte de Romainville s'étaient rendues aux Prussiens. Les hommes qui tenaient encore étaient des désespérés, des malheureux montés au paroxysme de la rage et sur les limites extrêmes de la folie, rabattus de barricade en barricade, de quartier en quartier, toute retraite coupée maintenant, cernés et traqués dans Belleville, berceau de la commune et son dernier refuge.

Dans la rue peu à peu des tas de fusils se formaient. En haut des maisons des fenêtres s'ouvraient et les chassepots, les sabres tombaient sur le pavé avec un bruit de ferraille sinistre. Tout à coup, apparition étrange, un troupeau de moutons parut, bêlant désespérément, galopant, se bousculant, venant on ne savait d'où. Il se heurta à la barricade du carrefour, se serra, tourna, et repartit effaré, avec des bêlements lamentables, sur les pentes raides qu'il venait de descendre.

Les heures passaient. La matinée de ce terrible dimanche s'avançait. La situation restait à peu près la même. Plus de canon du tout, mais toujours la fusillade à peu de distance. Gardel attendait dans les angoisses, Octavie avait peur maintenant, les hommes de la cave se lavaient les mains et les regardaient à tout instant d'un air de préoccupation terrible; la pauvre vieille attendait toujours ses trois garçons, d'autres femmes, celles dont les maris n'étaient pas rentrés, pleuraient.

La sage-femme par bonheur conservait son sang-froid et cherchait à remonter Octavie et à la distraire.

— Ça ne sera rien que tout ça, allez, c'est fini, maintenant ! Vous n'avez personne dehors, ne vous faites donc pas de bile ! Moi, je ne m'en fais pas, je suis seule, je suis tranquille ! Je n'ai qu'une bonne chez moi, les troupiers ne me la mangeront pas, pas vrai ? Tenez ! j'ai eu un mari qui m'a bien tourmentée, qui a tout mangé, croqué, la Commune serait venue dans ce temps-là que ça m'aurait bien rendu service ! Mais je n'ai pas eu de chance !

Soudain, à peu de distance cette fois, des coups de feu éclatèrent. Le petit tailleur, qui stationnait avec Gardel dans le couloir à l'entrée de la maison, ferma précipitamment la porte. Du bout de la rue, sept ou huit gardes nationaux accouraient, le fusil à la main, les poings serrés.

Ils se précipitèrent derrière la barricade du carrefour et, sur la crête des pavés, un instant après, des baïonnettes apparurent, et des figures pâles, poussiéreuses, des yeux étincelants cernés de plaques noires, des barbes hérissées, des cheveux en désordre. Ils regardaient du côté de la rue de Belleville. Rien ne venait. Alors les hommes s'essuyèrent le front et respirèrent. Sur un piquet planté au plus haut du tas de pavés, un drapeau rouge flottait, le dernier de Paris. Sous le drapeau un canon allongeait par une embrasure sa gueule de cuivre ; les gardes nationaux cherchaient, il n'y avait pas de munitions pour le canon abandonné. Furieux, ils frappaient de la crosse sur l'inutile bouche à feu et juraient en la poussant brutalement sur le côté de la barricade pour qu'elle ne gênât pas leurs mouvements.

Ils avaient un officier parmi eux ; la figure rouge du sang coulant d'une blessure au-dessus de l'oreille, il s'était assis sur les pavés et s'enveloppait le front d'un lambeau de ceinture rouge.

L'attaque ne venait pas. Les gardes nationaux comptaient leurs paquets de cartouches et surveillaient les trois côtés de la barricade, qui s'appuyait sur le quatrième côté à une impasse fermée de grands murs et de pignons sans ouverture.

Gardel n'entendant plus de bruit s'était penché pour voir. Il aperçut les baïonnettes par-dessus les pavés et à côté la tête bandée de rouge de l'officier qui, à ce qu'il lui parut, regardait de son côté.

Il se jeta en arrière et repoussant le concierge :

— C'est encore lui, dit-il à voix basse.

L'officier sanglant et blessé, le chef des désespérés de la barricade, c'était Gometz, que la destinée ramenait encore une fois devant lui.

Gardel frémissant entra dans la loge et s'assit les bras croisés.

Tout à coup des détonations éclatèrent. Des chasseurs à pied, un officier en tête, la vareuse déboutonnée, le revolver et le sabre à la main, débouchaient en file sur le trottoir.

— Fermez les fenêtres ? criaient les chasseurs en descendant. Rentrez !

Les hommes de la barricade s'étant jetés tous sur le côté attaqué, des flammes jaillirent par les embrasures entre les pavés et des fumées tourbillonnèrent. Ce fut rapide comme l'éclair, la petite colonne dut remonter la rue en laissant sur le terrain deux pauvres soldats tombés à côté l'un de l'autre, la tête sur la chaussée et les jambes sur le trottoir.

Les chasseurs à pied se précipitant dans les maisons de la rue de Belleville commencèrent par les fenêtres de face, un feu nourri sur la barricade. Les balles sonnaient sur les pavés, les gardes nationaux bien abrités répondaient sans trop souffrir.

Cette fusillade dura longtemps. Les fédérés avaient eu le temps de puiser aux tas de cartouches jetés dans tous les coins; plusieurs étaient hors de combat mais les autres, le désespoir et la rage au cœur, tenaient toujours. Soudain, les détonations éclatèrent plus pressées, les chasseurs avaient trouvé un chemin à travers les maisons par l'impasse Tourtille et tombaient sur le dos des derniers défenseurs de la Commune acculés à leurs pavés. En même temps, de la rue de Belleville, les chasseurs de l'attaque de front accouraient.

Le père Walter, dont Gardel trop préoccupé n'avait pas remarqué l'agitation, ouvrit toute grande alors la porte de la rue malgré le danger.

Les chasseurs couraient sur le trottoir, la baïonnette en avant.

— Bonjour, papa! cria un petit chasseur presque imberbe, en agitant sa main lorsque avec les autres il passa devant la porte de la maison.

Pas un cri ne fut poussé derrière la barricade, les chasseurs escaladaient déjà les pavés. Deux ou trois dernières détonations retentirent, il y eut comme une bousculade, le drapeau rouge, secoué de son piquet, tomba et tout à coup le silence se fit.

C'était bien fini, la Commune était morte.

Le père Walter resta quelques minutes sur le pas

de sa porte, les jambes écartées comme pour maintenir un équilibre difficile et se frottant fébrilement ses yeux jusqu'au moment où il aperçut repassant le tas de pavés, le chasseur imberbe de tout à l'heure, debout et bien vivant, qui lui faisait de loin des signes joyeux. Le petit tailleur tourna brusquement les talons, s'engouffra dans la cave en criant de toute sa voix à sa femme cachée dans un coin :

— La mère ! Il est vivant ! Sauvé, je l'ai vu ! il est vivant !

Il remonta tout de suite sans plus d'explications, suivi de sa femme essoufflée.

Quelques hommes gardaient la barricade. Les chasseurs sans tarder procédaient au désarmement du quartier. Deux hommes montaient dans chaque maison, visitant tous les logements et enlevant les quelques armes qui n'avaient pas encore été jetées dans la rue. Deux minutes après le chasseur était dans la loge.

C'était le fils soldat, revenu d'Allemagne juste à temps pour concourir à la reprise de Paris. Voilà pourquoi le brave homme ne parlait de ce fils qu'évasivement devant les fédérés, pourquoi il s'inquiétait tant des chasseurs à pied. Enfin, il était sain et sauf, sa mère le tenait, et maintenant son père songeait avec une terreur rétrospective que devant sa porte, sous ses yeux même, son garçon aurait pu venir mourir, frappé par les dernières balles des insurgés.

Gardel regardait du côté de la barricade ; dans la grande embrasure on apercevait le haut du corps d'un garde national, renversé la tête en arrière, regardant le ciel, les poings crispés levés comme une dernière menace.

— Et les autres ? dit le père Walter au jeune chasseur.

— Les enragés, ils nous ont tué du monde ! dit le jeune homme s'essuyant le front, pas un n'a essayé de se sauver, ils sont tous là, cloués sur leur barricade... il reste l'officier et un homme qui râlaient dans un coin et qui n'en valent guère mieux, on vient de les emporter à l'ambulance.

— Mais tout est fini maintenant, toute résistance est bien éteinte ? demanda Gardel.

— Oui, monsieur, il n'y avait plus que cette barricade à enlever, tout le reste est pris.

Gardel laissa le père et le fils. La cave se vidait, tout le monde remontait dans les logements. Les gens étaient sombres, même les familles qui se trouvaient au complet, le père ou les fils rentrés ; on était pour le moment hors de danger, les périls de la guerre étaient passés, mais qu'allaient faire les Versaillais victorieux ? — Une inquiétude terrible les prenait, tous ceux qui plus ou moins avaient trempé dans l'affaire.

Que s'était-il passé dans Paris ? on n'avait que des renseignements incertains, les gens revenus des barricades de l'intérieur parlaient de quartiers entiers pétrolés et brûlés. Les hommes ne se montraient pas ; les femmes qui glapissaient le plus fort la veille contre les Versaillais, se penchant timidement par la fenêtre, apercevaient avec épouvante de distance en distance près des tas de fusils de la Commune, ces Versaillais abhorrés en faction, surveillant la rue, la baïonnette au canon. La circulation était interdite, on ne sortait pas des quelques rues environnantes.

Comme le troupeau de moutons du matin, des hommes vêtus de cottes bleues, de bourgerons, ou de vieux paletots erraient dans les rues, pâles, exténués, se heurtant à chaque instant aux sentinelles. Quelques uns n'en pouvant plus s'asseyaient sur le trottoir. C'étaient des malheureux repoussés des barricades de l'intérieur et rabattus sur Belleville. Ceux qui n'avaient pas trouvé asile dans les maisons ne savaient où aller et attendaient. Dans le courant de l'après-midi, ils disparurent un à un, ramassés sans doute par les troupes et réunis aux convois de prisonniers, des files immenses de malheureux, parmi lesquels des femmes et des jeunes gens, tous déchirés, hâves, tous tête nue et les mains derrière le dos, marchant vers une destination inconnue entre deux files de lignards et escortés de chasseurs à cheval, la carabine au poing.

Dans la maison l'anxiété régnait. On ne se montrait pas, les femmes avaient des conciliabules sur les paliers et se sauvaient en entendant de temps à autre l'éclatement soudain de feux de pelotons, dont la signification n'échappait à personne.

Le petit tailleur seul était joyeux, il avait son fils sain et sauf, campé à deux pas de sa porte, et comme s'il avait besoin de s'en assurer, de le tâter à chaque instant, il ne faisait qu'aller et venir de sa maison à la barricade occupée par les chasseurs à pied.

Dans un intervalle de ces allées et venues, il redescendit à la cave où Gardel était seul maintenant. La sage-femme venait de partir, reconduite jusqu'à sa porte par un chasseur. Gardel pour occuper sa main et son esprit faisait un croquis du caveau où ils avaient passé trois jours et trois nuits, où Octavie avait souffert, où sous la pluie d'obus, pendant la funèbre agonie de la Commune, son fils était né. Octavie heureuse, tirée enfin des terribles inquiétudes pour Gardel qui l'avaient torturée pendant huit jours, était toute à son enfant, à l'enfant de la cave, et lui souriait en le pressant contre son sein.

— Eh bien, monsieur, dit le petit tailleur survenant comme Gardel essayait de fixer sur son croquis l'expression de bonheur, de soulagement et de délivrance du sourire d'Octavie, eh bien, vous n'allez plus rester là, dans cette cave, maintenant que nous sommes débarrassés !

— Ah ! mon cher monsieur Walter, s'écria Gardel, nous vous devons une fière reconnaissance ! Quelle chance pour nous que ma femme soit justement tombée à la porte d'un brave homme comme vous ! Si vous ne nous aviez pas recueillis, sans vous, sans votre dévouement à nous aller chercher du secours, la nuit, au milieu du danger, que serions-nous devenus !

Sur un signe d'Octavie, Gardel l'amena près d'elle pour qu'elle pût, dans une chaude pression de main, lui exprimer toute sa reconnaissance.

— Tout ça n'en vaut pas la peine ! balbutia le père Walter ému, parlons pas de ça ! Ce n'est pas le tout, vous ne pouvez pas rester ici, votre dame n'est pas encore dans une situation à nous quitter et d'ailleurs on ne sort pas du quartier ; j'ai au premier un logement vide, nous allons la transporter. Ça vous va-t-il ?

— Certainement, dit Gardel.

— Alors, tout de suite, si vous voulez ; j'ai porté là-haut un fauteuil : ma femme vous y attend, elle a repris tous ses esprits maintenant et elle pourra, au besoin, être utile à madame.

Le concierge se chargea de l'enfant, Gardel ayant bien enveloppé Octavie pour qu'elle ne prît pas froid, se pencha, elle croisa ses bras autour de son cou et il put l'enlever et la porter jusqu'en haut par l'escalier étroit de la cave et par l'escalier de la maison légèrement abîmé par l'obus tombé au quatrième. Octavie souriait au soleil, à la chaleur et à la lumière ; depuis plus de trois fois vingt-quatre heures qu'elle vivait dans la cave obscure et humide, à la faible clarté d'une petite lampe, le logement du premier étage, petit et vide mais propre, lui fit l'effet d'un somptueux appartement. On avait monté un fauteuil et deux chaises, la concierge s'occupa d'Octavie, la fit s'étendre dans le fauteuil et berça son enfant pendant que Gardel et le père Walter redescendaient à la cave pour chercher les matelas.

L'installation était terminée ; Octavie recouchée, Gardel prit une chaise et s'assit près d'elle. Octavie ne savait rien, elle ignorait absolument la visite de Gometz à la cave et les événements qui l'avaient suivie, la présence de Gometz à la dernière barricade. Octavie s'inquiétait de Mlle Gaudemar. Ils étaient sauvés, eux, mais qu'était devenue sa vieille amie ? Avait-elle échappé aux dangers de la bataille, aux incendies ! Gardel du haut de la maison avait encore aperçu les tours de Saint-Sulpice ; elles étaient intactes, le quartier devait avoir été épargné par les flammes. Mais si elle était saine et sauve aussi, quelles terribles inquiétudes devaient la dévorer depuis huit jours !

Et ce grand innocent de Chevreuse ? Qu'était-il devenu ? Et Blaes ? Avait-il péri dans l'effroyable tempête qu'il avait contribué à soulever ? La partie étant perdue, le compte de son ambition s'était-il définitivement soldé par les douze balles de la fusillade ? Il fallait patienter, attendre, user les heures jusqu'au lendemain.

Le soir, le père Walter, en apportant le dîner préparé pour ses pensionnaires, comme il disait, fit signe à Gardel qu'il avait à lui parler. Gardel descendit à la loge où il trouva le jeune chasseur à pied en train de dîner avec ses parents. Un soldat de la ligne était là ; c'était lui qui demandait Gardel.

Très surpris, Gardel le regarda, il ne le connaissait pas du tout.

— Voilà ce que c'est, dit le soldat, vous êtes monsieur Gardel, peintre, n'est-ce pas ? Bon ! C'est un officier de la Commune, un capitaine ou un commandant qui nous a été amené à l'ambulance avec plusieurs balles... Son affaire était bonne, le pauvre diable, ça s'est vu tout de suite ! Avant de passer, comme j'étais venu voir un pays qu'a reçu un éclat d'obus, pas grand'chose heureusement, ce capitaine ou ce commandant m'a demandé de lui rendre un service, même qu'il m'a donné quarante francs pour ça... Il m'a fait promettre devant les autres de ne pas manquer... Ça n'était pourtant pas bien difficile, puisque c'était de vous apporter simplement ce papier-là aussitôt que je serais libre.

Et le soldat tendit à Gardel un papier tout froissé plié en quatre.

— Là, maintenant ma commission est faite, je peux partir ? dit le soldat.

— Et cet officier ? dit Gardel hésitant.

— Dame ! je vous l'ai dit, il avait son compte mauvais, il est mort au bout de deux heures, mais ce qui est curieux, ce qui nous a étonnés, nous autres, c'est qu'il a tenu à faire inscrire par le major, son nom, son âge, etc., un tas de choses auxquelles les autres blessés ne pensaient guère, ma foi ! Quand tout a été marqué, quand je lui ai promis de porter sa lettre à l'adresse et tout de suite, il n'a plus dit un mot !

Le soldat partit et Gardel, la lettre de Gometz entre les mains, resta silencieux, sans oser l'ouvrir.

A la fin, songeant qu'il ne pouvait pas la lire en haut devant Octavie, il se décida.

Sur un côté du papier plié en quatre, il y avait quelques mots tracés au crayon, en gros caractères.

Monsieur Gardel, TRÈS PRESSÉ
dans la grande maison devant la barricade de l'impasse Tourtille.

Une vingtaine de lignes également écrites au crayon remplissaient la page extérieure, un peu effacées et frottées par endroits.

Voici ce que lut Gardel quand il se fut rendu maître de l'émotion qui faisait trembler le papier dans sa main.

Pour Mme Octavie Castellan,
   De la barricade impasse Tourtille.
      « *Dimanche matin.*

« C'est bien fini, cette fois, nous allons mourir ici, sur ce dernier tas de pavés, moi et les quelques désespérés qui m'accompagnent. Nous ne demanderons pas de quartier, nous nous défendrons jusqu'au dernier soupir.

« Le service que je vous rends aujourd'hui en vous débarrassant définitivement de ma personne rachètera peut-être une partie de mes torts et de mes fautes. C'est bien tard maintenant, n'est-ce pas, pour vous dire que je les déplore amèrement ces torts et ces fautes; cependant, j'oserai vous le dire et j'oserai vous prier de faire à un mourant la grâce de le croire et de lui pardonner.

« Vous m'avez déjà cru mort et je suis revenu, mais cette fois, c'est pour de bon, je ne reviendrai pas; vous ne me reverrez plus, vous ne souffrirez plus par moi. Je savais tout depuis le siège, mais ayant conscience de mes fautes, je comprenais, tout en souffrant vaguement, car l'âme humaine a des replis étranges, je comprenais que vous aviez le droit absolu de chercher à refaire votre vie manquée. Si j'ai eu un premier mouvement mauvais cette nuit, dans la chaleur et l'exaspération de la lutte, lorsque je me suis trouvé en face de celui que vous avez choisi, j'ai réussi à dompter ce mouvement; qu'il me le pardonne, lui, et pardonnez-le-moi encore. J'ai fini et je vais expier. Vivez, oubliez, soyez heureuse, mais donnez du fond du cœur un pardon à

« GOMETZ. »

VI

Le lendemain matin, après une nuit meilleure pour Octavie que celles passées dans la cave, Gardel fut sur pied dès le point du jour.

Les heures lui avaient paru bien longues. La hâte le tenait de courir à la petite maison de Charonne, de voir si elle n'était pas incendiée ou écrasée par les obus. En même temps, il tâcherait d'avoir des nouvelles. Quelle nuit! quelles sensations extraordinaires! N'avoir pas quitté Paris, avoir eu le sentiment d'un cataclysme inouï s'abattant sur la ville prise d'assaut et disputée rue par rue, d'une série d'épouvantables catastrophes ravageant tout au hasard, avoir vu l'incendie s'allumer cinq jours auparavant et ne rien savoir! être forcé d'attendre de longues heures avant de connaître l'étendue du désastre et le sort des amis perdus dans l'immense conflagration!

De la lettre de Gometz il n'avait pas dit un mot à Octavie, il attendrait pour la lui remettre qu'elle fût tout à fait rétablie de ses couches et que tout danger de complication eût disparu.

La sage-femme revint dès sept heures voir sa cliente de la cave; elle était tranquille, son appartement n'avait pas souffert, les soldats y étaient venus le dimanche pour tirer sur la barricade de l'impasse et sa bonne rassurée tout de suite, depuis ce temps, fraternisait avec eux.

Gardel profita de la présence de la sage-femme pour annoncer son intention d'aller à Charonne. Octavie ne voulait pas le laisser sortir, les arrestations et le désarmement continuaient, il pouvait se trouver pris dans une bagarre ou être arrêté par erreur. Le tailleur trancha la difficulté, son fils était là, libre pour la matinée, il accompagnerait Gardel et le ramènerait. Rien à craindre en compagnie d'un soldat.

Octavie tranquillisée se rendit et Gardel partit avec le fils Walter. Il refit en partie le chemin qu'il avait parcouru au commencement de la terrible semaine avec Octavie haletante à son bras. Les barricades étaient toujours debout, plus ou moins abîmées par la lutte. Sur les buttes Piat et rue Puébla, les gros canons de la Commune, gardés par des soldats ainsi que des malfaiteurs bâillonnés, regardaient toujours Paris et les colonnes de fumée tourbillonnant encore.

Dans les ruelles se perdant vers Charonne, aucun vestige de lutte. Gardel respira. De ce côté on ne s'était pas battu. Par-ci par-là, quelque trou d'obus dans une façade, quelque toit effleuré par des projectiles égarés. Gardel aperçut enfin sa maison, elle était intacte, elle avait traversé sans avaries la grande bataille.

Rien ne paraissait changé. Gardel mettait sa clef dans la serrure, lorsque sur une simple pression la porte s'ouvrit. Etonné, il entra dans la première pièce ; un pas rapide se fit entendre à côté et une porte s'ouvrit.

Il y eut deux cris de joie et d'étonnement, cette femme, c'était Mlle Gaudemar.

Gardel et la vieille copiste s'embrassaient comme on s'embrasse quand on sort d'un danger.

— Et Octavie ? dit tout de suite Mlle Gaudémar en regardant derrière Gardel.

— Tranquillisez-vous, elle est en sûreté ! dit Gardel, et vous ? qu'êtes-vous devenue pendant la tempête ?

— Moi, parbleu, vous voyez bien, je m'en suis tirée très bien, je ne me suis même pas évanouie de peur, comme j'en avais le droit en qualité de faible femme... si vous aviez été là pour me faire des verres d'eau sucrée, je ne dis pas !... Mais voyons, Octavie, dans sa position, pleine d'intérêt, elle va convenablement ? Je suis bien tourmentée ?

— Mademoiselle, j'ai une grande nouvelle à vous apprendre. Quand nous avons fui notre domicile, nous étions deux, nous serons trois pour y rentrer !

— Ce n'est pas possible ! exclama Mlle Gaudemar, comment, pendant la bataille, elle serait...

— Oui ! oui ! c'était bien mal prendre son temps.

Et vous pourrez lui en faire des reproches... C'est un garçon, Mlle Gaudemar, un garçon dont vous serez la marraine! Il est venu au monde dans un triste moment et au plus fort de l'attaque de Belleville, dans un endroit où les gens convenables n'ont pas l'habitude de naître... je vous ferai voir la chambre de l'accouchée!

— Mon Dieu! ce n'est pas sur une barricade par hasard?

— Non, c'est au fond d'une cave, chez le père de ce brave chasseur, qui nous y a recueillis pendant le bombardement et qui s'est dévoué pour nous au point d'aller sous les obus chercher une sage-femme.

— Tant pis pour vous! s'écria Mlle Gaudemar en saisissant la main du petit chasseur, je vous embrasse, et deux fois, mon garçon, une fois parce que vous êtes soldat et une seconde fois parce que vous êtes le fils d'un brave homme!

— Mais racontez-moi donc, reprit Gardel, comment vous avez passé cette semaine?

— A me dévorer le sang! répondit Mlle Gaudemar moi, j'ai été délivrée assez vite, puis nous avons reçu pas mal d'obus envoyés par vous autres, les Bellevillois, puis nous avons eu les incendies! Je ne vous cache pas que j'étais furieuse, je trouvais que ça n'allait pas assez vite, encore un peu, sans un reste de respect... féminin, je demandais à marcher avec les troupes! Mais, hélas! je n'ai plus l'âge de Jeanne Darc, les généraux auraient été capables de ne pas me laisser monter à l'assaut des barricades!

— Et dites-moi comment il se fait que je vous trouve ici, dans ma maison, quand je l'avais fermée à clef moi-même en la quittant mercredi?

— Hé! mon ami, j'y suis entrée avec effraction et escalade! Je suis arrivée hier...

— Hier?

— Oui, j'ai couché chez vous! Bourrelée d'inquiétudes depuis huit jours pour Octavie, pour vous, mauvais sujet, dès que j'ai su que le Père-Lachaise était pris, Belleville enlevé et la lutte finie, je suis partie... J'ai eu de la peine à passer, j'ai dû parlementer avec des officiers, m'obstiner, diplomatiquer, enfin je suis arrivée à la nuit... Je cogne avec des battements de cœur à votre maison, pas de réponse, pas le plus petit bruit! je cherche des voisins, je trouve très difficilement quelques maraîchers qui ne savent rien! Alors, ma foi, il faisait nuit, personne ne me voyait, je me décide. Je pénètre dans le jardin d'à côté, je fais une brèche dans la haie mitoyenne et je suis chez vous : je fais une perquisition, je cherche partout, personne, rien qui puisse me donner une idée... Après bien des réflexions, et des plus tristes, les dégâts commis par l'obus tombé dans la cour m'ont conduit à penser que sans doute la peur avait pris Octavie et que vous étiez partis à la recherche d'un abri plus sûr. Mais ou étiez-vous? Où vous chercher?... Je me suis décidée à rester pensant bien que, s'il ne vous était arrivé malheur, vous reviendriez ici aussitôt la liberté de circulation rétablie.

— Et vous avez bien fait, nous allons tout de suite retrouver Octavie.

Gardel mit en quelques mots Mlle Gaudemar au courant de tous les événements de la semaine, jusqu'à la visite de Gometz dans la cave, avec les gardes nationaux exaspérés pendant la dernière et funèbre nuit de la Commune. Puis il tendit la lettre de Gometz.

Une pâleur subite se répandit sur le visage de Mlle Gaudemar.

— Le malheureux ! dit-elle, il devait finir ainsi. il a expié, il a droit à la miséricorde et à l'oubli !... Et Octavie ?

— Elle ne sait rien, elle n'a rien vu, je ne lui dirai tout que plus tard, quand elle sera rétablie...

Après avoir pris quelques objets indispensables, des vêtements pour Octavie et tout le paquet de layette préparé avec une tendresse mélancolique pendant les longues soirées du siège pour l'enfant de la cave, Gardel se préparait à partir avec Mlle Gaudemar et le chasseur à pied, lorsqu'un homme parut sur la porte.

Il ne le reconnut pas tout d'abord,

— C'est de la part de M. Alfred, dit l'homme.

— Alfred ? fit Gardel étonné, quel Alfred ?

— M. Alfred Chevreuse, ajouta mystérieusement l'homme.

— Ah ! Chevreuse ! s'écria Gardel qui reconnut

le concierge de la tante Chevreuse. Comment est-il ? Comment va-t-il !

— Bien, monsieur. Il voudrait vous voir, ce n'est pas loin, rue des Vignettes, vous savez.

Le père Bontemps d'un clignement d'yeux indiquant le chasseur à pied, Gardel comprit qu'il ne voulait pas parler.

— Allez, allez, dit Mlle Gaudemar en prenant le paquet des mains de Gardel, le militaire me conduira et vous viendrez nous retrouver.

Gardel suivit le père Bontemps.

— Eh bien ? demanda-t-il quand ils furent à quelque distance.

Le père Bontemps regarda si le chasseur à pied ne pouvait pas l'entendre.

— Monsieur Alfred est chez Mme Chevreuse, dit-il, il est caché depuis huit jours; il est arrivé lundi soir avec bien de la peine, il n'y a que moi qui l'ai vu, et depuis ce temps-là il n'a pas bougé... il m'a envoyé savoir de vos nouvelles...

— Et comment cela s'est-il passé dans votre quartier ? demanda Gardel.

— Ah dame, assez mal, la maison est sens dessus dessous, il manque six ou sept hommes, la compagnie du quartier était aux barricades du Château-d'Eau, il en est resté là-bas, d'autres ont été pris au Père-Lachaise ou arrêtés hier soir...

Les quartiers qu'ils traversaient étaient tristes, les barricades barraient encore la route, mais on commençait à ouvrir des passages. Des enfants qui certainement avaient contribué à élever ces tas de pavés huit jours auparavant, se mettaient avec autant d'ardeur à la démolition. Pas d'hommes du tout dans les rues, quelques femmes causant sur le pas des portes, les fenêtres des maisons closes.

Gardel monta tout de suite chez M%%me%% Chevreuse. En lui ouvrant, la bonne et la tante sans mot dire élevèrent les bras en l'air, et à la première question de Gardel M%%me%% Chevreuse déclara avant tout qu'elle avait bien cru que c'était la fin du monde. La pauvre dame n'était pas encore remise de ses émotions, elle ne pouvait pas se décider à croire que ce fût fini. Bien sûr les communeux allaient revenir et la canonnade recommencerait. Elle écoutait toujours, s'attendant à une reprise de l'ouragan.

Une porte s'ouvrit doucement et un monsieur en redingote parut sur le seuil. Gardel porta vers lui un regard étonné et ne le reconnut qu'après un moment d'hésitation. C'était Chevreuse. Non plus Chevreuse le crâne franc-tireur à la superbe barbiche, ou le brillant officier d'état-major à grandes bottes étincelantes et à revers rouges, mais un Chevreuse tout nouveau et absolument inédit.

Il s'était rasé, il avait le menton glabre et, de sa belle barbe, n'avait conservé que de maigres favoris à côtelettes, et il portait des lunettes ! Au lieu des uniformes brillants et pittoresques sous lesquels il avait vécu depuis près d'un an, ou de son accoutrement bohème d'autrefois, une longue redingote de parfait notaire serrait ses flancs. Il avait tout à fait l'air d'un avocat, son père lui-même, l'ancien magistrat, s'il lui avait été donné de l'apercevoir, en eût été satisfait !

Malgré la gravité de la situation, Gardel ne put s'empêcher de rire.

— Comment ! c'est toi !

— C'est moi, dit piteusement Chevreuse, bien que prévenu, tu as hésité à me reconnaître, je suis content !

— Laisse-moi te contempler ?

— Ça ne me va pas, n'est-ce pas ? Je suis laid ?

— Tu es affreux ?

— Bien vrai ?

— Bien vrai !

— Allons, tant mieux ! je suis très content ! Tu vois, mon pauvre Gardel, me voilà proscrit, obligé de me cacher, de fuir !... Je n'ai pourtant rien fait, j'ai donné ma démission ou plutôt j'ai laissé mon général en plan en sortant de te voir, il y a plus de trois semaines, depuis je me suis promené, j'ai regardé, comme beaucoup d'autres Parisiens, les drôleries de la rue, les clubs dans les églises, les barricades, une jolie farce enfin ! J'ai bien ri tout de même !...

— Oui, et c'est fini de rire !

— Mais je n'ai pas servi effectivement la Commune, j'entends que je n'ai pas, tu peux me croire, tiré une balle de revolver ou donné un ordre, non, j'ai simplement caracolé au service de la Commune... Caracolé, pas davantage !... Mais voilà un *distinguo* que j'aurai de la peine à faire admettre à un conseil de guerre.

— Je le crains, le mieux est de tâcher de n'en avoir pas besoin.

— Déporter un homme coupable d'avoir seulement caracolé, ce serait pourtant raide !

— Grand toqué ! Quelle folie aussi t'a pris de te mêler à cette aventure ?

— Est-ce que je savais, moi ? C'est la première révolution qui rate ! Est-ce que je pouvais me douter que le gouvernement renversé allait se rebiffer au mépris des usages reçus ? Les voilà, mes circonstances atténuantes !... Mais j'espère que l'orage passera sans m'atteindre... Le plus ennuyeux, c'est que je me suis montré partout dans mon costume d'officier et que j'ai même été photographié avec ! Tu sais, le fameux bastion de Gaillard père, place de la Concorde ? on le photographiait comme je passais devant, au commencement de mai. C'était superbe ! Les gardes nationaux sur la crête, Gaillard père en avant avec ses officiers, j'ai été me poser devant l'objectif comme un imbécile... je fais pendant à Gaillard père sur les grandes photographies en vente chez tous les papetiers ! Quelle pièce à conviction entre les mains des gens méticuleux, grand Dieu !

— Bah ! reste toujours comme tu es maintenant avec des favoris et des lunettes, tu pourras nier ! Que comptes-tu faire ?

— M'en retourner en Bourgogne le temps de laisser l'apaisement se produire, je voudrais bien y être déjà !

— Personne ne te sait ici, reste caché encore une semaine ou deux et nous chercherons ensuite un moyen de te faire filer loin des conseils de guerre ! Mais Blaes ? Que sais-tu de lui ? Blaes doit être fusillé maintenant ?

— Je ne sais rien ! S'il est pris, il est sûr de son affaire !... Avant de me réfugier ici, je suis allé chez lui pour savoir ce qu'il allait décider, il n'y était déjà plus, je pense, entre nous, qu'il avait pris ses précautions... j'ai encore vu Ravenel ce jour-là ; les boutiques étaient fermées, il s'est fait ouvrir au café Henry pour prendre un bock, il est capable d'avoir passé la semaine devant sa table, avec des montagnes de soucoupes devant lui....

Gardel promit à son ami de revenir le voir de temps en temps le soir, et de réfléchir au moyen à employer pour quitter Paris le plus vite possible. En attendant ce départ, Chevreuse devait continuer à rester caché, en proie à tous les ennuis, à toutes les transes, et aussi aux sermons de sa tante :

— Tu vois, Alfred, qu'est-ce que je t'avais dit, mon ami ? Tu n'as pas voulu m'écouter, ni écouter ton père...

Gardel pour retourner à son domicile provisoire passa par le boulevard extérieur. Là, rien de changé encore, l'aspect terrible d'un champ de bataille. Devant la grande barricade de la rue de Belleville, dont le canon, dans la dernière nuit, avait, pour ainsi dire, sonné le glas de la Commune, un spectacle affreux !

Près du bureau des Omnibus, un des anciens baraquements des mobiles du siège, ouvert sur le côté, laisse voir un entassement de cadavres de gardes nationaux aux têtes sanglantes, défigurées, informes. Des enfants du quartier, des gamins de tout âge, sans autre émotion que la curiosité, regardent tout près, sans broncher, ces tas de morts parmi lesquels se trouvent peut-être leurs pères.

Gardel passa vite.

— Ceux qui dorment sur ces pavés, la poitrine ou le front troués, pensa-t-il, ce n'est pas le plomb qui les a tués, c'est la plume ! C'est la plume, meurtrière cent fois plus que le fusil ou le canon ! Oh, Blaes ! Blaes ! Et leurs fils, les petits qui les regardent, la plume les tuera peut-être aussi à leur tour sur les mêmes pavés, remis en tas au même endroit, pour la même éternelle barricade !

Quelques jours après Octavie put quitter le refuge si heureusement trouvé pendant la terrible semaine et regagner en voiture la petite maison de Charonne. Le soir, Mlle Gaudemar rentrait chez elle où Saugrenu s'ennuyait, mais tous les matins pendant quelque temps elle arriva chez Gardel pour passer la journée auprès d'Octavie.

Gardel avait des nouvelles de ses parents, la *Marie-Louise* reprenait ses courses, elle allait descendre par les rivières ou les canaux jusqu'à la Seine et Paris.

La présence de Chevreuse à Paris préoccupait Gardel; un samedi soir, Chevreuse, saturé de sermons, quitta la maison de sa tante et vint coucher chez Gardel. Le matin venu, les deux amis partirent avec des lignes et un panier. Ils marchèrent jusqu'à la Seine à Bercy, comme de braves employés qui vont profiter de leur dimanche pour tourmenter les goujons. A Bercy, ils louèrent un canot pour la journée et s'amusèrent à pêcher pendant quelque temps tout en remontant peu à peu la rivière.

Bientôt ils eurent passé les fortifications. Chevreuse était sauvé. Il avait échappé aux surveillances établies aux portes et aux gares. Les deux amis déjeunèrent à Choisy-le-Roy. De là, toujours la ligne à la main et sans se presser, ils partirent à pied pour Villeneuve-Saint-Georges, où Chevreuse, l'air correct et digne, une serviette d'avocat sous le bras, put prendre un train pour la Bourgogne pendant que Gardel revenait à Choisy et reprenait le canot pour Bercy.

Ce fut ce soir-là que l'on apprit à Octavie la fin de Gometz. La chaîne était coupée, elle était libre.

De Blaes on n'avait aucune nouvelle. Comme presque tous les chefs, les combattants de la plume et les grands meneurs, il s'était évaporé à temps, dédaigneux du trépas sur la barricade, bon pour les manés.

VII

Une petite vieille ville de province, étroite et surannée, ville d'ancienne bourgeoisie, de magistrature et de séminaires.

Une grande maison silencieuse à tournure de vieil hôtel renfrogné, sentant vaguement le greffe. Un hôtel *noblesse de robe*, digne, sévère et puritain, avec un étroit jardin fermé de grands vieux murs, dans un quartier solitaire ; MM. Chevreuse père et fils habitent là.

Le père, digne, sévère, puritain et renfrogné comme l'hôtel, un petit vieillard sec qui charme sa vieillesse à entasser cahier sur cahier d'un interminable traité sur la *Prescription des Servitudes*.

Le fils, un homme grand et fort, toujours serré dans une immuable redingote, toujours soigneusement rasé, les joues ornées seulement des favoris en côtelettes de la magistrature.

C'est Chevreuse, l'ancien franc-tireur du siège, l'ex-officier d'état-major à grands revers rouges et à bottes étincelantes de la Commune, le journaliste révolutionnaire, le casse-cou, le grand toqué, l'étoile de Bullier, la notabilité tapageuse du quartier Latin.

Que l'ancien Chevreuse est donc loin ! Le nouveau se montre très sage, très collet monté, très bourgeois, plus que nature même. Sa conduite satisfait son père et fait tomber les bruits qui ont couru dans la petite ville, de sa participation à la Commune. Quelle calomnie ! un monsieur si comme il faut. Ses concitoyens sont un peu étonnés de ne lui voir suivre aucune carrière, mais son père est riche et il est fils unique. Dans les premiers six mois de son séjour, pour se mieux cacher, il a consenti à épouser la fille d'un président de cour d'appel; certes, ce n'est pas précisément son idéal mais elle est si bien apparentée. Rien que des magistrats ou des députés dans la famille, bonne réserve à faire avancer au cas où les conseils de guerre indiscrets mettraient le nez dans son affaire et tenteraient de lui reprocher d'avoir caracolé pour la Commune.

Comme il appelle ardemment de tous ses vœux l'heure de l'apaisement et de l'oubli, le moment béni où il pourra enfin se dilater, renaître ! En attendant il chasse, pêche, dort, mange beaucoup, boit convenablement, engraisse, mais surtout il s'ennuie ! C'est son refrain dans les rares lettres qu'il écrit à Gardel.

*
* *

Sous un ciel tourmenté, roulant de gros nuages que les vagues moutonnant et sautant à l'horizon semblent vouloir toucher de leur écume, un flord échangré largement dans les montagnes de Norwège.

La mer au pied de hautes montagnes neigeuses forme une baie qui se termine comme un fleuve encaissé de hautes falaises rocheuses. De la mer viennent des brises fraîches et fortes, une bise aigre descend des montagnes, souffle dans les ravins, hurle, chante, ronfle et siffle au travers de grands bois de hauts sapins, des milliers de harpes éoliennes qui seraient quelquefois des trombones, immense orgue naturel touché par messire Borée.

Les bois de sapins descendent presque jusqu'au bord où le flot clapote. Il y a sous un abri de la montagne une espèce de port protégé par une jetée de bois, des barques de pêche filent au large; sur la rive, entre le port et les forêts, s'éparpillent des maisons de bois longues et basses, de grands bâtiments et des scieries mues par des eaux blanches et écumantes qui descendent de la montagne. A la jetée deux ou trois goélettes chargent des planches et des madriers; demain, quand celles-ci seront parties, il en arrivera d'autres, et encore d'autres, tant que l'inépuisable forêt dressera, froide et solennelle, ses milliers de fûts de colonnes, ses hauts sapins éternellement verts.

Dans un des grands bâtiments de l'exploitation sapinière, un homme assis devant un bureau chargé de papiers et de registres, regarde par une fenêtre à petits carreaux. Ses yeux sont tournés vers l'entrée du fiord, vers la haute mer où l'on distingue encore faiblement la mâture d'une petite goélette partie tout à l'heure. Mais voit-il la mer? voit-il la goélette? voit-il seulement? il regarde droit devant lui dans la vague en mâchonnant une cigarette éteinte.

Cet homme, c'est Blaes.

Après un passage à Bruxelles et à Londres, après des mois de gêne, de misère même, il est venu échouer au fond de ce fiord, commis de la société anglaise qui exploite la forêt de sapins. Il attend, il vit dans une sorte de brouillard, dans les nébulosités d'un rêve perpétuel. Il a eu d'abord l'intention de s'intéresser à ce qu'il voyait, aux grands paysages du nord, au fiord, à la forêt, aux pêcheurs, aux bûcherons, aux douces et pâles verdures des beaux jours de printemps, aux tempêtes de l'automne rugissant sur la mer, à l'hiver qui fige les eaux du fiord et couvre la forêt de sapins d'une voûte de neige, mais il y a renoncé, l'homme de lettres n'a pu réveiller la petite bête du cerveau tombée en léthargie.

Les événements dramatiques auxquels il a pris part, il lui semble les avoir seulement rêvés. Ces rêves d'un lourd sommeil, ils flottent, se confondent, s'effacent et son esprit demeure tout entier à sa vie antérieure, à Paris, aux camarades de jeunesse et au quartier latin.

*
**

En Bretagne, dans le petit village à mi-chemin entre Dinan et la mer, où Gardel et Octavie ont goûté quelques mois de bonheur avant la guerre.

A mi-côte d'une colline dominant la Rance, au-dessus du village, Gardel et Octavie ont placé leur nid d'été, dans une vieille maison, ancienne dépendance d'un couvent disparu, en haut d'un superbe jardin à la végétation vigoureuse, étendant sur les pentes ses carrés de légumes, ses arbres de rapport et ses arbres d'agrément, jusqu'au vieux berceau en treille qui regarde la rivière.

Gardel a pu acheter la maison où tous les ans, après quatre ou cinq mois de Paris, il vient se remettre au vert; il est maintenant un peintre connu et coté, son *Bastion sous la Neige*, le tableau qui lui a valu sa fluxion de poitrine du siège, lui a donné de plus une célébrité soudaine et une médaille au Salon de 72. La chaîne d'Octavie brisée, dès que les délais légaux ont été écoulés, le mariage, empêché par les traverses et les obstacles, s'est fait.

Tout va bien maintenant, la part que le hasard a dans chaque existence selon les théories de Blaes, est faite et Gardel n'a pas à s'en plaindre. Ce qu'il rêvait jadis, il l'a, le travail heureux, la maison paisible, la femme aimée, les enfants beaux et bien portants pour qui c'est une joie de travailler et de vivre.

Celui qui court là-bas dans le jardin, grapillant des groseilles et jetant des regards d'envie aux belles poires pendues aux quenouilles, c'est l'aîné, c'est l'enfant de la cave. M⁽ˡˡᵉ⁾ Gaudemar est sa marraine. Octavie a tenu à ce que le parrain fût le père Walter, en souvenir des services rendus en des moments particulièrement difficiles.

M⁽ˡˡᵉ⁾ Gaudemar habite à Paris tout près des Gardel; l'été elle est avec eux dans la grande maison. Pour la décider, Gardel a dû lui louer sa chambre, elle paie son terme et Gardel fait le propriétaire féroce, la tourmente, lui montre sa quittance préparée longtemps d'avance et la menace de l'augmenter.

Ils s'amusent à se disputer souvent, car elle ne veut pas démordre d'une ligne de ses anciennes opinions artistiques. Le chat Saugrenu a vécu. Comme bien d'autres, la vie d'assiégé l'avait perdu : il y avait contracté de mauvaises habitudes et des germes de maladies. Après six mois d'une existence échevelée dans les gouttières, de longues bordées suivies de quinteuses tousseries, il a fini par succomber. Sa maîtresse ne pouvait même pas songer pour tromper sa douleur, à le faire empailler, il était devenu trop laid.

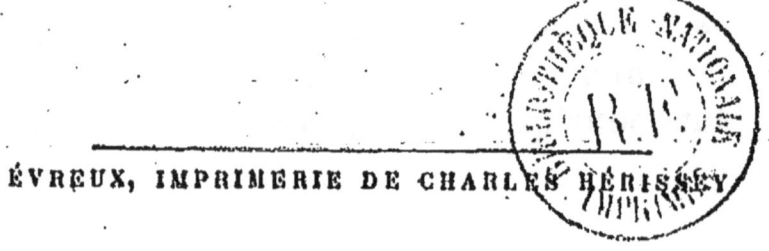

ÉVREUX, IMPRIMERIE DE CHARLES HÉRISSEY

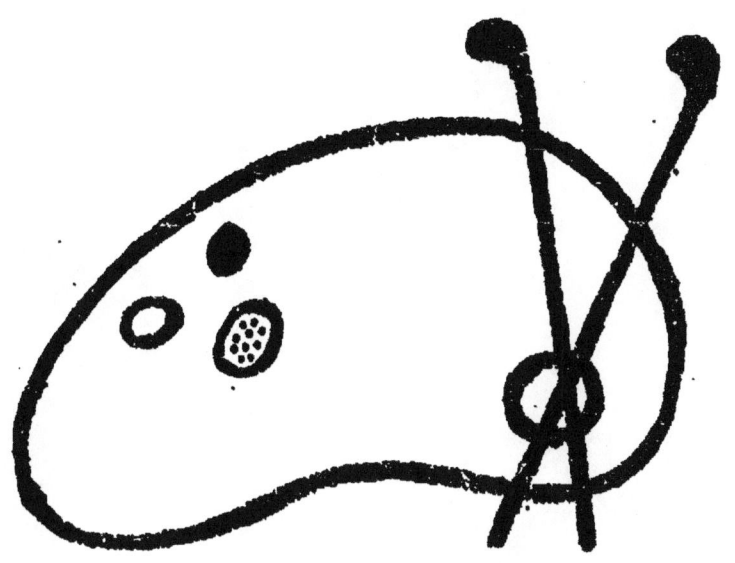

Original en couleur

NF Z 43-120-8

www.ingramcontent.com/pod-product-compliance
Lightning Source LLC
Chambersburg PA
CBHW060504170426
43199CB00011B/1319